B. Greenhill / J. Hackman

HERZOGIN CECILIE

Lebensgeschichte einer Viermastbark

Edition Maritim

Impressum

Die Deutsche Bibliothek – CIP-Einheitsaufnahme
Greenhill, Basil:
Herzogin Cecilie : Lebensgeschichte einer Viermastbark / Basil Greenhill ; John Hackman. [Aus dem Engl. von Hans-Rudolf Rösing]. – Hamburg : Ed. Maritim, 1993
Einheitssacht. : Herzogin Cecilie (dt.)
ISBN 3-89225-269-6
NE: Hackman, John:

Titel der englischen Originalausgabe:
The Herzogin Cecilie, The Life und Times of a Four-Masted Barque

Conway Maritime Press Ltd, London

Übersetzung: Hans-Rudolf Rösing, Kiel
Satz: Utesch Satztechnik GmbH, Hamburg
Druck und Bindearbeiten: pdc Paderborner Druck Centrum GmbH, Paderborn

Titelfoto: Archiv Edition Maritim, Hamburg

Printed in Germany 1993
1. Auflage
ISBN 3-89225-269-6

INHALT

Die HERZOGIN CECILIE,
aufgenommen von der ARCHIBALD RUSSEL *in der Ostsee, Anfang September 1928*
(Ålands Sjöfartsmuseum)

Für Annie und Irma

EINFÜHRUNG

Der Verlust der Viermastbark HERZOGIN CECILIE durch Strandung an der Küste von Süd-Devon am 25. April 1936 war eine Weltsensation; das Ereignis wurde in den Medien unerhört groß herausgestellt, und viele Menschen in aller Welt, die damals Kinder waren, erinnern sich noch daran. Die Tatsache, daß die Begleitumstände dieses Verlustes aus Gründen, auf die wir im letzten Kapitel dieses Buches eingehen werden, absichtlich heruntergespielt und aus der Sache etwas wie ein Geheimnis gemacht wurde, verlieh der Lebensgeschichte dieses großartigen Schiffes einen schon fast mythologischen Zug.

Für viele Menschen überall auf der Welt gilt die HERZOGIN immer noch als der Höhepunkt des vollgetakelten Frachtsegelschiffs während des kurzlebigen letzten Stadiums seiner Entwicklung. Und dieser Eindruck des Sagenhaften wird beim Lesen der Geschäftsunterlagen, der Hauptquelle für dieses Buch, noch verstärkt. Danach hatte das Mißgeschick der Strandung zum Schluß etwas von der Schicksalhaftigkeit einer klassischen Tragödie. Zwischen den Zeilen dieses Briefwechsels zwischen Kapitän und Reeder erkennen wir so etwas wie die Verwicklung in ein unausweichliches Schicksal, fast eines Ibsen, Hardy oder Conrad würdig.

Als die großen rahgetakelten Frachtsegler nach 1920 und in den 30er Jahren auf den Weltmeeren immer seltener geworden waren, zogen die noch überlebenden Schiffe überall, wo sie erschienen, große Aufmerksamkeit auf sich. Waren sie doch in ihrer Schönheit die wohl spektakulärste Schöpfung der Industriegesellschaft des ausgehenden 19. Jahrhunderts. Die wenigen heute noch fahrenden Schiffe – die japanische NIPPON MARU, die russische KRUZENSHTERN – geben uns einen Begriff davon, wie großartig sie waren. Sie wurden von den Zeitungen, im Rundfunk, in Magazinartikeln und den Nachrichtensendungen in großer Aufmachung herausgebracht. Die HERZOGIN CECILIE, eine der schönsten der Überlebenden, wurde mit ihrer besonders eindrucksvollen Eleganz weltberühmt, ebenso wie ihr Eigner, Gustaf Erikson, der letzte Mann, der in Westeuropa noch eine bedeutende Zahl von großen Frachtseglern betrieb. Die Tatsache, daß diese Schiffe schon nicht mehr

in die Zeit gehörten, erhöhte das allgemeine Interesse und ihren romantischen Reiz nur noch.
Allerdings vermittelte diese durch die Medien und durch fast sämtliche Bücher – mindestens zehn erschienen in verschiedenen Sprachen vornehmlich über die HERZOGIN CECILIE – geschaffene Aura des Romantischen naturgemäß einen vollständig irreführenden Eindruck. In den 15 Jahren ihres Arbeitslebens nach dem Ersten Weltkrieg diente die HERZOGIN CECILIE keinem anderen Zweck als alle Handelsschiffe – dem Geldverdienen. Oder, etwas eleganter ausgedrückt, sie mußte gute Dividenden auf die Investitionskosten nach Wertminderung herauswirtschaften. Das erfolgreiche und leistungsfähige Handelsschiff hat eine gute Ladefähigkeit – für Öl- oder Bulkladung, für Last- und Personenwagen oder Passagiere –, hat niedrige Betriebskosten und wird so betrieben, daß es Kampfraten auf dem Frachtmarkt annehmen oder Fahrpreise und Ladungen zu Konkurrenzpreisen anbieten kann. Daran gemessen war die HERZOGIN CECILIE ein sehr erfolgreiches Handelsschiff.
Das wirklich Interessante an diesen großen Segelschiffen, der HERZOGIN und ihren Rivalen, der MOZART, der ARCHIBALD RUSSEL, der POMMERN und ihren Zeitgenossen, die in diesem Buch vorkommen, liegt darin, daß es ihnen gelang, diesen Anforderungen gerecht zu werden in einer Zeit, als sie als Transportträger über die Ozeane bereits überholt waren. Dieser Erfolg war möglich durch die Eigenart und Geschichte der schwedisch sprechenden Gemeinschaft, in der sie beheimatet waren, einer Inselgruppe mit einer über mehr als 50 Inseln verteilten Bevölkerung von 23 000, einer herausgehobenen Gruppe schwedischer Sprache und Kultur in einem Lande, in dem die finnische Sprache und Kultur ein überwältigendes Übergewicht hatte.
In unserem Buch untersuchen wir, wie diese Gruppe beschaffen war, und die Rolle, die ihre Schiffe bei ihrer Entwicklung zu einer der blühendsten Gemeinschaften Westeuropas spielten. Für diejenigen, die ihr Wissen über diese Geschichte vertiefen wollen, haben wir in unserem Buch „The Grain Races" (Conway Maritime Press) berichtet, während „The Last Tall Ships" von Georg Kåhre, ebenfalls bei Conway, eine ausführliche und genaue Schilderung der Erikson-Flotte gibt.
Die HERZOGIN CECILIE hat zugleich zu den besten und einigen der schlechtesten Berichte über die Seefahrt unter Segeln, die im 20. Jahrhundert herauskamen, inspiriert. In der ersten Kategorie ganz oben steht „The Tall Ships Pass" von W. L. A. Derby, einem erfolgreichen Versicherer, der die intime Kenntnis eines Insiders in viele Seiten des Schiffahrtsgeschäftes hatte. Er war auf der HERZOGIN von England zu den Ålands mitgesegelt und hatte sich dabei in das Schiff verliebt. Das Buch bringt eine hervorragende, eingehende Beschreibung des Schiffes und eine Zusammenfassung seines Lebenslaufes. Besonders gründlich behandelt es die Struktur des Verkehrs, in dem dieses Schiff eingesetzt war, und die Geschichte der Erikson-Flotte. Für jeden, der an der HERZOGIN interessiert ist, ist dieses Buch wichtig.

Derby schrieb das Buch noch an Bord, und das war für ihn natürlich ein gewisses Handicap; außerdem hatte er noch keinen Zugang zu dem wichtigsten grundlegenden Quellenmaterial, den Geschäftsunterlagen von Gustaf Erikson aus den 1920er und 30er Jahren. Diese Unterlagen sind jetzt im Ålands Landskapsarkiv und dem Ålands Sjöfartsmuseum zugänglich, und sie waren die wichtigste Quelle für unser Buch, das – so hoffen wir – der Geschichte der HERZOGIN CECILIE und ihren Hintergründen eine neue Dimension verleiht.

Unsere Quellen sind im Anhang aufgelistet, und wir sind allen denen besonders dankbar, die uns ihre Zeit und ihre Gedanken in Befragungen geschenkt haben.

Wir danken u.a. dem Ålands Landskapsarkiv und dem Sjöhistorika Museet bei der Akademie von Åbo, dem Kapitän Karl Kåhre, Präsident der Cape Horniers auf Åland, der mit seinem Bruder ein Monumentalwerk über die Geschichte der Segelschiffahrt der Ålands geschrieben hat und uns mit seiner umfassenden Kenntnis der Verhältnisse auf den Ålands eine große Hilfe war.

Wir danken auch dem verstorbenen Kapitän der PARMA, Karl Victor Karlsson, und dem älteren Bruder jenes rätselhaften und begabten Mannes Elis Karlsson, Erster Steuermann der HERZOGIN in ihren letzten Tagen. Wir danken dem Sohn von Gustaf Erikson, dem Seefahrtsrat Edgar Erikson und seiner Frau Solveig. Kapitän Peter Arlington hat uns viele hilfreiche fachliche Hinweise gegeben, und wir danken ihm für die bis ins einzelne gehende Prüfung der Beweisunterlagen für den Verlust der HERZOGIN; wir danken Mr. Lawrence Brandes für seine Auskünfte über die Familie der Herzöge von Mecklenburg-Schwerin und Mr. Fergus Bateson von der Firma Thomas Cooper & Stibbard für die Zusammenstellung eines Untersuchungsberichtes über den Verlust der HERZOGIN CECILIE für die Versicherer im Stil der damaligen Zeit.

Und wir danken den vielen anderen, die uns in der einen oder anderen Weise bei der Zusammenstellung dieses Buches geholfen haben. Es entstand durch die Zusammenarbeit zwischen einem finnischen Volkskundler, der sich auf die schiffahrtstreibenden Gemeinden auf der Inselgruppe spezialisiert hat, und einem englischen Wirtschaftshistoriker mit großem Interesse an der maritimen Seite geschichtlicher Untersuchungen.

Basil Greenhill
John Hackman

VORBEMERKUNG

Als wir dieses Buch schrieben, hielten wir es hier und da für notwendig zu versuchen, die Geldangaben aus den 1920er und den frühen 1930er Jahren auf Werte von 1990 umzurechnen, damit die scheinbar geringen bei den Schiffahrtsgeschäften der damaligen Zeit eingesetzten Geldbeträge dem Leser am Ende des 20. Jahrhunderts nicht ein unzutreffendes Bild von der Größenordnung, um die es dabei ging, vermitteln – ein schier hoffnungsloses Unterfangen, weil wir es mit ganz unterschiedlichen Währungen über eine lange Zeitspanne zu tun hatten. Um jedoch einen angenäherten Begriff von den dabei eingesetzten Werten zu geben, haben wir den Faktor 40 verwendet, den wir etwas willkürlich aus Vergleichsgrößen wie den landwirtschaftlichen Löhnen in England oder Automobilpreisen oder Kosten für Transportleistungen und ähnlichem ableiteten.

Von Zeit zu Zeit beziehen wir uns auf die Netto- und Bruttogewichte der an Bord genommenen Ladungen. In der australischen Weizenfahrt ist die Netto-Tonnage das Gewicht des geladenen Weizens, also die Brutto-Tonnage minus dem Gewicht der Säcke von je etwa 2,5 englischen Pfund. Der Unterschied konnte bei einer Ladung von 50 000 Sack 50 t betragen.

Eingegangen wird auch auf den Ballast, der an Bord genommen und wieder abgegeben werden mußte, und auf das mörderische Ballastschiften, wenn er bei extrem schlechtem Wetter übergegangen war sowie auf den Wasserballast.

Die HERZOGIN CECILIE fuhr beides: etwa 600 t Wasserballast, der genügte, um das Schiff im Hafen zu verholen, oder für eine kurze Schleppfahrt über See bei gutem Wetter; außerdem bis zu 800 t festen Ballast, Sand oder Steine, für lange Reisen unter Segel.

Es gibt sehr viele Aufnahmen von der HERZOGIN CECILIE; ungewöhnlich viele ihrer Berufsseeleute und Kadetten fotografierten; so konnten wir viele Stationen ihres Lebens im Bild darstellen. Die Aufnahmen kommen aus Museen und von Privatleuten von den Ålands, aus Finnland, Schweden, Dänemark, Deutschland und England. Schwierig war häufig die Zuordnung, weil die Aufnahmen manchmal in verschiedenen Sammlungen mit unterschiedlichen Urheberangaben, Beschriftungen und sogar Zeitangaben erscheinen. Wir haben uns sehr bemüht, die Bilder in diesem Buch so genau wie möglich zu betiteln und zuzuordnen; sollten uns unabsichtlich Fehler unterlaufen sein, bitten wir um Verständnis.

Die HERZOGIN CECILIE *in den Fängen der Felsen von Soar Mill Cove (Archiv Edition Maritim)*

DAS BEKANNTESTE SEGELSCHIFF DER WELT

Am Sonnabend, den 25. April 1936, kurz nach 4.00 Uhr, läutete das Telefon im Eßzimmer des Farmhauses oberhalb der Bucht Sturm. Für die Gegend war Higher Soar ein großer und gutgehender Hof von etwa 300 Morgen mit ungefähr sechs Arbeitskräften und sieben oder acht Pferden auf der Weide und im Stall. Doch Jahre harter Arbeit hatten dem Farmer, Thomas March Smale, dermaßen mit rheumatischer Arthritis zugesetzt, daß seine beiden Töchter Mary und Betty, 15 und 16 Jahre alt, ihm sogar die Schuhe schnüren mußten. Das Telefon war ein lackierter Holzkasten, der im Eßzimmer an der Wand hing, mit einem vorn in der Mitte herausragenden Sprechtrichter und einem Hörer, der seitlich an einem Haken hing. Die Mädchen brauchten ziemlich lange, um aufzustehen, eine Kerze anzuzünden und nach unten zu stolpern. Schwarze Käfer huschten auf dem Weg in die Halle um ihre Füße. Das Telefon klingelte noch, als sie es erreichten; der Anrufer am anderen Ende wußte, daß er nur lange genug warten mußte, bis sich jemand meldete.

Es war die Küstenwache. Sie rief vom Ausguck von Steeple Cove aus an, eine halbe Meile entfernt, und sie hatte eine dringende Nachricht. Es war eine Nacht mit Nebel, einer frischen Südwestbrise und auf die Küste laufender Grundsee. Die Küstenwächter gingen zu Fuß ihre Runden auf Wegen am Ufer, die mit weiß gemalten Steinen markiert waren, um den Pfad in dunklen Nächten sichtbar zu machen. Der Kollege von Hope Cove, zweieinhalb Meilen weiter im Nordwesten, hatte gemeldet, daß er Fackelfeuer und Raketen eben unterhalb der Klippen dicht südlich von Soar Mill Cove im Nebel ausgemacht habe. Es sehe aus, als sei da ein großes Segelschiff. Die Küstenwache von Steeple Cove hatte die Küstenwache von Bolt Head angerufen, die weniger als 400 Meter von Higher Soar entfernt lag, aber dort hatte sich niemand gemeldet. Bei der Stärke der Grundsee brauchten sie die Rettungsmittel auf dem Steilufer und das Rettungsboot.

„Könnte wohl jemand von Higher Soar zur Bolt Head-Station gehen und sie wahrschauen?" fragte die Küstenwache.

An der Küste unterhalb der Farm gab es ziemlich oft Unfälle. In den letzten fünf Jahren war das Rettungsboot dort, die ALFRED AND CLARA

HEATH, zu Wasser gebracht worden, um drei Dampfern, einem Motorschiff, drei Fischdampfern und einem notgelandeten Flugboot zu helfen. So war dieser Anruf für die Mädchen nicht allzu aufregend. Die Familie hatte ihnen zwar streng verboten, in der Dunkelheit auch nur ein paar Schritte nach draußen zu gehen, aber hier war Not am Mann, und die Küstenwache lag ganz in der Nähe. Sie zogen sich eiligst an und weckten den Küstenwächter, der in der Nacht zuvor im Dorf gewesen war. Er hatte vergessen, die Alarmglocke einzuschalten, die ihn auch aus tiefstem Schlaf geholt hätte.

Betty erzählt: „Wir weckten ihn, und er rappelte sich schlaftrunken aus dem Bett, zog sich an und holte ein paar Geräte zusammen, Raketen und ein Startgestell und ging hinaus zum Kliff. Er war noch halb im Schlaf, und ich erinnere mich, wie er stolperte und hinfiel. So fing das alles an.

Wir durften erst bei Hellwerden nach draußen. Damals war das mit den jungen Leuten anders als heute; wenn man auf dem Lande lebte wie wir, wuchs man auf wie zu Queen Victorias Zeiten. So gingen wir mit dem ersten Hellwerden zum Rand des Kliffs, und da hatten sie schon das Raketenschießgerät aufgestellt, um eine Leine zum Wrack hinüberzuschießen für das Rettungsgerät – sie nannten das Ding Hosenboje –, das von der Küstenwachstation Hope Cove kam. Mr. William Stidston brachte es mit zwei Pferden herüber. Und dann warteten wir alle, um zu sehen, was passieren würde.

Es war kalt an dem frühen Morgen, dabei war es schon April. Der Nebel rollte über das Schiff, die Felsen und die Leute auf dem Kliff – alles war ziemlich geheimnisvoll und unwirklich. Wir bibberten in der feuchten Luft, aber wir waren viel zu aufgeregt, um zum Frühstück nach Hause zu gehen. Dann hob sich der Nebel, und wir konnten unten das Schiff sehen; der Bug zeigte nach draußen, und die Segel an ihren vier Masten hingen lose von den Rahen und Spieren. Sie war an den Ham Stone, eine kleine Felseninsel ungefähr eine halbe Meile vor der Küste, gestoßen.

Wir hörten später, daß sie beim Auftreffen ein Loch in der Vorpiek bekommen hatte und daß sie nach Land zu getrieben war. Sie lag nun mit dem Vorschiff auf Grund, und das kurze Welldeck, das sie hatte, war überflutet. An Wracks waren wir natürlich gewöhnt und an den Ruf ‚Schiff an Land!‘, wenn dann die Männer ihre Arbeit auf den Farmen verließen, um der Küstenwache zu helfen, aber dieses Mal war es etwas ganz anderes.“

Der Küstenwächter rief über das brechende Wasser: „Was für ein Schiff? Das Rettungsboot kommt!“, und mit einem ausländischen Akzent kam die Antwort: „HERZOGIN SESEELYA, von Falmouth nach Ipswich mit Weizen. Wir sind um 4.00 Uhr aufgelaufen: wo sind wir?“

Das Schiff, das da unten lag, war also die berühmte finnische Viermastbark HERZOGIN CECILIE, die damals in den Zeitungen oft das schönste und berühmteste noch fahrende Frachtsegelschiff der Welt genannt wurde; in der Wertschätzung der Öffentlichkeit rangierte sie gleich nach dem

„So gingen wir mit dem ersten Hellwerden zum Rand des Kliffs, und da hatten sie schon das Raketenschießgerät aufgestellt, um eine Leine zum Wrack hinüberzuschießen" (Betty Yeoman)

englischen Teeklipper CUTTY SARK. Die HERZOGIN wurde auch, freilich nicht ganz zutreffend, in den Medien als das größte noch in Fahrt befindliche Handelssegelschiff beschrieben; aber in Wirklichkeit segelten zu der Zeit eine Reihe von noch größeren Schiffen unter der finnischen Flagge.

„Bald lag das Rettungsboot, vom Kliff aus deutlich zu sehen, längsseits der HERZOGIN*“ (Sir David Gibson)*

Bald konnte man vom Kliff aus das Rettungsboot von Salcombe deutlich längsseit der HERZOGIN liegen sehen. Es war von der Küstenwache von Steeple Cove alarmiert worden und hatte einige Schwierigkeiten gehabt, das Wrack im Nebel zu finden, der sich, kurz nachdem es längsseit gekommen war, hob.

Auf der Besatzungsliste der HERZOGIN CECILIE, die im Archiv des finnischen Außenministeriums in Helsinki liegt, stehen für die Rundreise Finnland – Australien und zurück 30 Namen. Offenbar hatte es im Verlauf der Reise einigen Wechsel gegeben. Im Bericht des Rettungsbootes ist von 29 Mann an Bord die Rede, aber die am 3. Mai 1936 in Salcombe vorgelegte und vom Kapitän unterschriebene Liste nennt im ganzen 30 Namen. Nach anderen Quellen waren es 31. Acht von ihnen, der Kapitän Sven Eriksson, der Erste Steuermann Elis Karlsson, der Zweite Steuermann, der Steward, der Koch und der Zimmermann sowie ein Vollmatrose und der Kajütenjunge kamen von den Ålandinseln, wo das

Schiff beheimatet und registriert war. Der Dritte Steuermann stammte aus Borgå (Porvoo) an der Küste östlich von Helsinki und der Segelmacher aus dem nahebei gelegenen Esbo (Espoo). Der Donkeymann war aus Nystad (Uusikaupunki) nördlich von Åbo (Turku) auf dem finnischen Festland. Von den übrigen – Vollmatrosen (nur zwei), Leichtmatrosen und einem „Jungmann", einem Decksjungen – kamen 14 vom finnischen Festland. Außer fünfen trugen sie alle finnische Namen im Gegensatz zu den schwedischen Namen der Åländer und der fünf weiteren Besatzungsmitglieder, die finnischer Nationalität waren. Dazu kamen vier Dänen.

In mancherlei Hinsicht war das eine Elite von Leuten vor dem Mast, nämlich von Seeleuten und Kadetten, die sich fast alle, woher sie auch kamen, als künftige Kapitäne oder Offiziere auf Handelsschiffen sahen, und 13 von ihnen hatten für den Vorzug bezahlt, auf der HERZOGIN fahren zu dürfen. So kamen sie den finnischen und dänischen Bestimmungen nach, die damals für Offiziersanwärter der Handelsmarine eine lange Fahrzeit auf Segelschiffen vorschrieben.

Außer den Genannten waren noch an Bord: Pamela, die Frau des Kapitäns, eine Tochter des Verteidigungsministers von Südafrika, also eine Frau von gewissem gesellschaftlichem Rang. Anfangs hatte sie als Reinemachefrau und später als Stewardeß angeheuert. Und ihre Schulfreundin, die in South Devon, nicht weit vom Unglücksort entfernt, zu Hause war. Sie hatte nicht angeheuert, was gegen die Anweisungen des Reeders verstieß.

Das Rettungsboot blieb ungefähr drei Stunden bei der Bark, während die Crew, mit dem Fockmast beginnend, die Segel festmachte. Der Kapitän der HERZOGIN bat dann den Vornmann des Rettungsbootes, 21 Mann der Besatzung und den Passagier an Land zu bringen. Er selbst und die drei Steuerleute blieben an Bord, ebenso die vier Dänen, ein Åländer und die Frau des Kapitäns. Nur Åländer (aber nicht alle von ihnen) und die Dänen waren bereit, auf dem Schiff zu bleiben und zu versuchen, möglichst viel vom Wrack zu bergen, während die Leute vom finnischen Festland geschlossen das Schiff verließen. Vielleicht ist diese Tatsache ein erster Hinweis darauf, daß etwas mit dem Bordklima auf der HERZOGIN nicht stimmte.

Die Crew wurde nach Salcombe gebracht und schnell über Plymouth heimgeschickt. Vier von ihnen sollten später zurückkommen, um als Zeugen für eine Kollision, in die das Schiff auf der Ausreise nach Australien verwickelt gewesen war, auszusagen (siehe Seite 209 ff.).

Soviel über den frühen Morgen des 25. April. Doch da war noch etwas, womit Betty und Mary Smale und ihre Eltern nicht gerechnet hatten. An jenem Sonnabendmorgen war das bekannteste Segelschiff der Welt bei ihnen gestrandet. Zwar vergingen nach 1936 bis zur modernen Fernsehberichterstattung noch eine Reihe von Jahren, aber sonst fehlte nichts am „Medienpaket" des 20. Jahrhunderts. Der Rundfunk brachte die Nachricht in den Mittagssendungen, und am Sonnabend kamen in ganz

England die Abendzeitungen mit der Balkenüberschrift: „Berühmter Windjammer sitzt fest!" heraus. Am Sonnabend nachmittag, erinnert sich einer von der Crew, stand eine riesige Menschenmenge auf dem Kliff und sah zu, wie sie vom Schiff holten, was für die anderen Schiffe der Erikson-Flotte noch brauchbar war. Am nächsten Morgen brachte die „Sunday Despatch" eine sensationelle Story ihres nach Salcombe entsandten Sonderkorrespondenten:

„Fest auf den tückischen ‚mystery rocks', die die Hoodoo-Bucht säumen, bei Sewer (auf deutsch: Abwasserkanal; der Übersetzer) Mill Cove hier in der Nähe wird der berühmteste Windjammer der Welt, die HERZOGIN CECILIE, langsam in Stücke zerschlagen.

Zehn Stunden lang blieben ihr junger Kapitän Sven Eriksson und seine Braut mit ihrem Lieblingshund auf dem zum Untergang geweihten Schiff, nachdem ein Rettungsboot 23 Mann der Besatzung und ein englisches Mädchen, das als Passagier an Bord war, an Land gebracht hatte. Der 32 Jahre alte Skipper und seine Frau lehnten es ab, mitgenommen zu werden, obwohl schwere Roller über das Schiff brachen.

Immer wieder kam das Rettungsboot heran und ließ das Licht seiner Lampen über den weißen Rumpf unter dem über 60 m hohen Mast spielen. Kein Schiff ist seit den Tagen der berühmten CUTTY SARK in königlicherem Glanz über die Weiten der Ozeane gezogen. Doch nichts konnte das Paar dazu bewegen, ihr ‚Honeymoon Ship' zu verlassen, das Jahr für

Küstenwächter und Männer von der Higher Soar Farm takeln am frühen Morgen eine Strickleiter auf, um am Kliff abzusteigen. Das Rettungsboot aus Salcombe, ALFRED AND CLARA HEATH, *ist über dem Steuerbord-Achterschiff der* HERZOGIN CECILIE *zu erkennen und der Ham Stone zwischen dem Groß- und dem Achtermast des Schiffes (Robert Chapman)*

Auf diesem am frühen Morgen des 25. April 1936 aufgenommenen Foto ist deutlich zu erkennen, wie das Schiff vor den Felsklippen liegt. Auf dem Abhang oberhalb des Felsens sind bereits Menschen zu sehen (Ålands Sjöfartsmuseum)

Jahr die Weizenflotte von Australien um das Hoorn angeführt hatte – das schnellste Schiff unter Segel."

Nach einer so fantasievollen Berichterstattung in den Sonntagsblättern ist es kein Wunder, daß die „Western Morning News" am Montag, dem 27. April, schrieb:

„Kapitän und Frau weigern sich, das Schiff zu verlassen. 50 000 Menschen strömen am Schauplatz des Geschehens zusammen.

Die Nachricht, daß diese berühmte Bark an der gefährlichen Küste von South Devon von ihrem Schicksal ereilt wurde, hat über 50 000 Menschen in den Distrikt von Bolt Head gezogen, und man sah ungewöhnliche Szenen. Kilometerlange Autokolonnen verstopften die nach Bolt Head führenden Landwege, und an der Kante des Kliffs sah eine große Menschenmenge zu, wie der Kapitän und seine Leute auf dem Schiff hin- und hergingen, das, auch in seiner tragischen Lage noch stattlich, auf einem Riff knapp 200 m von der Küste entfernt liegt."

Dazu schöne Fotos vom Wrack mit dem Rettungsboot längsseits und vom Kapitän in einer Hosenboje – „das ist ein durch die Luft gespanntes

Tau, das zwischen dem Besanmast und dem Kliff festgemacht ist, an dem die Person, die abgeborgen wird, in einem Sack aus Segeltuch sitzt, wobei die Beine nach unten heraushängen", und eine weitere Aufnahme, die ein Feld auf dem Kliff, vollgestellt mit parkenden Autos, zeigt.
Am gleichen Tage widmete die „Times" dem Unglück fast eine ganze Spalte mit einem sehr exakten Bericht und einem ausgezeichneten Foto. Auch der „Daily Telegraph" machte, wie andere Zeitungen auch, seinen Bericht mit einem auffallenden großen Foto auf.
Lassen wir Betty Smale zu Worte kommen: „Sie kamen in Herden. Das Schiff lag bis Mitte Juni da, und wir richteten Parkplätze auf den Feldern ein, und dann parkten sie ihre Autos und mußten quer über unseren Hof und über die Felder laufen. Jeder mußte einen Penny bezahlen, wenn er durchging, und es waren Horden von Menschen. Wir hatten den Weg festgelegt und nahmen das Geld, damit sie nicht wild in der Gegend herumtobten. An den ersten Tagen gingen sie einfach überall hin. Die Polizei und die Verkehrswacht kamen und tranken bei uns eine Tasse Tee, und sie tauchten jeden Tag wieder auf."
Die Verkehrswacht stellte gelbe Verkehrszeichen mit der Aufschrift „Zum Wrack" auf, und die Polizei organisierte einen Einbahnverkehr auf den engen Wegen. Für die Kaufleute von Salcombe begann so der „CECILIE-Sommer". Für Betty und Mary war es der Beginn eines weniger beengten Lebens. Nichts war nach dem „CECILIE-Sommer" mehr so, wie es vorher gewesen war.
Betty: „Alles war auseinandergerissen. Auf einigen Feldern konnten wir keine Frühjahrsbestellung machen. Aber wir nahmen sechs Pence Parkgeld, und dieses Geld kam uns am Ende der großen Depression der dreißiger Jahre sehr zupaß. Das Wrack brachte die Welt zu uns. Es war eine kleine geschlossene Gemeinschaft, in der wir aufgewachsen waren – etwa 2,5 Kilometer vom Dorf entfernt. Es war schon was, alle diese Leute zu sehen. Die eingenommenen Pennies gaben wir jeden Sonntag an das Rettungsboot ab. Vater war ein Nonkonformist, ein Liberaler und ein großer Mann in der Gemeinde.
Am 26. April, dem ersten Sonntag, hatten wir 18 Pfund zusammen, was damals ein Haufen Geld war. Wir riefen den Sekretär vom Rettungsboot an, und er wollte es einfach nicht glauben.
Ein Haufen Zeug wurde an Land gebracht. Unsere Leute halfen dabei mit ihren eigenen Werkzeugen und speziellen Dingen, Jack Rundle, Bert Rundle, Bill Bullen, Henry Yeoman, den ich Jahre danach heiratete. Kapitän Eriksson und seine Frau kamen in der Hosenboje an Land und sprachen mit meinem Vater und verabredeten mit ihm, daß ihre Sachen in unserer Scheune gelagert wurden. Wahrscheinlich hatten sie Angst, daß etwas gestohlen würde.
Das war ihr persönliches Gepäck und das von Frau Erikssons Freundin; ich habe ihren Namen vergessen, sie hatte hellbraunes Haar und trug einen Kamelhaar-Dufflecoat – sie war sehr hübsch! Frau Eriksson kam oft zu uns und sprach mit meinem Vater in diesen zwei Monaten, die die

Später am Vormittag des 25. April sind die Segel am Fockmast mit Ausnahme des Untersegels festgemacht. Die Großbram- und das Großobermarssegel sind von den Jackstagen auf den Rahen, an denen sie festgebändselt waren, abgeschnitten und an Deck gegeben worden. Das Großuntermarssegel folgt. Das Großroyal, die Untersegel und sämtliche Segel des Achtermastes hängen noch in den Geitauen und Gordings. Die Gaffelsegel des Besans sind zusammengeholt, aber noch nicht festgemacht. Die beiden Leinen zwischen Schiff und Land sind am Besanmast fest (Robert Chapman)

HERZOGIN unter dem Kliff lag. Es schien, als hätte sie die Dinge ziemlich in der Hand. Kapitän Eriksson war ein sehr stattlicher Mann und sehr nett. Wir mochten ihn.“

Zwei von den Tausenden, die auf die Felder der Smales kamen, haben vor einiger Zeit ihre Erinnerungen an das aufgeschrieben, was sie als Teenager in jenem schönen Sommer vor mehr als 50 Jahren erlebten. Ihre Eindrücke stehen für die Erinnerungen von Hunderten junger Menschen, die 1936 nach Soar Mill Cove pilgerten, und die zu der Zeit, als wir an diesem Buch arbeiteten, noch am Leben waren. Sir Philip Dowson, Senior-Chef einer Architektengemeinschaft, schrieb:

„Ich war wohl 13 Jahre, als sie wrack wurde, und ich erinnere mich noch

ganz deutlich, wie ich mit meinem Vater von Falmouth hinaussegelte, um ihr Einlaufen zu sehen, die Segel von einer leichten Brise gefüllt, und wie der Schein der Morgensonne auf ihren Segeln und Spieren lag. Langsam und majestätisch kam sie vorbei.
Ich spürte gleich, daß dies etwas ganz Besonderes war, fast wie aus einer anderen Welt. Ich meine, es war vor allem die Erhabenheit eines vollgetakelten Schiffes, wie sie eines war, die sich tief und bleibend in die kindliche Erinnerung eingrub. Ein paar Tage später, als wir in Salcombe waren, hörten wir, daß sie vor Hope Cove wrack geworden war. Mit der ganzen Familie machten wir uns auf und wanderten auf dem Steilufer entlang, um sie zu sehen. Sie lag zwischen den kleinen Inseln und der Küste, offensichtlich nicht allzu schwer beschädigt; hier wird mein Bild undeutlich, aber ich glaube, mich zu erinnern, daß leichte Seen über ihre Decks wuschen, als wir vom hohen Land auf sie hinunterblickten.
Seinerzeit wurde gemunkelt, der Rudergänger sei betrunken gewesen und habe, als er das Land an der Südküste von England sah, auf das Land zugehalten, anstatt abzudrehen! Als sie da lag, erschien sie mir viel kleiner, als ich sie im Gedächtnis hatte. Wie auch immer, das Ausmaß der Tragödie hat mich tief beeindruckt und ganz besonders ihr Verlust – war sie doch ein besonders schönes Schiff.
Später erfuhr ich, daß sie heruntergeholt und nach Bolt Head geschleppt worden sei, wo sie schließlich sank, da sie nicht nach Salcombe hineingebracht werden konnte."
Robert Eliot war mit seiner Mutter, der späteren Lady St. Germans, in den Schulferien von Eton nach Salcombe gekommen. Auch er erinnerte sich an den tiefen Eindruck, den der Anblick der HERZOGIN, wie sie quer über der Gezeitenlinie lag, auf ihn machte:
„Ich war zwölf und im April 1936 in den Ferien zu Hause. Meine Mutter und ich besuchten eine ihrer Freundinnen, die in Salcombe wohnte.
Als wir am Morgen geweckt wurden, erzählte uns das Mädchen, daß ein Segelschiff in der Nacht bei Soar Cove wrack geworden sei. So gingen wir gleich nach dem Frühstück herüber, um zu sehen, was passiert war. Wir standen auf dem Kliff oberhalb der Cove. Es war ein windiger grauer Morgen, aber die See war ziemlich ruhig. Es hatte keinen großen Sturm gegeben, und es waren sehr viele Leute oben auf dem Kliff.
Die HERZOGIN lag auf dem Felsen unter uns. Offenbar war sie genau in die Bucht hineingesegelt und lag mit ihrem Bug auf den Felsen. Das Rettungsboot aus Salcombe hielt sich in der Nähe klar, falls es gebraucht wurde. Die See blieb verhältnismäßig ruhig, und das Heck des großen Schiffes hob und senkte sich mit den Wellen. Es lag kein Gefühl von großer Gefahr oder von Eile in der Luft, und es war die Rede von Schleppern, die kommen und das Schiff herunterholen sollten.
Im Laufe des Vormittags kam das Team mit der Hosenboje und machte eine Leine quer über dem Schiff fest. Mit der Boje kamen ein paar Leute von der Besatzung an Land, aber die übrigen blieben an Bord.
Wir warteten den ganzen Vormittag über auf dem Kliff, aber es spielte

Ein Mann wird mit der Hosenboje zur HERZOGIN CECILIE *abgefiert (Slg. Dr. Jürgen Meyer)*

sich nichts Besonderes mehr ab, so gingen wir wieder nach Hause. Ich war wirklich sehr traurig, dieses große Ungetüm von einem Schiff schlaff und leblos auf dem Felsen unter uns daliegen zu sehen – viele seiner Segel waren noch oben – und das Rettungsboot, das weiter draußen unablässig seine Runden drehte.
Später versuchten Schlepper, das Schiff abzubergen, aber das gelang nicht. Es lag noch mehrere Wochen lang da, nachdem die Besatzung endgültig von Bord geholt worden war. Das Getreide wurde aus dem Schiffsrumpf ausgewaschen und an den Strand von Soar Cove gespült. Ich hörte, daß das verrottete Getreide fürchterlich stank; niemand konnte in diesem Sommer zur Cove gehen.
Im Fischerdorf von Looe sprach man in diesem Frühling allgemein davon, daß dieses große Schiff am frühen Morgen innerhalb des Leuchtturms von Eddystone in die Whitsand Bay gekommen war. Es hätte außerhalb des Leuchtturms laufen müssen; so mußte es auf einen Kurs geraten, der es geradewegs auf die Klippen von Bolt Head führte, und so kam es dann auch.
In der Schule schrieb ich über all dies einen Aufsatz. Ich bekam eine schlechte Note, weil ich unbegründete – und vermutlich verleumderische – Gerüchte ausgestreut hätte!“
Robert Morris, ein Künstler und Konservator, war dreißig Jahre alt, als er das Wrack sah. Er berichtete:
„Ich hatte immer mit großem Interesse die Schicksale der HERZOGIN CECILIE bei den Weizenrennen verfolgt. Da bekam ich einen Schock, als ich las, daß sie auf den Felsen bei Bolt Head in der Falle saß. Ein alter Freund von mir, der sich daran erinnerte, daß er als Junge bis zu einem Dutzend Barken in Falmouth gesehen hatte, war auch sehr bestürzt, er war aber sicher, daß ein so starkes Schiff bald wieder flott werden würde. Als aber die Tage vergingen, entschlossen wir uns, sie uns anzusehen. Wir waren überrascht, daß auf dem Kliff schon Parkplätze eingerichtet waren, und als wir unseren Wagen abgestellt hatten, gingen wir zu Fuß über das Feld. Allmählich tauchten am Rande des Kliffs die Masten auf und dann schließlich das ganze traurige Bild.
Es war eine Szene äußerster Traurigkeit. Da lag das schöne, stolze Schiff, der weiße Schaum der Wellen strömte über seinen weißen Rumpf, der massive Bug zeigte leicht nach oben, und das Schiff – seine Segel waren heruntergenommen – hob und senkte sich sachte.
Es brach einem das Herz – ein schmerzlicher Anblick. Rückblickend möchte ich sagen, sie lag da wie ein gefangener Vogel, nicht mehr fähig zu fliegen und langsam sterbend!“
Was war mit ihr, mit diesem großartigen und berühmten rahgetakelten Segelschiff mit seinen vier Masten und dem weißgemalten stählernen Rumpf? Sie trug einen deutschen Namen, fuhr unter finnischer Flagge, und ihr Kapitän, die Steuerleute, der Zimmermann, der Donkeymann, der Segelmacher und die älteren Besatzungsmitglieder sprachen schwedisch mit dem Akzent der Åland-Inseln und des Küstenstreifens von

Finnland. Die übrigen Leute sprachen in der Mehrzahl Finnisch, mit Ausnahme der Dänen.

Sie war nach Falmouth eingelaufen, um hier ihren Löschhafen zu erfahren. Ipswich sollte es sein, wo sie zu der Zeit eintreffen sollte, als sie verlorenging. Sie hatte 52514 Sack australischen Weizen mit einem Gewicht von 4295t geladen, drei Achtel waren im vorderen und fünf Achtel in den hinteren Laderäumen gestaut. Ihr Heimathafen war Mariehamm auf den Åland-Inseln, und sie gehörte einer Gesellschaft mit beschränkter Haftung, an der Gustaf Erikson 98 Prozent und seine beiden Mitarbeiter, Hilding Kåhre und K.A. Frederiksson je ein Prozent hielten. Ihre Ladung, die sie drei Monate zuvor in Port Lincoln am Spencer-Golf in Südaustralien an Bord genommen hatte, gehörte Engländern und war in England versichert. Ihre Agenten, die den größten Teil der geschäftlichen Dinge erledigten, arbeiteten in der Fenchurch Street in London. Ihre Reise nach England war ein anglo-finnisches Gemeinschaftsunternehmen.

Das war 1936, und Frachtsegelschiffe waren schon nicht mehr zeitgemäß. Obwohl zehn Jahre lang kein Schiff wie die HERZOGIN CECILIE mehr gebaut worden war, gab es immer noch Tausende von kleinen Frachtseglern und einige sehr große, die auf den Weltmeeren arbeiteten. Fast alle waren in Ländern beheimatet und wurden von dort aus betrieben, die man heute unterentwickelt nennen würde, oder in arm gebliebenen Küstenstrichen von sonst blühenden Ländern, wie Neu-Schottland in Kanada, Maine in den USA, North Devon in England und den bretonischen Häfen Frankreichs.

Warum war die HERZOGIN CECILIE, dieses großartige Schiff, so berühmt? Warum segelte sie überhaupt? Warum lag sie hilflos da, das Vordeck überspült, mit dem Kapitän und seiner Frau und einer Handvoll Leute der Crew, die sich weigerten, von Bord zu gehen, während der Gestank des verrottenden Weizens in ihren Laderäumen (es gibt bestimmt keinen Gestank, der stärker zum Erbrechen reizt) die Luft an der Küste bis hinauf zum Hof der Smales auf Higher Soar verpestete. Man fragte Betty Smale:

„Ihr habt den gräßlichen Gestank auch gerochen?“

„Natürlich. Und das auch noch genau zu Ferienbeginn!“

„Ist er so weit heraufgekommen?“

„Ja, und ganz stark, es kam wirklich voll zu uns hinauf. Und Mutter hatte wegen der Depression schon Gäste angenommen und wollte im Sommer Tee-Mahlzeiten anbieten. Der Gestank war schlimm für uns, das kann ich Ihnen sagen.“

ZUR EHRE DES VATERLANDES UND DER DEUTSCHEN SEEFAHRT

Die Geschichte der Entwicklung der nordeuropäischen Schiffahrt im 19. Jahrhundert ist ein Teil der wirtschaftlichen, politischen, industriellen und Finanz-Geschichte jener Zeit, keine einfache Geschichte, doch läßt sie sich in Umrissen kurz skizzieren.
Während der ersten sechzig bis siebzig Jahre des Jahrhunderts entwickelten sich Industrie und Technik in England in einem sehr viel höheren Maße als in den nordeuropäischen Nachbarländern oder den USA. Die englische Technik und Industrie verfügte zwischen 1815 und 1850 über das Kapital und die Rohstoffe, um die Entwicklung des seegehenden Raddampfers als Kriegs- und Handelsschiff vorantreiben zu können. Sie brachte für den Handelsverkehr auf Küsten- und Kontinent-Fahrtgebieten, auf Binnenwasserstraßen und – bei den größten dieser Schiffe – im Transatlantikverkehr große Vorteile. Die Marine konnte sie als Depeschenboote, Schlepper, als Forschungsschiffe und als Landungsfahrzeuge einsetzen. Aber ihr Fahrtbereich und ihre Wirtschaftlichkeit waren durch die mit dem Radantrieb gegebenen Mängel als Antriebsanlage, durch die schlechten Rumpfformen, die der Radantrieb zwangsläufig mit sich brachte und den schlechten Wirkungsgrad ihrer einfachen, meist mit niedrigen Dampfdrücken arbeitenden Einzylindermaschinen entscheidend eingeschränkt. Aus allen diesen Gründen stieß die Verwendung des Dampfantriebes schnell an ihre Grenzen, und das hölzerne Segelschiff, jenes in langer Zeit allmählich ausgereifte Produkt der vorindustriellen Gesellschaft, behielt auf den Verkehrswegen über die Welt und bei den Marinen der großen Seemächte seine überwältigende Vorherrschaft.
Am Ende der 1830er Jahre bahnte sich eine erste Änderung dieser Situation an. Zu dieser Zeit kamen allmählich Eisenbleche in hinreichender Menge und zu Preisen auf den Markt, die zum ersten Male den Bau von eisernen Schiffen erlaubten. Zu etwa der gleichen Zeit konnte das Problem der Verwendung von Magnetkompassen auf eisernen Schiffen durch die Arbeit von Professor Airey, zu jener Zeit British Astronomer Royal (erster Astronom des Königreiches), zum mindesten für den Einsatz auf Handelsschiffen allgemein als gelöst gelten.
Eine ganze Reihe von Maschinen- und Schiffbaufirmen betätigten sich

mit großer unternehmerischer Tatkraft im Eisenschiffbau. Etwa zur gleichen Zeit, in den späten 1830er und den früher 40er Jahren, begann die Screw Propeller Company, unterstützt von Banken und privaten Geldgebern, ein Patent auf den Markt zu bringen, das auf den Namen Francis Smith (später Sir Francis Smith) lautete, nämlich das Patent auf einen Schraubenpropeller, der zwischen dem Achtersteven und dem Ruder angebracht war – eine Anbringung, die den Wirkungsgrad des Antriebes und die Manövriereigenschaften wesentlich verbesserte.

Die nachdrückliche Förderung durch die Screw Propeller Company – sie bauten eigens einen Vorführdampfer, die ARCHIMEDES, zeigten ihn in allen Häfen Englands und gründeten gleichzeitig Geschäftsstellen für Lizenzvergaben auf das Patent – brachte solchen Erfolg, daß die ARCHIMEDES als ein bedeutender Meilenstein der Entwicklungsgeschichte Europas gelten darf.

Der große Durchbruch kam 1850 mit der Erfindung der Verbundmaschine für Schiffe. Die Entwicklung der Schiffahrt des 19. Jahrhunderts folgte den Entwicklungen in der Eisen- und Stahlindustrie. Jahrelang hatte man schon gewußt, daß mehr Energie bei gleichem Brennstoffverbrauch zu gewinnen war, wenn man den Dampf ein weiteres Mal ausnutzen konnte, indem man ihn in einem zweiten großen Niederdruckzylinder expandieren ließ, nachdem er vorher durch einen kleineren Hochdruckzylinder geströmt war. Erste Versuche schlugen fehl, weil der Bau von sicheren Dampfkesseln für den erforderlichen Dampfdruck Schwierigkeiten machte.

In den frühen 1860er Jahren war Eisen von genügender Qualität im Handel und die Kesselbautechnik so weit entwickelt, daß Dampfdrücke von ca. 5 atü erreichbar waren. (Die erste Maschine der GREAT BRITAIN, mit 1000 PS die stärkste bis dahin jemals gebaute Dampfmaschine, arbeitete noch mit ca. 0,5 atü). Nun konnte die Schiffsverbundmaschine kommerziell eingesetzt werden, und das zeigte sich sehr deutlich, als Alfred Holt in Liverpool, ein studierter Ingenieur, sein Geld in drei Dampfschiffen mit Verbundmaschinen anlegte, die so klein und dabei so leistungsfähig waren, daß diese Schiffe 3000 t Ladung tragen – zwei- bis dreimal soviel wie fast sämtliche Segelschiffe zu jener Zeit – und gleichzeitig genügend Kohle für eine Fahrtstrecke (ohne nachzubunkern) von 8500 Seemeilen bei einer Fahrt von 10 Knoten an Bord nehmen konnten. Der Suez-Kanal machte die Dinge für das Dampfschiff mit Verbundmaschinen nur noch leichter.

Dennoch blieb das Segelschiff im Zuge der Expansion des englischen Handelsschiffbaus als Folge des vollständigen Ausfalls ihres stärksten Konkurrenten, der amerikanischen Handelsschiffahrt, nach dem Ende des amerikanischen Sezessionskrieges 1865 weitere 25 Jahre lang eine vernünftige Kapitalanlage; dies gilt besonders für die größeren Eisenschiffe, wie sie nun gebaut wurden. Englische Werften sollten noch bis zum endgültigen Zusammenbruch des Marktes für Segelschiffsneubauten im Jahre 1897 viele große Eisen- und Stahl-Rahsegler liefern. So

Die GREAT BRITAIN, *Brunels großartiges eisernes Schraubendampfschiff, Vorläufer der gesamten modernen Schiffahrt, liegt restauriert im Dock von Bristol (SS Great Britain Project)*

hatte sich in den 1870er Jahren ein ungefähres Gleichgewicht zwischen dem Dampfschiff mit Verbundmaschine und dem Segelschiff herausgebildet.

Doch zu Beginn der 1880er Jahre wurde das Dampfschiff infolge einer weiteren Entwicklung endgültig zum Regelschiff für den Seetransport. Auch dieses Mal wieder war dieser Entwicklungsschritt nicht auf den Schiffbau beschränkt, er war vielmehr eine Begleiterscheinung des allgemeinen industriellen und wirtschaftlichen Fortschritts. In den 1870er Jahren war Eisenblech billig, Stahl hingegen in den für den Schiffbau benötigten Qualitäten teuer – zum Teil aufgrund des enormen Bedarfs für andere Zwecke und für den Eisenbahnbau auf der ganzen Welt.

Am Ende der 70er Jahre wurde Stahl beim Bau von Schiffskesseln und Hochöfen verwendet, und das bedeutete, daß nun höhere Dampfdrücke gefahren werden konnten. Das Ergebnis war, daß der Brennstoffverbrauch von Schiffen mit Verbundmaschinen um mehr als 60 Prozent zurückging. Eine weitere selbstverständliche Folge war, daß ein dritter Zylinder an die Verbundmaschine angehängt wurde, in dem der hochgespannte Dampf weiter expandieren konnte. Die Dampfdrücke gingen ständig weiter aufwärts: 1881 auf etwa 9,5, 1884 auf etwa 11 und wenig später auf etwa 15 atü. Zu Anfang der 1890er Jahre kam ein Trampdampfer bei 9 Knoten Geschwindigkeit mit 14 g Kohle je Tonnen/Meile aus, und der Dampfer fuhr ebenso wirtschaftlich wie das leistungsfähigste und wirtschaftlichste Segelschiff, wenn man berücksichtigt, daß es drei Reisen machen konnte, wenn das Segelschiff eine machte – der Dampfer somit das dreifache an Ladung befördern konnte.

Dem großen rahgetakelten Segelschiff blieben in England noch zehn Jahre, wenn man davon ausgeht, daß die Einstellung von Neubauten das eigentliche Ende bezeichnet. Das neue Baumaterial – Stahl –, das schließlich die Konkurrenzfähigkeit des Dampfschiffs auf fast sämtlichen Fahrtgebieten des Welthandels begründet hatte, kam in dieser kurzen Zeitspanne auch dem Bau von Segelschiffen zugute, Schiffen, wie sie die Welt noch nicht gesehen hatte: Sie waren groß und wirtschaftlich genug, um in echtem Wettbewerb mit dem Dampfschiff auf Fahrtgebieten, auf denen dieses noch im Nachteil war, eine brauchbare Kapitalverzinsung herauszufahren. Es waren Fahrtgebiete mit langsamen, wenig entwickelten Lade- und Löschhäfen sowie Fahrtgebiete für weniger wertvolle Bulkladungen, die Gegenstand von Geschäften auf dem Warenmarkt waren. Für den Eigentümer der Ware war das Segelschiff auf seinen langen Reisen ein billiger Lagerraum. Außerdem konnten Segelschiffe immer in der Fahrt mit Bunkerkohle fast überall auf der Welt Beschäftigung finden.

Die Segelschiffe der 70er und der frühen 80er Jahre verdrängten 1500 bis 2000 t. Sie waren aus Eisen oder später aus Stahl erbaut und als Vollschiffe oder Barken getakelt. In den späten 80er und den 90er Jahren waren die Neubauten Viermastbarken oder Viermastvollschiffe von 3000 und mehr t, die bis zu 5000 t Ladung trugen. Nur etwa zwölf Jahre lang wurden diese wirklich letzten großen Frachtsegelschiffe in großer Anzahl gebaut; es waren beachtliche Ingenieur-Leistungen, und es ist ein glücklicher Umstand, daß eines von ihnen, die POMMERN, in Mariehamn auf den finnischen Åland-Inseln unberührt und unverändert erhalten geblieben ist. So kann man die Größenverhältnisse und die eigenartige Mischung von technischer Raffinesse und Primitivität, die für jene Schiffe charakteristisch war, nachempfinden.

Größere Schäden an ihren stählernen Rümpfen, Masten, Rundhölzern und Beschlägen konnten nur mit Werfthilfe repariert werden. Die Großrah einer Viermastbark, ein sich verjüngendes genietetes Stahlrohr, konnte 30 m lang sein, hatte in der Mitte einen Durchmesser von etwa 60 cm und wog mehrere Tonnen. Eine solche Rah liegt neben der wiederhergestellten GREAT BRITAIN in Bristol. Sie stammt aus der Zeit, als das Schiff am Ende seines Arbeitslebens das größte vollgetakelte Schiff der Welt war.

Die stählerne Viermastbark POMMERN, *wie sie heute wiederhergestellt in Mariehamn liegt. Sie wurde 1903 von J. Reid & Co. in Glasgow erbaut (Basil Greenhill)*

Diese Schiffe, viele von ihnen mehr als 90m lang, mit kastenförmigen Querschnitten über einen großen Teil der Rumpflänge und vollen Schiffsenden, was einen schweren, aber sehr festen und starken Schiffsrumpf ergab, konnten, wenn sie gut gehalten und gut gesegelt wurden, durchaus brauchbare Durchschnittsgeschwindigkeiten herausholen. Sie verfügten über Dampfhilfsmaschinen, die sogenannten Donkeys, und arbeitssparende Vorrichtungen für die Bedienung des laufenden Guts (Brass- und Fallwinschen; der Übersetzer). Doch erscheint die Unterbringung der Besatzung – vor wie hinter dem Mast – dem Auge des späten 20. Jahrhunderts kümmerlich, und die großen offenen Laderäume ohne Zwischenschotten stellen nach heutiger Auffassung ein untragbares Risiko dar.

Mit ihren an die 3000 Quadratmeter Segeltuch und mehr, aufgeteilt auf 32 oder noch mehr Segel, wenn alles gesetzt war, und ihren 50 Meter und höher über das Deck ragenden Masten, bot eine Viermastbark einen wahrhaft eindrucksvollen Anblick. Die größten der „Tall Ships"-Segelschulschiffe unterschiedlicher Art, die heutzutage Jahr für Jahr zusammenkommen, um von verschiedenen Häfen der Welt aus gemeinsam zu segeln, können einen gewissen Begriff von ihrem Erscheinungsbild geben.

Neue Schiffe dieser Art wurden in den 1890er Jahren weiter gebaut, konnten sie doch in einer Zeit nach oben tendierender Kampfraten auf dem Frachtmarkt und steigender Kosten für Bunkerkohle in einigen wenigen Massengutverkehren mit dem Dampfschiff konkurrieren und eine

ausreichende Verzinsung des investierten Kapitals bieten. Aber im Grunde fuhren diese Schiffe im Randbereich von noch möglichem Gewinn und tragbarem Zeitaufwand; eine auch nur geringfügige Veränderung der wirtschaftlichen Voraussetzungen konnten sie nicht überleben.
Mit dem Ausbruch des spanisch-amerikanischen und des Burenkrieges um 1897 erholten sich die Frachtraten für Dampfschiffe, und damit neigte sich die Waage schließlich unwiderruflich zugunsten des Dampfers. Dazu kam im gleichen Jahr ein allgemeiner und kräftiger Anstieg der Versicherungskosten für Segelschiffstonnage auf dem Londoner Versicherungsmarkt, der die Lage der Segelschiffsreeder weiter erschwerte.
In den 1890er Jahren begann die industrielle Entwicklung in Deutschland, wenn auch etwas anders strukturiert, als die in England. Für die deutsche Schiffahrt war vor allem Hamburg der Hauptort. Bis 1912 wuchs die Hamburger Segelschiffsflotte nach Zahl und Tonnage an. Jürgen Meyer hat in seiner Untersuchung „Hamburgs Segelschiffe 1795–1945“ (Norderstedt 1971) gezeigt, daß zur Jahrhundertwende 106 Segelschiffe mit mehr als 1000 BRT im Hamburger Hafen beheimatet waren; 1912 waren es 118, im Schnitt lag ihre Größe bei 2269 BRT und ihre Gesamttragfähigkeit bei 450 000 t.
Ein gewichtiger Grund für diese bedeutenden Aktivitäten der deutschen Handelsschiffahrt war ein unstillbarer Bedarf der chemischen Industrie an Nitraten, die sie zu jener Zeit aus natürlichen Vorkommen in Chile bezog. Die Umschlagseinrichtungen in den Salpeterhäfen waren unterentwickelt – die Schiffe lagen weit draußen auf offenen Reeden und nahmen ihre Ladung sackweise aus Leichtern an Bord. In einem Geschäft wie diesem war eine stählerne Viermastbark mit ihren verhältnismäßig niedrigen Betriebskosten selbst noch zu Beginn des 20. Jahrhunderts dem Dampfer gegenüber im Vorteil.
Dieser Salpeterhandel bildete den harten Kern einer mehr oder weniger regelmäßigen Beschäftigung für die Viermastbarken, von denen einige in England gekauft, andere auf deutschen Werften gebaut worden waren. Viele dieser Schiffe waren außergewöhnlich gut gebaut, wurden sehr gut geführt und waren stark besetzt – unterstützt von gewissen staatlichen Zuschüssen, weil die größer werdende Marine von ihnen Nachwuchs gewinnen konnte (ich halte das für wenig wahrscheinlich; der Übersetzer), und sie wurden von hochqualifizierten Kapitänen und Schiffsoffizieren gesegelt, denen ihr Beruf in der Heimat gesellschaftliches Ansehen gab. Eine kurze Zeit lang um die Jahrhundertwende betrieben die deutschen Reeder die vielleicht schönsten und besten rahgetakelten großen Frachtrahsegler, die je zu Wasser gekommen sind.
Die Salpeterfahrt im Verein mit der verhältnismäßig spät einsetzenden Entwicklung des deutschen Handelsschiffbaus führte dazu, daß erstklassige, große rahgetakelte Segelschiffe – einige von ihnen waren Fünfmaster – noch ziemlich weit ins 20. Jahrhundert hinein in Fahrt blieben. Schiffe dieser Art wurden noch bis nach dem Ende des Ersten Weltkrieges in Deutschland gebaut.

Vor dem Krieg wurden sie auch in England für deutsche Rechnung gebaut, außerdem kauften deutsche Reedereien einige ältere Schiffe aus den 1890er Jahren. Die Hamburger Reederei F. Laeisz, die sich auf die Verschiffung von Salpeter aus Chile nach Hamburg spezialisiert hatte, betrieb die wohl am besten geführte Frachtseglerflotte, die es je gegeben hat. Die Namen sämtlicher Laeiszscher Schiffe fingen mit dem Buchstaben „P" an. Der letzte Neubau für die Reederei, die PADUA, lief 1926 vom Stapel. Mit ihr ging der wirklich letzte große rahgetakelte Handelssegler zu Wasser. Da sie mehr kostete als ein gleichwertiges Motorschiff, kann vermutet werden, daß so etwas wie eine verdeckte Subvention bei ihrer Finanzierung mitgespielt haben könnte (nach den mir zugänglichen Unterlagen und auch aus meiner Erinnerung an die damaligen Verhältnisse halte ich eine wie auch immer geartete Subvention für sehr unwahrscheinlich. Zur Finanzierung bzw. Rendite hat aber bestimmt beigetragen, daß das Schiff für die Aufnahme von zahlenden Kadetten ausgelegt war; der Übersetzer). Das Schiff ist heute unter dem Namen KRUZENSHTERN als estnisches Kadettenschulschiff in Fahrt.

Der größte deutsche Fünfmaster (das Fünfmast-Vollschiff PREUSSEN; der Übersetzer) setzte 5580 qm Segel (nach Hamecher „Königin der See, Fünfmast-Vollschiff Preußen", Hamburg 1969, waren es 4700 qm; der Übersetzer) und konnte 8000 t Ladung tragen, und zwar mit der gleichen Besatzungsstärke wie die hölzernen Klipper 40 Jahre vorher, die 1000 t trugen. Jahr für Jahr beförderten sie ihre Ladungen mit einer Durchschnittsgeschwindigkeit, die über jener der verschwindend kleinen Minderheit der Klipperschiffe lag. Die größten (verglichen mit der Gesamtzahl der Segelschiffe; der Übersetzer) dieser Schiffe erreichten über Jahre auf ihren Rundreisen Europa–Westküste von Südamerika und zurück einen Durchschnitt von sechs Knoten – eine Leistung, die der vieler Massengüter befördernder Dampfschiffe der damaligen Zeit durchaus ebenbürtig war. Zu ihren besten Zeiten übertrafen die Leistungen der großen deutschen stählernen Segelschiffe die ihrer Vorgänger bei weitem.

Einer ihrer Kapitäne, Robert Hilgendorf (1852–1936; 66mal um Kap Hoorn, mit 29 Jahren Kapitän der PARNASS, führte neun Laeisz-Schiffe, zuletzt die Fünfmastbark POTOSI; der Übersetzer) segelte 20 Jahre lang schwer beladene Schiffe mit einer Durchschnittsgeschwindigkeit von 7,5 Knoten.[1] In Deutschland gab es eine lebendige seglerische Tradition, und langjährige Erfahrung auf Handelsschiffen war ein Muß für das Patent als Steuermann.

Die große deutsche Schiffahrtslinie, die Norddeutscher Lloyd Dampfschiffs-Companie, wurde 1857 gegründet. Im ersten Jahr beschäftigte die Reederei drei Dampfer in einem regelmäßigen Verkehr zwischen Bremerhaven und England. Größere Schiffe für den Dienst zwischen Bremerhaven und New York wurden bei englischen Werften in Auftrag gegeben; das erste machte 1858 seine Jungfernreise. Im darauffolgenden Jahr beförderte die Reederei Post von den USA nach Europa. 1866 gab es bereits eine wöchentliche Abfahrt nach New York, und 1867 war die

1 Alan Villiers, Auf blauen Tiefen, Hamburg 1984. In diesem und in einem weiteren Buch, Kap Hoorn, Hamburg 1988, hat Villiers die Leistungen der deutschen Segelschiffe eingehend behandelt.

Flotte auf 14 Schiffe angewachsen, von denen acht auf der Linie nach New York und sechs im Englandverkehr liefen.
Von da an erweiterte sich das Tätigkeitsgebiet des Norddeutschen Lloyd immer mehr. Es wurden Linien nach Westindien und zu einer Reihe von Häfen in Europa und in Südamerika eröffnet. Zur Jahrhundertwende liefen Schiffe des Norddeutschen Lloyd auf 20 Linien über die ganze Welt, und die Flotte umfaßte 84 Dampfer mit zusammen 410000 BRT und 6500 Mann Besatzung.
Der steigende Bedarf an Offizieren und Seeleuten für die Dampfer des Norddeutschen Lloyd – mit dem Gedanken einer Ausbildung für die kaiserliche Marine im Hinterkopf – (bei dem nicht immer freundlichen Verhältnis zwischen der Kriegs- und der Handelsmarine und der Abneigung in den Hansestädten gegen „das Preußische" halte ich diese Vermutung für unzutreffend. Allerdings erhielt der Norddeutsche Lloyd, wie andere Reedereien, Gelder für die Beförderung von Post; der Übersetzer) sowie die Überzeugungskraft eines der Reederei-Direktoren mit Namen Wiegand führte zum Ankauf der vier Jahre alten Viermastbark ALBERT RICKMERS von der Rickmers-Reismühlen, Reederei & Schiffbau AG, in Geestemünde, die das Schiff als Kadettenschulschiff auch gebaut hatte.[2]
Am 15. Januar 1900 wurde für den Betrieb des Schiffes ein Ausschuß unter dem Vorsitz des Großherzogs von Oldenburg gegründet. Außer dem Großherzog saßen in diesem Ausschuß fünf Vertreter vom Norddeutschen Lloyd, vom Bremer Senat und andere hohe offizielle Persönlichkeiten. Das Schiff wurde für seine neue Verwendung hergerichtet und in HERZOGIN SOPHIE CHARLOTTE, nach der Tochter des Vorsitzenden des geschäftsführenden Ausschusses, umbenannt.
Das neue Schulschiff war von Anfang an ein voller Erfolg. Schon Ende Januar 1900 hatten sich mehr als 400 Jungen um einen Platz auf dem Schiff beworben; 45 wurden ausgewählt. Die Kadetten trugen eine Art von Marineuniformen (diese Bekleidung wurde gegen Bezahlung von den Marinebekleidungsämtern geliefert; E. Rogge-Ballehr, Schule der See, Gräfelfing 1987; der Übersetzer) und unterstanden einer weitgehend von der Marine übernommenen Disziplin. Am 19. Mai ging die HERZOGIN SOPHIE CHARLOTTE mit den Kadetten auf ihre Jungfernreise von Bremerhaven nach Philadelphia und von da mit Kistenöl nach Japan.[3]
Die Rückreise ging über Portland/Oregon und um Kap Hoorn nach Bremerhaven, wo das Schiff nach fast einem Jahr wieder einlief. Auch dieses Mal hatten sich wieder mehrere hundert junge Leute als Kadetten beworben; 1901 wurden 44 ausgewählt. Von den Kadetten des Vorjahres kamen 40 zurück an Bord, womit die neue Besatzung wieder 84 Kadetten zählte.
Zur Verbesserung der Ausbildungsmöglichkeiten beschloß der Vorstand des Norddeutschen Lloyd im Frühjahr 1901, ein weiteres Schulschiff in Dienst zu stellen. Die Rickmers-Werft in Bremerhaven erhielt den Auftrag, das neue Schiff zu bauen, bei dessen Entwurf die Erfahrungen mit

2 Diese auf die Kriegsmarine hindeutende Betrachtungsweise der Handelsschiffahrt tritt in einer Reihe von Büchern über die deutsche kaiserliche Marine in Erscheinung. Ein gutes Beispiel dafür ist die „Marine-Kunde. Eine Darstellung des Wissenswerten auf dem Gebiete des Seewesens" von Kapitän zur See a. D. Max W. Voss. Anliegen dieses Buches ist es, Kenntnisse über die kaiserliche Marine und das Vertrauen der Öffentlichkeit in sie zu verbreiten. Am Schluß des Abschnitts, in dem die Schiffe der Flotte dargestellt werden, steht die Feststellung, der Leser solle nicht vergessen, daß die Kriegsmarine durch viele Schiffe der Handelsmarine verstärkt werden könne. Ein Land mit einer großen Handelsflotte, so heißt es, kann im Kriegsfalle eine Marine leichter bemannen. Anschließend beschreibt der Autor die Handelsflotte und neben anderen Reedereien auch den Norddeutschen Lloyd.

3 Kistenöl war Petroleum in viereckigen Behältern aus geschweißtem Zinnblech von fünf Gallonen (19 Liter) Inhalt, die zum Schutz in Holzkisten gelegt waren. Es bestand eine dauernde und wachsende Nachfrage nach Petroleum, namentlich im ganzen Osten.
Die Vereinigten Staaten exportierten das Öl in Behältern aus Zinnblech, die in Wales hergestellt wurden. Die Kisten waren leicht zu handhaben; sie wogen 80 lbs (etwa 36 kg) und maßen 20,75 x 10,5 x 15" (52 x 26 x 37,5 cm). Ein Mann konnte sie heben, und zwei oder vier konnten auf den Rücken eines Packtieres geladen werden. Für die leeren Kanister gab es viele Verwendungsmöglichkeiten, z. B. flachgehämmert für Dächer und Wände.

Die HERZOGIN SOPHIE CHARLOTTE *(Åbo Akademi)*

Die HERZOGIN CECILIE *auf der Helling in Bremerhaven (Åbo Akademi)*

Stapellauf der HERZOGIN CECILIE *(Åbo Akademi)*

der HERZOGIN SOPHIE CHARLOTTE berücksichtigt wurden. Das neue Schiff wurde nach der Herzogin Cecilie von Mecklenburg-Schwerin benannt, einer jungen Frau, die mit dem ältesten Sohn Kaiser Wilhelms II. verlobt war und somit als zukünftige Kaiserin von Deutschland galt. Das Schiff wurde von der Tochter des Werftbesitzers, Sabine Rickmers, mit einer etwas blumigen Ansprache getauft. Nach dem Bericht von Rogge-Ballehr sagte sie:[4]

„Schlank und schön ruhst du auf den Hellingen, du stolzes Schiff, und nun sollst du dem Elemente dich verbinden, für das du geschaffen bist. Die wachsende Größe unserer jungen Handelsmarine, die frohe Unternehmungslust unserer großen deutschen Reederei haben dich ins Leben gerufen, und einer deutschen Schiffswerft Kraft und Fleiß haben dich so stattlich auferbaut, wie du nun vor uns stehst. Dir ist ein schönes Loos beschieden: Deutsche Jugend wird auf deinen Planken sich tummeln, wird zu deinen luftigen Höhen emporsteigen und deine weißen Segel entfalten, deutsche Jünglinge sollen auf dir zu tüchtigen Seeleuten erzogen werden, zur Ehre des Vaterlandes und der deutschen Schiffahrt.
Schon ein Schulschiff hat der Norddeutsche Lloyd hinausgesandt, das von der zweiten Weltreise nun zurückkehrt – und siehe, am heimatlichen Gestade findet es dich, und wie zwei Schwestern werdet ihr euch begrüßen. Wie nenne ich dich, du schönes Schiff? Wie das erste Schulschiff, so sollst auch du den Namen einer edlen, jungen Fürstin tragen: Ich taufe dich

4 Elisabeth Rogge-Ballehr, Schule der See, Gräfelfing 1987, S. 63

HERZOGIN CECILIE. Gleite denn hinab in die Fluten, HERZOGIN CECILIE, gleite hinab dem unendlichen Meere entgegen; es folgen dir unsere Hoffnungen, und möge reicher Segen dir immer beschieden sein."

Die HERZOGIN CECILIE war eine stählerne Viermastbark von 3242 BRT nach Angabe der Bauwerft. Nach Derby[5] betrug ihre Länge 94,48 m, die Breite 14,02 m und der Tiefgang 7,53 m. Ihr Hüttendeck war 54,25 m lang. 1912 wurde es auf 60,14 m verlängert und überdeckte so einen Teil des Oberdecks und das Deckshaus für den Donkey-Kessel. Über dem vordersten Teil des Oberdecks lag ein 14,26 m langes Backdeck.

Manchem Auge mochte das langgestreckte erhöhte Hüttendeck nicht gerade vorteilhaft für das Aussehen des Schiffes erscheinen, aber seine Vorzüge, namentlich auf einem Schulschiff, waren enorm. Nicht nur bot es reichlichen Unterkunftsraum für die Kadetten – 59 auf der Jungfernreise –, in ihm waren auch Kammern für die Unteroffiziere, Wasch- und Toilettenräume, ein Unterrichtsraum, ein Lazarett, Zimmermanns- und Segelmacherwerkstatt und die Kombüse untergebracht. Auch die Berufshandwerker, der Kern der Besatzungen im ersten Lebensabschnitt des Schiffes, dazu die Zimmerleute und Segelmacher, der Bootsmann, der Donkeymann sowie zehn Köche, Stewards und Bäcker hatten darin ihre Unterkünfte.

Im achteren Ende der Hütte wohnten der Kapitän, die Schiffs- und die Ausbildungsoffiziere sowie der Arzt. Die Räume des Kapitäns waren nach den Maßstäben, die man vor fast hundert Jahren an die Einrichtung von Schiffen legte, in jeder Hinsicht luxuriös zu nennen. Anrichten mit Messinghandleisten, dunkelrote Samtpolster, kardanisch aufgehängte Messinglampen, Ledersessel um den Tisch in der Mitte, auf deren Lehnen das Wappen des Norddeutschen Lloyd eingepreßt war, sorgfältig angeordnete Spiegel, querschiffs vorn und achtern reich paneelierte Holzwände aus Teak und in der ersten Zeit Blumenständer mit Aspidistren (auch Schildblume, eine Zierpflanze mit glatten gestreiften Blättern) machten diesen Salon zu einem einmaligen wertvollen Stück aus dieser Zeit. Er steht unverändert im Ålands Sjöfartsmuseum und bildet einen unübersehbaren Kontrast zu dem einfachen Kapitänsraum auf der POMMERN, einer normalen Viermastbark der gleichen Zeit. Die POMMERN liegt beim Museum an der Pier.

Die lange Hütte der HERZOGIN CECILIE hatte noch einen weiteren großen Vorteil. Sie bot eine verhältnismäßig sichere Arbeitsfläche für die Bedienung des laufenden Gutes an Deck. Die langen, offenen Hauptdecks allzu vieler großer Segelschiffe der letzten Zeit waren in der Tat sehr gefährliche Arbeitsplätze (aus diesem Grund wurden etwas später vor allem in Deutschland die „Drei-Insel-Schiffe" gebaut, die in der Mitte des Hauptdecks einen Aufbau hatten. Das brachte zwar höhere Sicherheit der Arbeitsfläche, störte aber auf der anderen Seite beim Be- und Entladevorgang; der Übersetzer). Häufig „stiegen" schwere Seen ein und wuschen längs und quer über das Deck, während sie langsam durch die zu kleinen Lenzpforten abliefen. Das führte nicht allein zu häufigen Ver-

5 W. L. A. Derby, The Tall Ships Pass, London 1937, S. 189

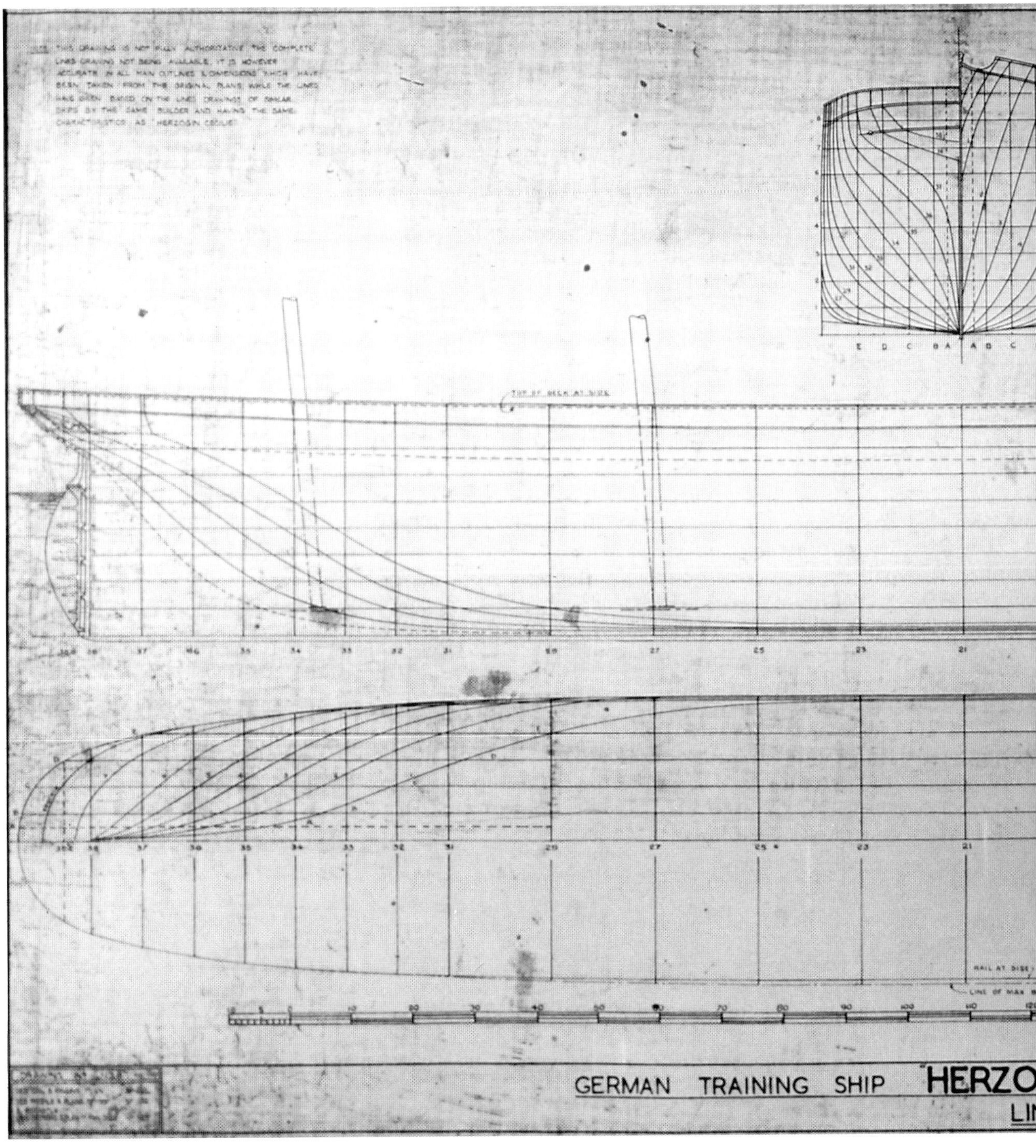

letzungen und sogar Todesfällen, es bedeutete auch, daß das Mannschaftslogie in einem Deckshaus auf dem Vorschiff und die Kombüse oft unter Wasser standen, so daß die Seeleute ständig in nassem Zeug, das nicht trocknen konnte, arbeiteten, in nassen Kojen schlafen mußten und

Linienriß der HERZOGIN CECILIE *von Harold Underhill nach Plänen, die Dr. Jürgen Meyer zur Verfügung stellte.*

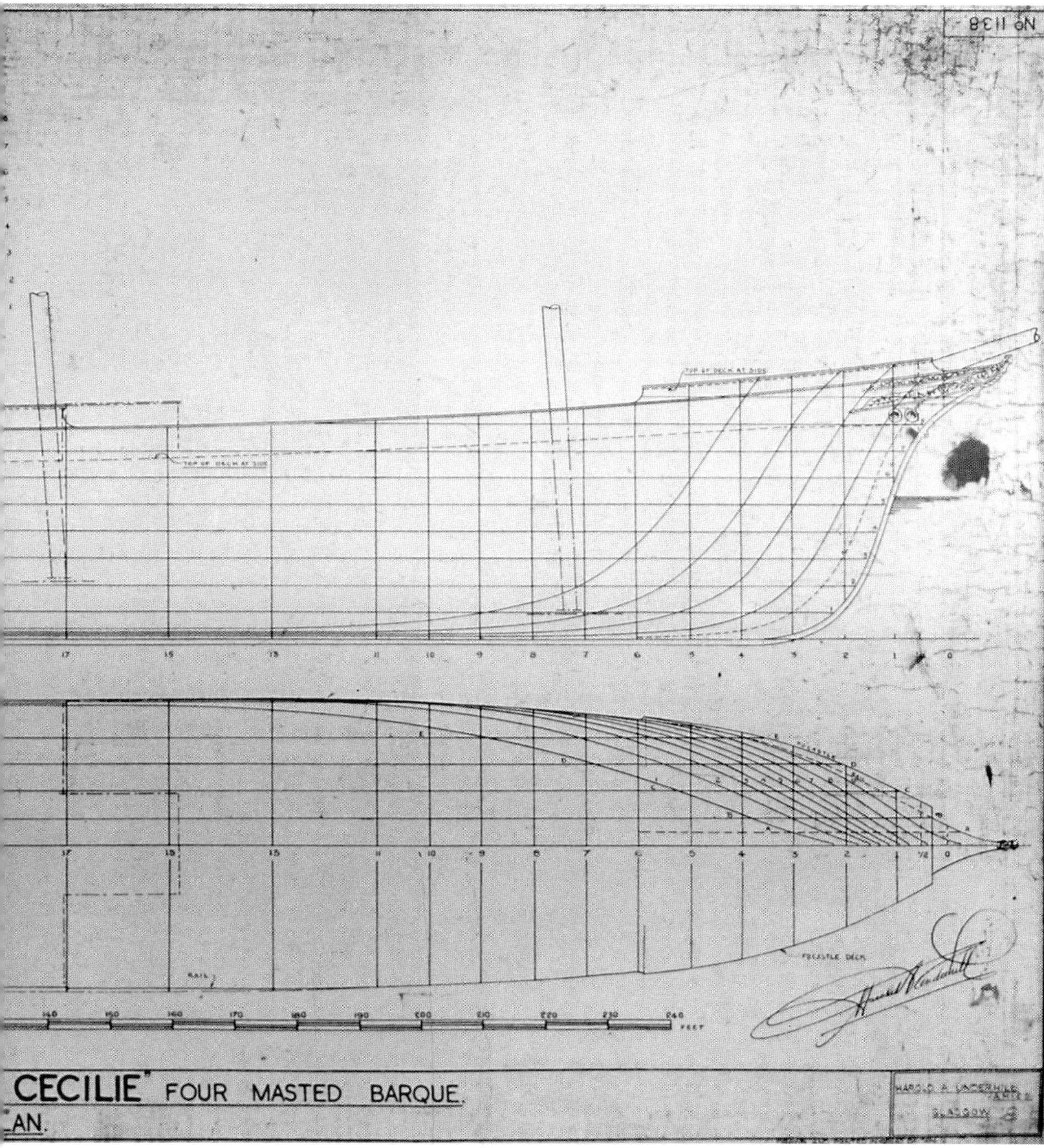

nur kalte Kost bekamen. Man braucht wenig Vorstellungskraft, um sich die Arbeitsbedingungen bei schlechtem Wetter auf dem Hauptdeck mit den hohen stählernen Verschanzungen auszumalen, wenn man auf der POMMERN steht.

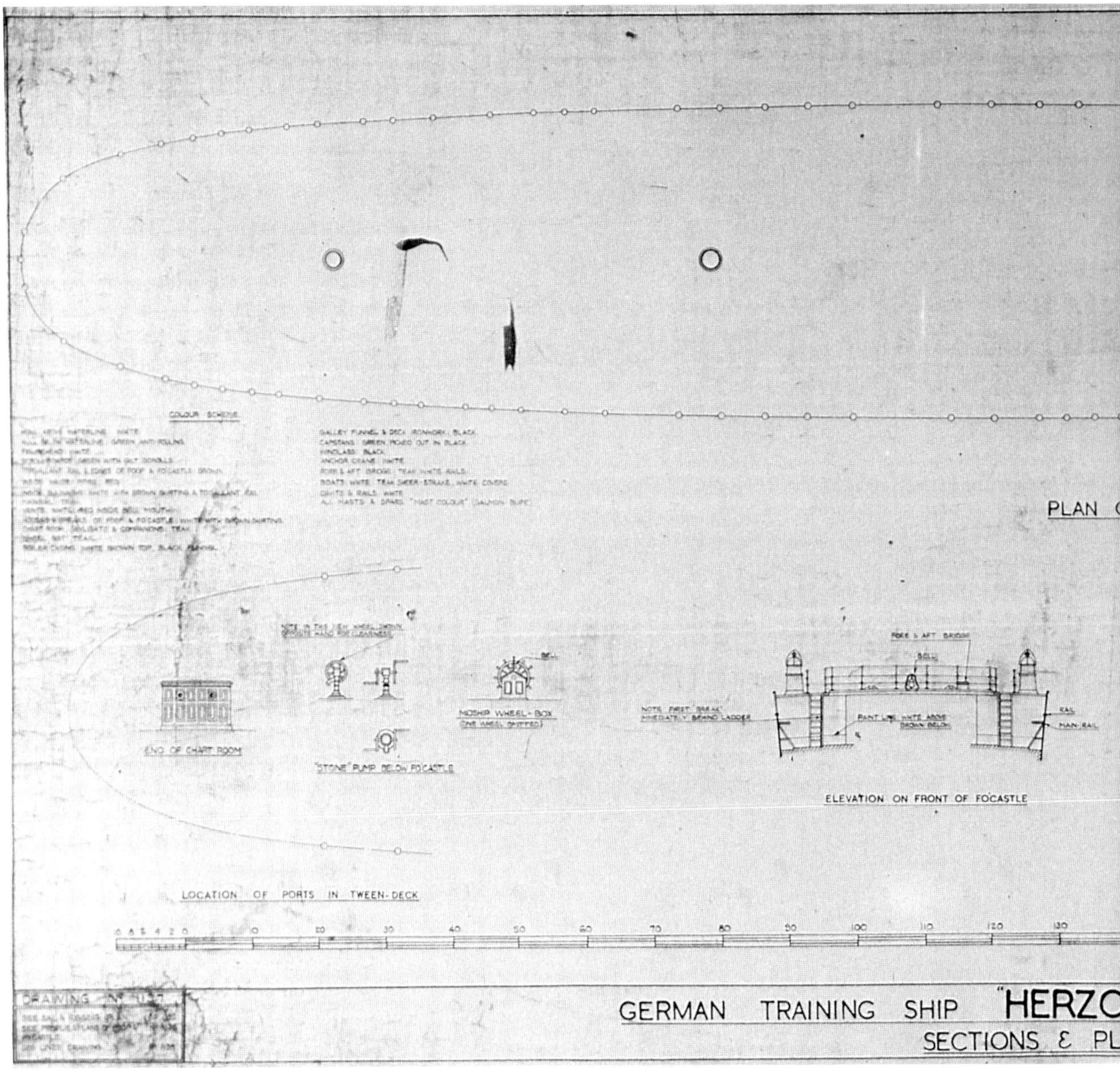

Auf der HERZOGIN CECILIE standen die Rudergänger nicht mehr dem Wetter ausgesetzt am achtersten Ende des Schiffes; sie steuerten relativ sicher und bequem mit einem großen doppelten Ruderrad, das auf etwa der halben Länge der Hütte stand. 1912 erhielt die HERZOGIN einen Funksender und -empfänger mit einer Reichweite von ungefähr 300 Seemeilen, der im Kartenhaus auf dem hinteren Teil der Hütte untergebracht war. Dieses Kartenhaus ist noch erhalten und steht im Ålands Sjöfartsmuseum in Mariehamn.
Am Bau und der Ausstattung der HERZOGIN CECILIE war an nichts

HERZOGIN CECILIE, *Querschnitte der Aufbauten und Aufsicht des Hauptdecks wie bei Fertigstellung. Gezeichnet von Harold Underhill nach Bauzeichnungen, die Dr. Jürgen Meyer zur Verfügung stellte.*

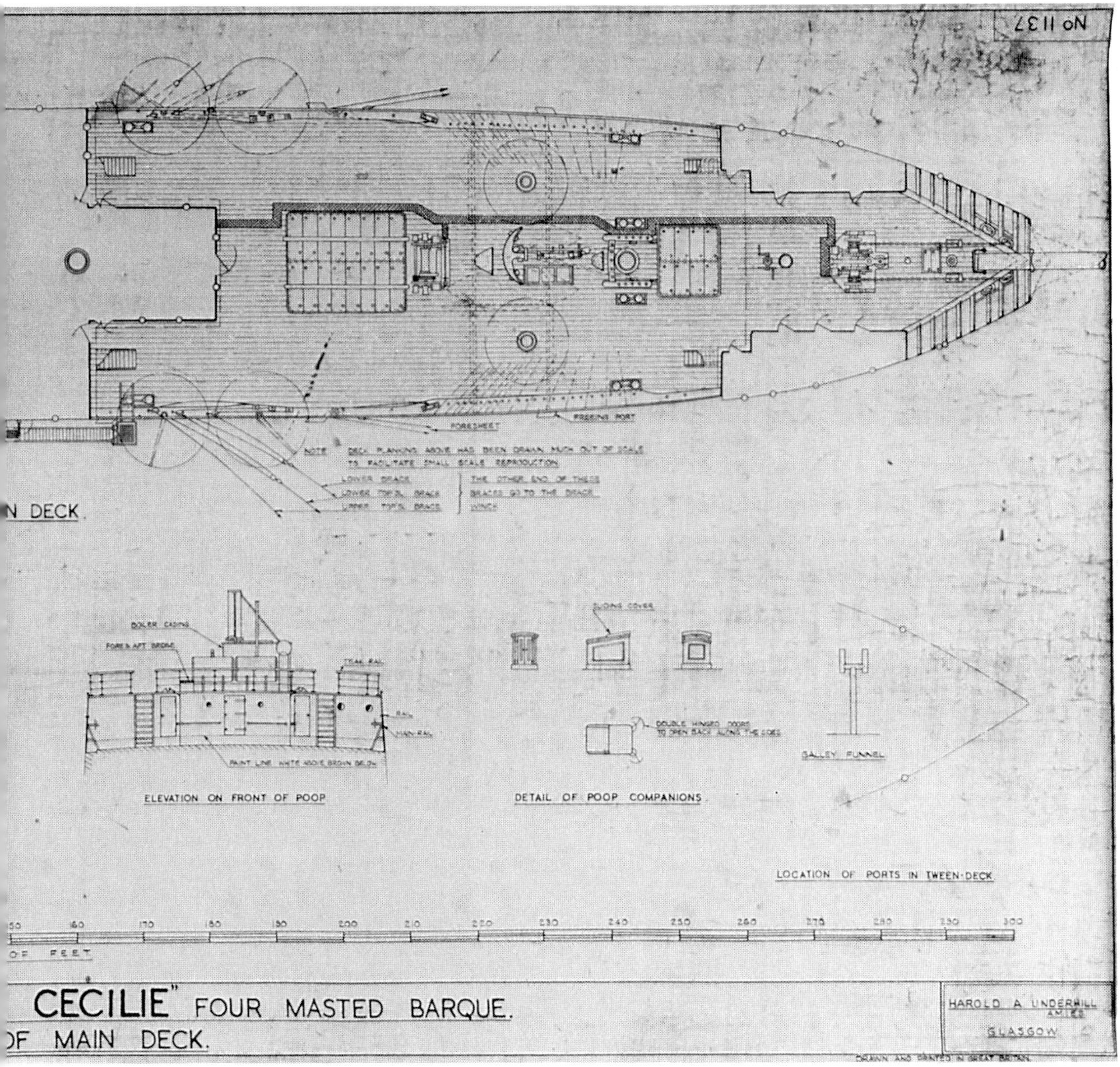

gespart worden. Sie war nicht nur ein Schul- und Frachtschiff; sie war eine schwimmende Botschafterin und ein Ausstellungsstück des deutschen Kaiserreichs. Ein sehr schönes Schiff, das von Anbeginn seines Lebens überall in der Öffentlichkeit große Beachtung fand.
Die exakten Manöver und das gute Auftreten der Besatzung machten ebenso wie der tadellose Pflegezustand und das effektive Management das Schiff in der internationalen Schiffahrtswelt in kurzer Zeit wohlbekannt. Es war auf einer sehr guten deutschen Werft unter der Bauaufsicht des Germanischen Lloyd, der deutschen Klassifikations- und Bau-

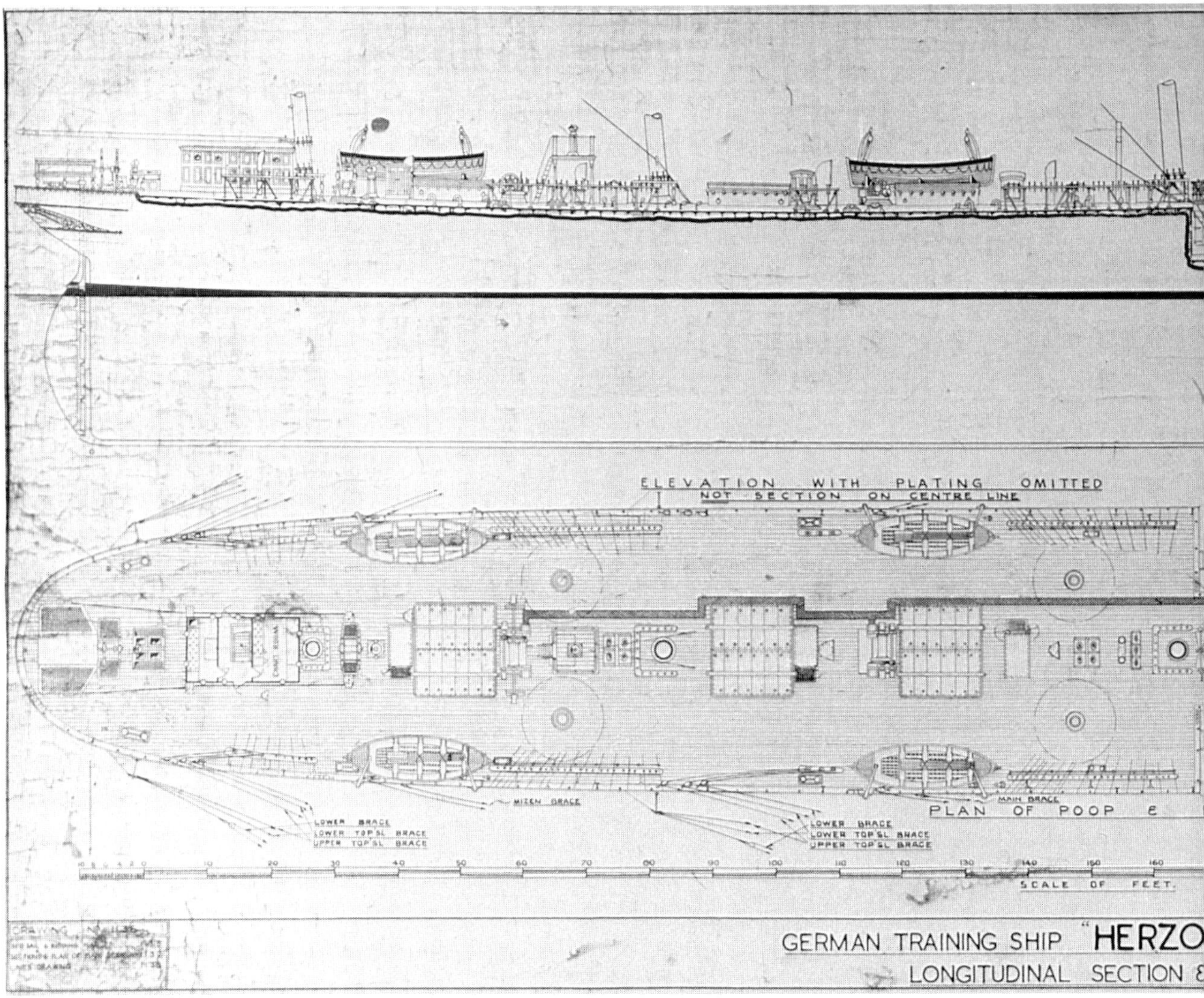

aufsichtsgesellschaft, erbaut worden. Der Lloyd gab ihr die höchste Klasse, was für die Versicherung von Schiff und Ladung wichtig war. Alle vier Jahre hatte sich das Schiff einer Besichtigung zum Erhalt der Klasse zu unterziehen. Hiervon wird in den späteren Kapiteln noch die Rede sein.

Das Schiff hatte ein sehr kräftiges Rigg: doppelte Mars- und doppelte Bramsegel, Royals an Fock-, Groß- und Achtermast und führte am Besanmast zwei Gaffeln, so daß das zum Mast zusammengeholte Besansegel zweigeteilt war. (Diese Art des Besanssegels war und ist eine deutsche Takelungsart, die seinerzeit ein gewisses Aufsehen erregte; der Übersetzer.) Fock-, Groß- und Achtermast ragten ungefähr 170 Fuß (53 m) über Deck. Als Schulschiff hatte die HERZOGIN keine arbeitssparenden Einrichtungen zur Bedienung des laufenden Guts; das schwere Durchholen

HERZOGIN CECILIE, *Seitenansicht und Decksplan wie bei Fertigstellung, gezeichnet von Harold Underhill nach Bauunterlagen, die Dr. Jürgen Meyer zur Verfügung stellte.*

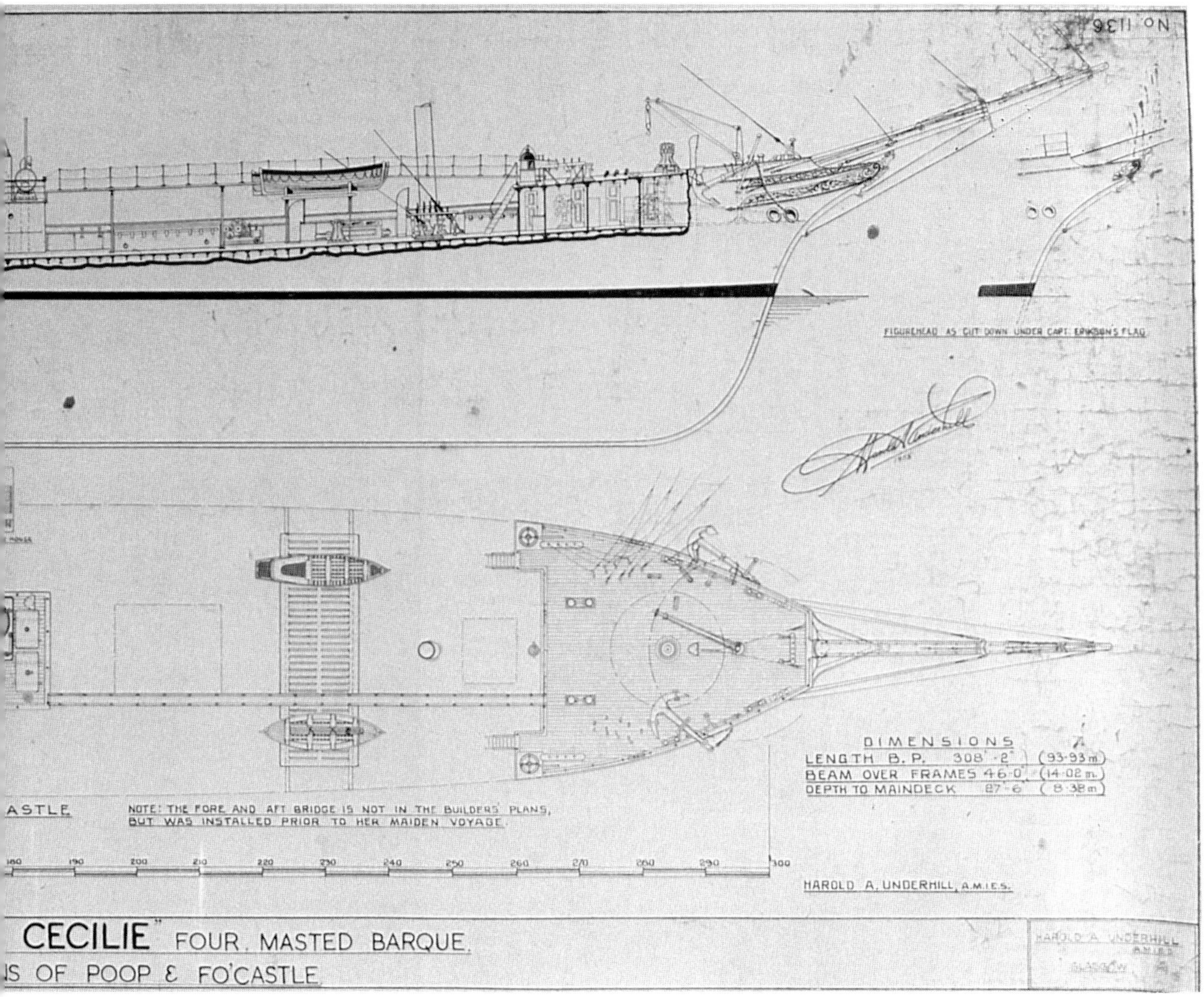

Folgende Doppelseite: HERZOGIN CECILIE, *Rigg- und Segelplan, gezeichnet von Harold Underhill nach Bauunterlagen, die Dr. Jürgen Meyer zur Verfügung stellte. Einzelheiten vom Schiff abgenommen und vervollständigt.*

von Fallen und Brassen war nach herrschender Ansicht eine gute Ausbildung und Muskelstärkung für eine – nach Handelsschiffmaßstab – unwahrscheinlich große Kadettencrew. Das Schiff hatte eine Dampfhilfsmaschine, den sogenannten Donkey, für den Antrieb der Winden an den Ladeluken, des Ankerspills und der Lenzpumpen, nicht aber zur Erleichterung der schweren Arbeit an Fallen und Brassen. Später wurde ein Generator für die elektrische Stromversorgung eingebaut.

Am 25. Juni 1902 lief das neue Schulschiff unter Kapitän Max Dietrich zu seiner Jungfernreise von Bremerhaven aus. Kapitän Dietrich hatte vorher eine Ausbildung auf dem großen Fünfmaster POTOSI erhalten. Die Besatzung war 81 Mann stark: vier Offiziere, zwei Lehrer von der Seefahrtsschule Bremen, ein Arzt, ein Bootsmann, zwei Zimmerleute, ein Segelmacher, ein Donkeymann sowie zehn Köche, Bäcker, Kajüt- und

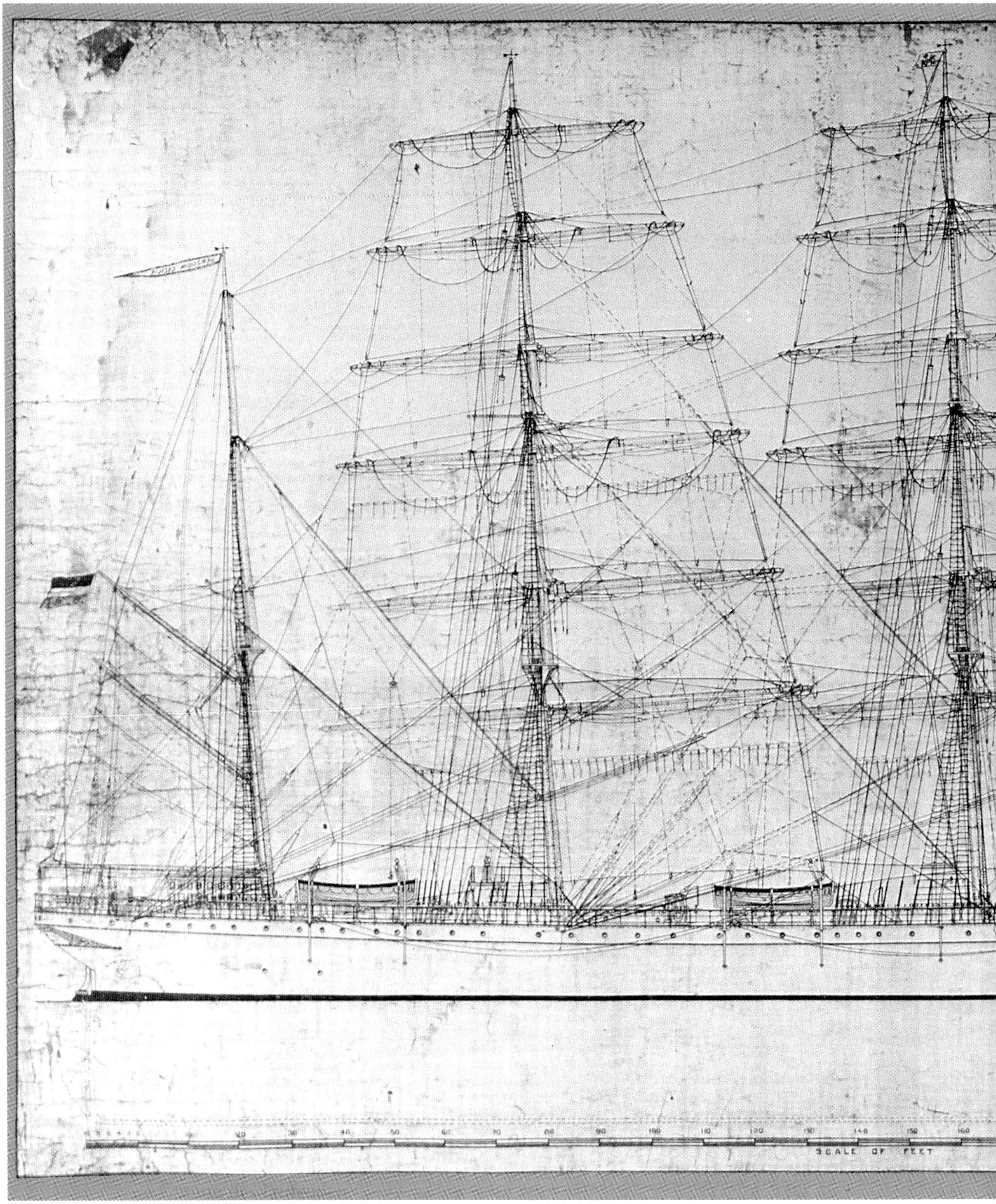
SCALE OF FEET

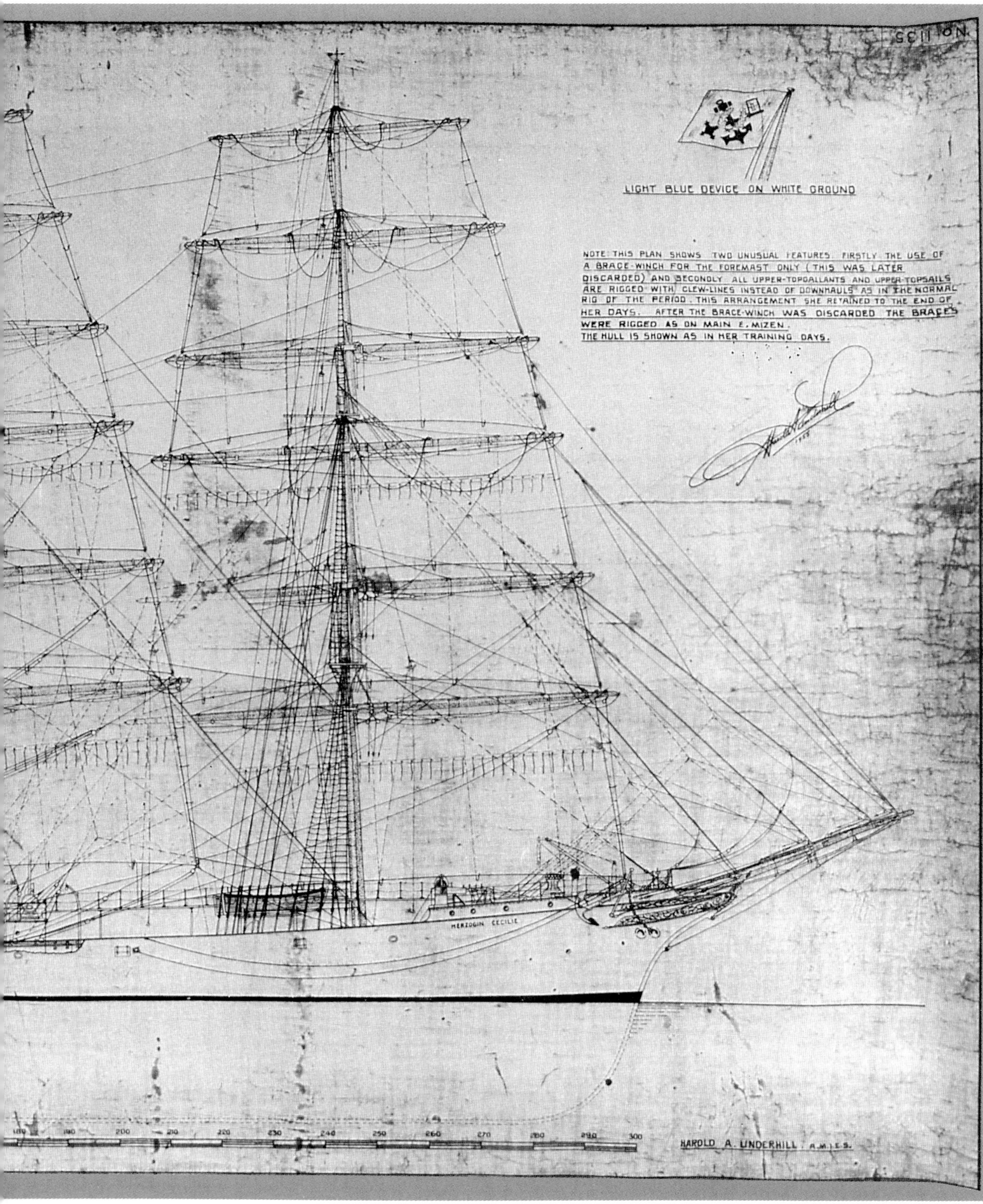
No 1135
LIGHT BLUE DEVICE ON WHITE GROUND
NOTE: THIS PLAN SHOWS TWO UNUSUAL FEATURES. FIRSTLY THE USE OF A BRACE-WINCH FOR THE FOREMAST ONLY (THIS WAS LATER DISCARDED) AND SECONDLY ALL UPPER-TOPGALLANTS AND UPPER-TOPSAILS ARE RIGGED WITH CLEW-LINES INSTEAD OF DOWNHAULS AS IN THE NORMAL RIG OF THE PERIOD. THIS ARRANGEMENT SHE RETAINED TO THE END OF HER DAYS. AFTER THE BRACE-WINCH WAS DISCARDED THE BRACES WERE RIGGED AS ON MAIN & MIZEN.
THE HULL IS SHOWN AS IN HER TRAINING DAYS.
HERZOGIN CECILIE
180 190 200 210 220 230 240 250 260 270 280 290 300
HAROLD A. UNDERHILL A.M.I.E.S.

Die Kapitänskajüte der HERZOGIN CECILIE, *wie sie heute im Ålands Sjöfartsmuseum zu sehen ist (Basil Greenhill)*

Die Kapitänskajüte der POMMERN *mit Porträts von Gustaf Erikson und seiner Frau. Diese Bilder waren auf jedem der Eriksonschen Schiffe zu finden (Basil Greenhill)*

Die HERZOGIN CECILIE *1902 in Montevideo: Das teilweise entmastete Schiff wird wieder aufgeriggt (Slg. Dr. Jürgen Meyer)*

Proviantstewards; 37 Kadetten im zweiten Jahr von der HERZOGIN SOPHIE CHARLOTTE musterten als Vollmatrosen und 22 neue Kadetten als Decksjungen auf der CECILIE an.

Die erste Reise mit einer Salzladung begann im Schlepp über die Nordsee und durch den Englischen Kanal; Bestimmungshafen war Portland (Astoria) in Oregon. Noch vor dem Segelsetzen wurde einer der Vollmatrosen von einem Block tödlich getroffen, ein trauriger Anfang. Bis zum Äquator brauchten sie 26 Tage. Am 3. August überfiel ein Pampero – ein kalter Wind, der von den Anden über die argentinischen Pampas auf den Atlantik weht – das Schiff, es verlor zwei Segel am Fockmast. Einige Tage später, schon in der Nähe von Kap Hoorn, erlitt das Schiff einen so schweren Schaden am Rigg, daß in einem Schiffsrat beschlossen wurde, zur Reparatur nach Montevideo abzulaufen, wo das Schiff am 19. August vor Anker ging. Die Schäden waren so schwer, daß die ganze Takelage oberhalb der Untermasten an Deck genommen werden mußte, und die Reparatur dauerte sechs Wochen.

Das offene Hauptdeck des englischen stählernen Vollschiffs MONKBARNS *in schwerem Wetter (Malcolm Bruce Glazier)*

Deutsche Kadetten beim Gewehr-Exerzieren auf der HERZOGIN CECILIE *(Norddeutscher Lloyd)*

Die HERZOGIN CECILIE *vor Gravesend auf dem London River am 18. Juli 1904. Bemerkenswert die noch kurze Hütte, die 1912 verlängert und in die der Raum für die Donkey-Maschine einbezogen wurde (Gould Collection)*

Am 8. Oktober 1902 konnte das Schiff seine Reise fortsetzen und erreichte am 13. Dezember nach zwei schweren Stürmen im Gebiet von Kap Hoorn seinen Bestimmungshafen am Columbia River. Mit einer Reisedauer von 66 Tagen von Montevideo nach Portland stellte es einen neuen Rekord auf und fand bei der Ankunft zum ersten Mal die Aufmerksamkeit ausländischer Medien. Es löschte sein Salz, nahm Weizen an Bord und war am 25. Januar 1903 klar zum Auslaufen, mußte aber warten, denn erst am 15. Februar stand genügend Wasser auf der Barre.
Am 1. Juni erreichte das Schiff Falmouth for orders und mußte dort eine Woche warten. Die jüngsten Kadetten stiegen auf die HERZOGIN SOPHIE CHARLOTTE über, denn der Norddeutsche Lloyd wünschte, daß die Kadetten mit beiden Schiffen vertraut würden. Der Weizen wurde in Cardiff gelöscht, und das Schiff ging anschließend nach Bremerhaven, wo es am 17. Juli eintraf.
Am 27. August segelte es nach Shields, wo es vier Tage später eintraf und bis zum 19. September blieb. In dieser Zeit fanden das gute Aussehen

des Schiffes und das disziplinierte Auftreten seiner Kadetten-Crew große Beachtung in der örtlichen Presse. Der Duke of Northumberland lud die Besatzung auf seine Besitzung in der Nähe von Newcastle ein. Am 18. September 1903 verließ das Schiff den River Tyne und ging in Schlepp in drei Tagen zur Isle of Wight. Von dort brauchte die HERZOGIN bis zum Äquator fünf lange Wochen. Auch auf dieser Reise erwischte das Schiff einen Pampero. Dabei verlor ein Seemann sein Leben, als er versuchte, ein Vorsegel festzumachen. Auch dieses Mal traf die HERZOGIN bei Kap Hoorn auf schwere Stürme, aber alles ging klar, und sie erreichte San Francisco am 11. Januar 1904 nach 112 Tagen.

Während sie hier zwei lange Monate auf Ladung wartete, wurde in den Zeitungen oft über sie berichtet. Am 16. März lief sie mit einer Ladung für London aus und passierte Beachy Head nach 123 Tagen am 16. Juli 1904. Einige Kadetten stiegen auf die HERZOGIN SOPHIE CHARLOTTE über, die in Leith lag. Während die HERZOGIN CECILIE in London ihre Ladung löschte, besuchte das amerikanische Schulschiff ST. MARY Southampton.[6] Die „Shipping Gazette" brachte einen langen Artikel, der mit der Anregung endete, die Engländer sollten dem amerikanischen und deutschen Beispiel folgen und ein regelrechtes Schulschiff in Fahrt bringen.[7]

Das Magazin des Norddeutschen Lloyd, die „Lloyd-Nachrichten", berichteten im August 1904 über das Interesse, das die englischen Zeitungen „Daily Express" und „Daily Graphic" an der HERZOGIN CECILIE gezeigt hatten. Ein Blatt bemängelte, daß die englischen Schulschiffe auf Flüssen festlägen, während die deutschen auf die Ozeane hinaussegelten. Das zweite Blatt empfahl jedem, der etwas für die englische Handelsmarine tun wolle, einen Blick auf die HERZOGIN CECILIE zu werfen.

Nach dem Entladen in London ging die HERZOGIN CECILIE in zwei Tagen, vom 16. bis 18. August 1904, in Schlepp nach Bremerhaven, um am 7. September zu ihrer dritten Reise nach Taltal for orders auszulaufen. Es war das erste Mal, daß sie in die Salpeter-Fahrt ging und, wie Burmester[8] schreibt, die Chance hatte, sich mit den schnellen Schiffen der Reederei Laeisz zu messen.

Die schnelle PANGANI, eine 1903 in Wesermünde erbaute Viermastbark, das große Fünfmast-Vollschiff PREUSSEN, 1902 ebenfalls in Wesermünde erbaut, und die HERZOGIN passierten am 11. September 1904 im Laufe weniger Stunden Lizard auf der Ausreise. Die drei Schiffe bekamen am 21. September den Nordostpassat zu fassen. An diesem Tage standen die HERZOGIN CECILIE und die PANGANI auf 28°N und die PREUSSEN auf 27°N. Am 25. September wurde die PREUSSEN von der HERZOGIN CECILIE gesichtet. Die beiden Schiffe segelten zehn Tage lang in Sichtweite voneinander, und alle drei kreuzten den Äquator am 7. Oktober. Dann setzte sich die PREUSSEN an die Spitze, fand den besten Südostpassat und erreichte das Hoorn zwei Tage vor den anderen Schiffen. Die HERZOGIN war durch schweren Sturm gezwungen, 14 Stunden lang beizuliegen und kam am 15. November in Taltal an. Die

6 Die ST. MARY wurde von der New Yorker Seefahrtsschule betrieben. Sie wurde 1844 für die U.S. Navy als hölzerne vollgetakelte Sloop erbaut und diente von 1873 bis 1909 als Kadettenschulschiff.

7 Tatsächlich ließ die Reederei Davitt and Moore zu dieser Zeit das eiserne Vollschiff ILLAWARRA, ein Fracht- und Passagierschiff, das regelmäßig im Australienverkehr eingesetzt war, als Schulschiff laufen.

8 Heinz Burmester, Segelschulschiffe rund Kap Hoorn, Oldenburg 1976

Die HERZOGIN CECILIE *vor einem chilenischen Salpeterhafen (Norddeutscher Lloyd)*

PREUSSEN hatte Iquique am 12. erreicht, die PANGANI Valparaiso am 13. November.
In Taltal erhielt die HERZOGIN CECILIE Order, in Iquique zu laden, und als sie dort ankam, war die PREUSSEN schon wieder in Richtung Europa unterwegs. Die HERZOGIN CECILIE nahm ihre Ladung und segelte am 14. Dezember ab; die PANGANI folgte einen Tag später. Sie erwies sich auf der Rückreise als das schnellere Schiff und passierte Lizard zwei Tage vor der HERZOGIN, die den Längengrad von Lizard am 25. Februar 1905 überlief. Sie löschte ihren Salpeter in Antwerpen, lag dort bis zum 4. April und lief dann zu einem kurzen Törn nach Madeira aus, um die Zeit bis zur Rückkehr der HERZOGIN SOPHIE CHARLOTTE von ihrer Reise zu überbrücken; beide Schiffe waren am 12. Mai wieder in Bremerhaven.
Am 15. Juli 1905 war die HERZOGIN CECILIE für ihre Weltreise klar. Sie ging in Ballast nach Philadelphia, wo sie Kistenöl für Japan laden sollte und traf nach 31 Tagen dort ein. Am 15. August hatte sie das Petroleum übernommen, und die Reise nach Japan konnte beginnen. Sie ging um das Kap der Guten Hoffnung in den Indischen Ozean und dann nicht durch den indonesischen Archipel, sondern südlich von Australien in den Pazifik. Am 22. Dezember lief sie in dem japanischen Hafen Tsuruga ein. Die Überfahrt von Kap Henlopen am Eingang der Delaware Bay – ungefähr 22 000 Seemeilen – wurde in 129 Tagen erledigt. Das Entladen des Petroleums dauerte einige Zeit, zum Teil auch wegen schlechten Wetters, und die HERZOGIN konnte erst am 26. Februar 1906 in Ballast nach Singapur absegeln. Auf dieser schnellen Reise von nur 13 Tagen fiel ein Kadett beim Segelbergen in der Nacht über Bord und wurde nicht wiedergefunden. In Singapur kam Order, nach Rangun zu gehen, um Reis für Deutschland zu laden. Am 5. August erreichte die

Die HERZOGIN CECILIE *wird durch die Schleuse in Bremerhaven in die offene Weser geschleppt (Aufnahme um 1909; Slg. Dr. Jürgen Meyer)*

HERZOGIN CECILIE nach 102 Tagen den Englischen Kanal und ging im Schlepp nach Hamburg weiter.
Für ihre fünfte Reise hatte sie eine gemischte Ladung für Honolulu, die in Leith, wo sie am 28. Oktober 1906 in Schlepp eintraf, ergänzt wurde. Die Reise begann am 16. November und ging nördlich von Schottland in den Atlantik. Auch auf dieser Reise kam ein Mann von oben und verunglückte tödlich. Um Kap Hoorn benötigte das Schiff 14 Tage und war nach 107 Tagen in Honolulu. Nachdem die Ladung gelöscht und Ballast übernommen war, wurde die Reise nach Geelong in Australien fortgesetzt, wo Weizen für England geladen wurde. Auch in Australien fand die HERZOGIN CECILIE in den Zeitungen große Beachtung.
Sie lief am 9. Juli 1907 mit Bestimmung Falmouth aus, brauchte 33 Tage bis Kap Hoorn und 24 Tage zum Äquator und beendete die Reise nach 85 Tagen. Sie löschte in Liverpool und war am 3. Oktober wieder in

Bremerhaven. Nach nur 19 Tagen im Heimathafen ging die HERZOGIN CECILIE am 22. Oktober 1907, wieder in Ballast, nach Australien in See und machte ab Lizard eine schnelle Reise von 74 Tagen nach Port Adelaide. Dieses Jahr war ein Jahr der schnellen Reisen; 10 Tage später lief die HERZOGIN SOPHIE CHARLOTTE nach nur 69 Tagen von Lizard ebenfalls dort ein. Am 28. Februar 1908 segelte die HERZOGIN CECILIE wieder mit einer Weizenladung für England ab und kam nach 93 Tagen in Queenstown for orders an. Am 4. Juni erreichte sie ihren Löschhafen Cardiff und beendete die Rundreise am 9. Juli 1908 in Bremerhaven.

Kapitän Dietrich verließ das Schiff, um den Dampfer MAINZ für eine wissenschaftliche Expedition nach Spitzbergen zu übernehmen. Im Ersten Weltkrieg war er Kommandant eines Zeppelin-Luftschiffes und wurde am 28. November 1916 über Hartlepool abgeschossen. Vielen Kapitänen der Handelsmarine wurde es zum Verhängnis, daß sie in diesem Kriege Kommandanten von Luftschiffen wurden. Kapitän Ferdinand Gluud, der zwei Jahre lang die HERZOGIN SOPHIE CHARLOTTE geführt hatte, verließ ebenfalls 1908 sein Schiff. Er kam ums Leben, als das Luftschiff „L. 2" bei einem Probeflug explodierte.

Kapitän Otto Walther übernahm die HERZOGIN CECILIE. Er war seit 1906 Erster Steuermann gewesen. 1908 herrschte eine Schiffahrtskrise, und die Frachten waren im Keller. Der Norddeutsche Lloyd schickte seine beiden Schulschiffe an die nordamerikanische Westküste, um dort zu versuchen, Weizenladungen zu bekommen. Die HERZOGIN CECILIE

Die HERZOGIN CECILIE *vor dem Auslaufen aus Port Augusta am 13. März 1909. Man beachte die schicken weißen Uniformen der Kadetten und die Heckzier, die später entfernt wurde (Åbo Akademi)*

Dieses Bild wurde zwar erst 1933 von Kapitän J. M. Mattsson von der stählernen Viermastbark OLIVEBANK, *wahrscheinlich nordwestlich der Falkland-Inseln, aufgenommen, aber es gibt den Eindruck gut wieder, den die* HERZOGIN CECILIE *im Juli 1911 in der Nähe von Kap Hoorn auf die Männer der* PERA *gemacht haben muß (Åbo Akademi)*

verließ Bremerhaven am 31. Juli und erreichte am 11. November Portland/Oregon nach 105 Tagen von Lizard. Sie war um zwei Tage schneller als ihr Schwesterschiff. Es gab keine Ladung für die Schiffe, und sie wurden nach Australien weitergeschickt, wo die HERZOGIN CECILIE in Port Augusta eine Weizenladung festmachen konnte und von wo sie am 13. März absegelte. Am 31. März geriet sie in einen schweren Sturm, als sie sich Kap Hoorn näherte und wurde von einer achterlichen See überlaufen, die über dem Schiff brach und am Kartenhaus und dem achteren Ruderstand großen Schaden anrichtete. Fast sämtliche Navigationsinstrumente wurden über Bord gerissen. Nach 94 Tagen erreichte sie Falmouth. Die Ladung wurde in Antwerpen gelöscht, und am 12. Juli war die HERZOGIN wieder in Bremerhaven.

In den folgenden drei Jahren liefen die Reisen nach etwa dem gleichen Muster ab: Salpeter nach Europa, Ausbildungstörn zu den Azoren, um den Kadetten die erforderliche Fahrtzeit auf dem Segelschiff zu geben, gemischte Ladungen nach Honolulu, dieses Mal mit Passagieren und Post, Weizen von Südaustralien nach Europa.

Auf einer ihrer Reisen von Leith nach Honolulu bekam das stählerne Vollschiff PERA, 1890 erbaut, die HERZOGIN in Sicht. Ursprünglich zur Laeisz-Flotte gehörend, befand sich das Schiff 1910 im Besitz von Mathias Lundqvist in Wårdö auf den Åland-Inseln, die damals ein Teil des russischen Großherzogtums Finnland waren. Da die HERZOGIN CECILIE während der zweiten Hälfte ihres Lebens auf den Ålands beheimatet war, ist es vielleicht von Interesse, hier den ersten Eindruck wiederzugeben, den das Schiff auf einen Åländer machte. Am 22. Juli 1911 näherte sich die PERA der Breite von Patagonien. Nach einem Sturm in der Nähe von Staten Island bei schlechter Sicht berichtet Kapitän Lundqvist: „... waren wir einigermaßen erstaunt über das viele Tuch, das das fragliche Schiff bei dem starken vorlichen Wind trug, und wir waren zugleich neugierig, wer das wohl sein könnte, und als es unser Kielwasser kreuzte, konnten wir ausmachen, daß es die deutsche Viermastbark HERZOGIN CECILIE war. Nun wunderten wir uns nicht mehr, sie hatten ja mehr als genug Leute an Bord, um mit ihr fertig zu werden."[9]

Nach der Reise, auf der die PERA sie gesichtet hatte, bekam die HERZOGIN CECILIE auf ihrer Bauwerft, der Rickmers-Werft, eine Grundüberholung. Die Hütte wurde um etwa 6 m verlängert, und der Kesselraum wurde in die neu entstandene Abteilung einbezogen. In das Kartenhaus wurde ein Funkraum eingebaut. Die Funkeinrichtung benötigte einen Generator, und damit konnte das Schiff auch elektrische Beleuchtung erhalten. Bei der Überholung wurden die Unterbringungsmöglichkeiten erweitert, so daß nun Platz für 90 Kadetten geschaffen wurde, obgleich zur gleichen Zeit die jährlichen Neueinstellungen auf 23 verringert wurden. Diese Änderungen erfolgten, weil die HERZOGIN SOPHIE CHARLOTTE im Jahr darauf an die Hamburger Reederei Schlüter & Maack verkauft werden sollte. Die Direktoren des Norddeutschen Lloyd sahen das Ende der Zeit der Segelschiffe voraus und wußten, daß neue Überlegungen über den Ausbildungsgang der zukünftigen Offiziere der deutschen Handelsflotte angestellt werden müßten. Dazu kam, daß Direktor Wiegand, der Mann, der die Kadetten-Schulschiffe des Norddeutschen Lloyd ins Leben gerufen hatte, 1909 gestorben war. Nun war kein starker Verfechter einer Ausbildung auf Segelschiffen mehr im Vorstand.

Die erste Ladung nach der Überholung 1912 war Koks von Nordenham nach Chile. Dieses Mal segelte die HERZOGIN zusammen mit der Laeisz-Bark PONAPE. Die CECILIE war früher am Äquator, aber die PONAPE erreichte Kap Hoorn vor ihr, und danach war sie auf der Strecke nach Chile so viel schneller, daß sie bereits ihre Ladung löschte, als die CECILIE noch am Hoorn kämpfte. Diese kam erst am 13. Dezember 1912 in Chanaral an, ihre Koksladung wurde in zwei Tagen gelöscht, und dann verlegte sie nach Antofagasta, um Salpeter zu übernehmen. Am 22. Februar 1913 ging sie nach Queenstown for order in See und traf dort 70 Tage später am 3. März 1913 ein. Die Order lautete für Hamburg. Als sie dort einlief, kollidierte sie mit einem Dampfer, wobei ihr Heck beschädigt wurde.

Im Sommer 1913 übernahm Kapitän Dietrich Ballehr das Schiff. Er hatte seit 1900 beim Norddeutschen Lloyd gefahren. Er war Kapitän des Schulschiffs GROSSHERZOGIN ELISABETH gewesen – ein Vollschiff des deutschen Schulschiff-Vereins, das ohne Ladung als reines Ausbildungsschiff fuhr, hauptsächlich zur Ausbildung von zukünftigen Seeleuten und weniger von Offizieren und Kapitänen (das ist wenig wahrscheinlich, denn die Ausbildung auf dem Schiff kostete Geld; spätere Matrosen konnten das in der Regel nicht bezahlen und wurden als Decksjungen auf den Frachtseglern ausgebildet; der Übersetzer) – und er hatte seit 1911 die HERZOGIN SOPHIE CHARLOTTE geführt. Er war Reserveoffizier der Marine; unter seinem Kommando war die HERZOGIN CECILIE berechtigt, die Nationalflagge mit dem eisernen Kreuz zu

9 Jacob Lundqvist, Med fregattskeppet PERA, in: Min bästa seglets, Seglarminnen II, Ernst Lundström, Åbo 1943

führen (entsprach dem Blue Ensign der British Royal Navy für Officers of the Royal Naval Reserve; der Übersetzer), was ihr Ansehen und ihren Status als schwimmende Botschafterin des deutschen Kaiserreiches noch erhöhte.

Auf seiner ersten Reise brachte Kapitän Ballehr das Schiff mit Koks von Nordenham nach Chile. Er verließ Nordenham am 26. Juli und hatte am 30. Juli Lizard querab. Die POMMERN war sieben Tage zuvor dort gewesen, und als die HERZOGIN am 14. Oktober nach einer Reise von 76 Tagen in ihrem Löschhafen Gatico ankam, lag die POMMERN[10] dort erst vier Tage. Nach dem Löschen der Koksladung nahm die HERZOGIN in Tocopilla eine Salpeterladung an Bord und erhielt die Anweisung, nach Brake zu segeln, wo sie nach 80 Tagen am 3. März 1914 eintraf.

Für die nächste Reise wurde wieder Koks in Nordenham geladen, und am 5. Mai 1914 ging das Schiff mit 75 Kadetten nach Chile in See. Nach einer Reise von 74 Tagen ab Kanal ankerte sie vor Coquimbo. Die Koksladung wurde gelöscht, aber dann blieb das Schiff mehr als vier Jahre dort. Am 2. August 1914 erreichte die Nachricht von der Mobilmachung in Deutschland Chile, und die HERZOGIN CECILIE hatte bei der Abgabe ihrer Koksladung Schwierigkeiten mit den Arbeitskräften an Land. Das Löschen wurde angehalten und erst wieder aufgenommen, als das Hafengeld bezahlt worden war. Die Crew faßte beim Entladen, das endlich am 2. Oktober beendet wurde, mit an.

Die Kriegserklärung brachte die HERZOGIN CECILIE, wie auch viele andere Schiffe in neutralen Häfen, in eine schwierige Lage. Nach Hause zu segeln, wäre einer Einladung zu sicherer Aufbringung als Prise gleichgekommen. Sie mußte bleiben, wo sie war, und so blieb sie vier nicht enden wollende und eintönige Jahre lang in Chile. Dies brachte eine hohe Belastung für die Besatzung mit sich, und der Kapitän mußte immer wieder zur Ruhe mahnen. Viele wollten nach Hause, um zu kämpfen, und vier Offiziere verließen mit Genehmigung des Kapitäns das Schiff. Der Kapitän hatte die Absicht, nur so viele Leute an Bord zu lassen, wie nötig waren, um das Schiff zu sichern und die übrigen nach Deutschland zurückzubringen, aber das erwies sich als undurchfürbar.

Als klar wurde, daß es für die Crew keine Möglichkeit zur Heimkehr gab, ging das Leben auf der HERZOGIN in den gewohnten Bahnen weiter. Die Ausbildung der Kadetten wurde fortgesetzt. Für die ausgestiegenen Offiziere kam Ersatz von den in Valparaiso liegenden Lloyd-Dampfern. Um sie mit einer praktischen Arbeit zu beschäftigen, wurden die Kadetten an Land gesetzt, um die nähere Umgebung zu vermessen, und sie loteten auch die Wassertiefen der Bucht von Herradura aus. Nach diesen Unterlagen wurden Karten gezeichnet, von denen der chilenischen Regierung und der Eisenhütte am Ort Kopien überlassen wurden. Ende 1916 gingen 16 Kadetten der HERZOGIN CECILIE mit Offizieren und Seeleuten von anderen deutschen Schiffen auf einer alten hölzernen Bark, der TINTO[11], auf Heimreise.

Die TINTO wurde eigens für diese Unternehmung angekauft und schaffte

10 Die stählerne Viermastbark POMMERN war 1903 in Glasgow für deutsche Rechnung erbaut und 1906 an Laeisz verkauft worden. Nach dem Ersten Weltkrieg ging sie, wie die HERZOGIN, in åländischen Besitz über und, obwohl sie als ganz normales Handelsschiff ihrer Zeit gebaut worden war, erwies sie sich als ein ebenso guter Segler wie ihre größere Schwester. In åländischem Besitz machten beide Schiffe 14 Rundreisen nach Australien: die HERZOGIN mit einem Schnitt von 107 und die POMMERN von 108 Tagen.

11 Die TINTO war als hölzernes Vollschiff von 466 t 1852 bei J. Steel jr. in Liverpool erbaut worden. Im Besitz ihrer Erbauer war sie ursprünglich in der Chinafahrt und dann in der Südamerikafahrt beschäftigt. 1860 ging sie in andere Hände über und segelte weltweit. Zur Bark umgetakelt, gehörte sie 1900 der Reederei Gutschow und Piza in Valparaiso.

es, am 31. März 1917 nach 122 Seetagen nach Trondheim durchzukommen. Die Besatzung reiste auf normalem Wege nach Deutschland, und so kamen einige der Besatzungsmitglieder der HERZOGIN CECILIE noch während des Krieges nach Hause. Ob der eine oder andere noch am Krieg teilnahm, ist nicht bekannt.

Als die USA 1917 in den Krieg eintraten, wurde die Lage für die Deutschen in Südamerika noch schwieriger. Die Alliierten versuchten, Chile zum Abbruch der diplomatischen Beziehungen zu Deutschland zu überreden, damit sie die in Chile liegenden deutschen Schiffe – insgesamt 26 000 t – übernehmen konnten. Auf der HERZOGIN CECILIE traf die Besatzung Vorbereitungen gegen einen feindlichen Handstreich. Das Ruder wurde ausgebaut und mit Drahttauen längsseits aufgehängt, um es augenblicklich slippen und auf tiefem Wasser versenken zu können. Die gesamte Rudereinrichtung wurde abgebaut und die Teile auf eine mitschiffs aufgehängte eingefettete Rutsche gelegt, um bei Annäherung des Feindes ins Wasser gekippt zu werden.

Ab Oktober 1918 wurde die Lage für die HERZOGIN CECILIE zeitweilig dadurch etwas erleichtert, daß die Maschinen vieler in Chile aufliegender Schiffe von ihren Besatzungen zerstört und die in Valparaiso liegenden Segelschiffe durch Schäden am Rigg fahruntauglich gemacht worden waren. Die Alliierten hatten an den wenigen noch brauchbaren Schiffen kein Interesse mehr. Das Ruder wurde wieder an seinem Platz am Achtersteven der HERZOGIN angebracht. Im Oktober 1918 war sie bis auf die Untermasten abgetakelt worden, aber aufgrund der Nachrichten aus Europa über einen bevorstehenden Waffenstillstand wurde sie wieder aufgeriggt. Am 4. November 1918 übernahm die chilenische Marine das Schiff. Am 15. November ging sie im Schlepp eines chilenischen Kreuzers nach Coquimbo. Unterwegs brach die Schleppleine, und die HERZOGIN lief um ein Haar auf Grund.

Sie mußte noch 18 Monate lang in Coquimbo liegen, bevor sie nach Europa segeln konnte. Viele Kadetten hatten Stellen an Land angenommen und inzwischen abgemustert. Schließlich waren nur noch elf Kadetten an Bord geblieben, und jede weitere Ausbildung wurde eingestellt. Im Juli 1920 kam die Nachricht, daß die Alliierten die deutschen Segelschiffe nach Europa segeln lassen würden, und bald bekam die HERZOGIN Anweisung, nach Caleta Coloso zu gehen und Salpeter zu laden. Die Besatzung war durch fünf Seeleute von dem deutschen Segelschiff NIOBE und einige chilenische Vollmatrosen aufgefüllt worden, für die in Caleta Coloso Deutsche einstiegen.

Die Übernahme von 3900 t Salpeter in Caleta Coloso dauerte sechs Wochen. Am 1. Oktober liefen sie nach Falmouth aus. Erst beim Runden des Hoorns bekamen sie schlechtes Wetter mit Schnee und Kälte. Nach 82 Tagen kam das Schiff in Falmouth an und wurde nach Ostende weitergeleitet, wo es am 26. Dezember 1920 eintraf.

Anfang 1921 wurde die Ladung gelöscht und die HERZOGIN CECILIE als Reparationsleistung an die französische Regierung abgeliefert.

Die HERZOGIN CECILIE *bei der Ankunft in Ostende im Dezember 1920, noch unter deutscher Flagge (Ålands Sjöfartsmuseum)*

DIE „HERZOGIN CECILIE“ KOMMT UNTER DIE FLAGGE FINNLANDS

Am Ende des Ersten Weltkrieges konnte es keinen Zweifel mehr darüber geben, daß – jedenfalls in den hochentwickelten Ländern der westlichen Welt – das Handelssegelschiff mit Ausnahme von kleineren Schiffen mit Hilfsmotoren, die in für sie sehr günstigen Fahrgebieten liefen, endgültig am Schluß seiner fünfhundertjährigen Geschichte angelangt war.[1]

1901 waren annähernd 950 große englische Segelschiffe im Lloyds Register aufgeführt; um 1923 waren es nur noch 28, und seit 1906 hatte es keinen Neubau mehr für englische Rechnung gegeben. 1927 wurde das letzte große Viermastrahschiff in englischem Besitz, die WILLIAM MITCHELL, zum Abbruch verkauft. Da in den höher entwickelten Ländern keine großen Segelschiffe mehr gebaut wurden, war abzusehen, daß im Laufe der Zeit niemand mehr solche Schiffe betreiben würde. Wie lange die Überlebenden noch fahren würden, hing von ihrer Lebensdauer, vom Stand des Welthandels und davon ab, wie schnell die wirtschaftlich zurückgebliebenen Gebiete in Europa und Nordamerika aufholen würden. Es mag überraschen, daß das „Norske Veritas-Register over Scandinaviske Skibe“ von 1920 etwa 558 Segelschiffe und 312 Segelschiffe mit Hilfsmotoren für Dänemark, Schweden und Norwegen anführte. 52 Segelschiffe waren Vollschiffe, 19 Viermastbarken und nicht weniger als 151 Dreimastbarken; die meisten von ihnen waren alt und aus Holz. Dazu 15 Brigantinen und sechs Briggs, weiter 14 Viermastschoner, zwei Fünfmaster und 77 Barkentinen. Der Rest waren Zweimastschoner und Ketschen. Während viele Schoner in den Schiffslisten noch bis zum Zweiten Weltkrieg überleben sollten[2], war es das Schicksal der rahgetakelten Bestandteile dieser großen Flotte, namentlich der kleinen Holzbarken, von denen viele noch aus den 1860er und 70er Jahren überlebt hatten, als sie das Regelschiff der Handelsflotten waren, in den nächsten ein bis zwei Jahren dahinzuschmelzen wie Schnee in der Sonne.

Schweden, Dänemark und Norwegen, die im Ersten Weltkrieg neutral gewesen waren, standen am Beginn einer rapiden wirtschaftlichen Entwicklung, die sie schnell das Niveau, auf dem sich Investitionen in große Segelschiffe für den Weltverkehr noch lohnten, überschreiten ließ. Allerdings hatten einige Regionen in europäischen Ländern dieses Niveau

1 Zum Beispiel wurden in Dänemark hölzerne Motorschoner und -ketschen bis in die 1950er Jahre gebaut und – als Reparationsleistungen für die Sowjetunion und den Versorgungsverkehr nach Helsinki – in Finnland sogar bis in die 1960er Jahre. Schöne hölzerne Motorschoner für den Hochsee-Kabeljaufang kamen bis fast 1950 in Lunenburg/Nova Scotia zu Wasser und stählerne Dreimastschoner, ein für die Zeit sehr gelungener Entwurf, zu gleicher Zeit in Schweden.

2 Und tatsächlich noch lange danach. Z. B. wurde der in Dänemark gebaute finnische Viermastschoner mit Hilfsmotor SVENBORG in der Holzfahrt von der Ostsee nach England eingesetzt, bis er im Oktober 1957 in der Nordsee aufgegeben wurde. Er dürfte damals der letzte Viermaster der Welt gewesen sein, der in der Handelsseefahrt als Frachter lief. Allerdings waren noch zu dieser Zeit und einige Jahre später Viermastschoner mit Hilfsmaschine für portugiesische Reeder in der nordatlantischen Kabeljau-Fischerei beschäftigt.

Segelschiffe der zwanziger Jahre: Rechts die Kompositbark SVERRE, *1872 in Uusikaupunki (Nystad) erbaut, 1941 in der Ostsee verlorengegangen (Central Library, Bristol).*

Unten links die hölzerne Brigg TJALFE, *1853 in Svendborg in Dänemark erbaut und hundert Jahre später abgewrackt. Zu beachten die starken Wanten und Pardunen aus Hanftauwerk. Die Aufnahme entstand 1937 in Kopenhagen (Basil Greenhill)*

Unten rechts die hölzerne Barkentine KRISTINA, *als Bark 1874 in Göteborg in Schweden für die Südamerikafahrt erbaut. Ihr Rumpf liegt noch in einer Bucht der Åland-Inseln (Ålands Sjöfartsmuseum)*

noch nicht erreicht, und so gab es in der Tat eine Konkurrenz unter Interessenten für die schönen deutschen Barken und Viermastbarken wie die HERZOGIN CECILIE, die als Kriegsbeute in französischen und belgischen Häfen lagen.
Schiffahrt ist immer verwoben mit den wirtschaftlichen, politischen und

Der estnische hölzerne Viermastschoner KOIT *beim Auslaufen aus Great Yarmouth am 10. September 1938 (David George)*

sozialen Kräften in ihrem Umfeld. Um den Werdegang der HERZOGIN nach dem Ersten Weltkrieg zu verstehen, ist ein Blick auf die Geschichte eines Teiles von Nordeuropa in den Jahren vor diesem Krieg geboten.
Den großen eisernen und stählernen rahgetakelten Frachtseglern der 1880er und 90er Jahre war nur ein kurzes Leben unter der englischen Flagge beschieden. Eine Zeitlang konnten sie mit den Dampfschiffen auf den Fahrtgebieten, die wir im vorigen Kapitel beschrieben haben, mithalten, doch führte die Entwicklung der späten 1890er Jahre dazu, daß ihnen der Wind immer stärker ins Gesicht blies. Um 1890 lagen die Baukosten für neue Viermastbarken je nach Größe, Qualität, der Zeit und dem Ort des Neubaus bei 22000 Pfund, das sind ungefähr £ 8/t. Um 1907 lag der Kaufpreis für die gleichen Schiffe bei £ 4/t, und drei Jahre später bei 2 Pfund. Wenn ein Schiff einen Schaden hatte – es genügte schon eine kleine Kollision, das Schrammen einer Pier, ein geringfügiger Brand oder Schlechtwetterschäden –, wurde es zum Schrottpreis verkauft, zu dem es sehr oft schon gekauft worden war. Ein Totalverlust konnte für die Eignergemeinschaft nach Auszahlung des Versicherungswertes durchaus vorteilhaft sein.
Einen klaren Begriff vom Niedergang des Segelschiffs gibt ein Blick in die Statistiken der Schiffsregister. Die darin aufgeführte englische Segelschiffstonnage jeglicher Art war 1900 auf zwei Millionen Tonnen gesunken; diese Tonnage umfaßte auch die in den Kolonien, in Kanada und in Indien registrierten Schiffe, und die beiden letztgenannten Länder betrieben verhältnismäßig große Segelschiffs-Flotten. 1890 hatte das Verhältnis noch bei drei Millionen Tonnen Segelschiffs- zu fünf Millionen Tonnen Dampfschiffstonnage gelegen. Um 1910 lag es bei 1:10,5.
In ganz Westeuropa verlief die Entwicklung fast ebenso. Naturgemäß erfuhr das Segelschiff während des Ersten Weltkrieges und kurz danach eine große Neubelebung. Zwischen 1916 und dem Beginn der 20er Jahren gingen mindestens 800 große und eine nicht bekannte Zahl kleinerer Segelschiffe in Europa und Amerika vom Stapel. Mit Ausnahme von

Das Wiederaufleben des Segelschiffs 1916–1922: Die hölzerne Bark RAUHA *(Frieden), 1918 in Uusikaupunki (Nystad) für die Fahrt von und nach Italien erbaut. Nach Schwerwetterschaden im Nordatlantik 1926 kondemniert (Lars Grönstrand)*

Der hölzerne Viermastschoner mit Hilfsmotor SVENBORG, *1922 in Odense, Dänemark, erbaut und im Oktober 1957 in der Nordsee von der Besatzung aufgegeben (Svendborg Museum)*

etwa einem Dutzend waren sie schonergetakelt, und fast alle, bis auf 50, waren Holzbauten.

Das Segelschiff wurde zunehmend mit Ländern in Verbindung gebracht, die als „unterentwickelt" angesehen wurden – Länder, in denen das zur Anschaffung von Dampfschiffen erforderliche Kapital nicht aufzubringen war, bei deren Lebensstandard die Arbeit auf einem Segelschiff jedoch noch locken konnte, und zwar zu Lohnkosten, die niedrig genug lagen, um noch wirtschaftlich zu sein.[3] Im späten 19. Jahrhundert und Anfang des 20. wurden alte englische Barken, Viermastbarken und Vollschiffe an Eigner in Deutschland ebenso wie in Südnorwegen, Schweden und Dänemark, nach Südamerika und an spanische, portugiesische, griechische und italienische Eigner sowie für den Einsatz unter russischer Flagge verkauft.

Die Aufnahme von Schiffen in das russische Schiffsregister, wodurch sie dem Namen nach russisch wurden, bedeutete nicht notwendigerweise, daß ihre Reeder, Kapitäne und Mannschaften wirklich Russen waren.

3 Es ist nicht überraschend, daß das letzte noch arbeitende rahgetakelte Handelssegelschiff, eine schöne hölzerne Brigantine namens MINA von den Malediven, bis Anfang der 1950er Jahre fuhr.

Im Zuge der napoleonischen Kriege drangen 1808 russische Armeen in Finnland ein, das seit dem Mittelalter Bestandteil des schwedischen Reiches gewesen war, und nach kurzem Kampf wurde es dem russischen Zarenreich einverleibt. Aus einer Reihe von unterschiedlichen Gründen, die an anderer Stelle dargelegt sind[4], erhielt Finnland als Großherzogtum mit dem Zaren als Großherzog eine Verfassung, die ihm ein gewisses Maß an Freiheit und Unabhängigkeit garantierte, wie es im übrigen Rußland und seinen Territorien sonst nirgends zu finden war. Zu diesen Privilegien gehörte die Genehmigung, weiterhin eine Handelsflotte zu besitzen und zu betreiben, die ein wesentlicher Teil der schwedischen Schiffahrt gewesen war.

Diese Flotte wuchs schnell, und Schiffe, deren Eigner in den Städten auf der finnischen Seite des Bottnischen Meerbusens saßen, und deren Besatzungen zum großen Teil von dort kamen, wurden zum Hauptbestandteil der russischen Handelsflotte. Noch hatte im Lande kein Aufbau von Industrie begonnen. Die Finnen waren noch ein Volk von Bauern, Waldbewohnern, Jägern und Seefahrern, aber in den Städten an der Küste hatte sich ein hohes seemännisches Können und eine beachtliche Geschicklichkeit in der Führung von Schiffahrtsgeschäften herausgebildet. Die Handelsschiffahrt wurde Finnlands Wachstumsindustrie und einer der Hauptantriebe für Kapitalbildung. Enge Geschäftsbeziehungen entstanden zwischen Finnland und England, und ein großer Teil dieser Geschäfte wurde von London und anderen Ostküstenhäfen aus finanziert. Dieses Betätigungsfeld lag fast ausschließlich nicht etwa in den Händen der seit jeher dort ansässigen Finnisch sprechenden Bevölkerungsmehrheit des Großherzogtums, sondern bei den Finnländern, den Schwedischsprechenden Nachkommen von Einwanderern von der Westseite des Bottnischen Meerbusens, die bis weit ins 20. Jahrhundert hinein eine starke und einflußreiche Minderheit darstellten. Diese finnische Handelsschiffahrt bildete einen wichtigen Aktivposten der russischen Wirtschaft. Nach dem geltenden Gesetz teilte sie sich in zwei Kategorien, die „Bauern-Schiffahrt" oder „ländliche Reederei" und die Schiffahrt der als Stadt anerkannten Gemeinden, in denen Kaufleute wohnten und in denen sich Möglichkeiten zur Finanzierung boten. Nach russischem Recht durften die Schiffe aus diesen Städten weltweit fahren, während die Schiffe aus den ländlichen Küstengebieten zunächst auf Fahrten längs der Küste und die für sie freigegebenen Rundreisen nach Stockholm und Estland beschränkt waren. Dort gab es für sie sehr gute Verdienstmöglichkeiten. Auch nachdem Finnland russisch geworden war, war Stockholm so gut wie vollständig auf die von den Bauernhöfen und aus den Wäldern Finnlands herangebrachten Lebensmittel und Feuerholz angewiesen.

Ein Gebiet, aus dem besonders viele finnische Stockholmfahrer kamen, war eine Inselgruppe in der Mitte zwischen den Stockholmer Schären und den Schären vor der finnischen Küste westlich von Turku oder Åbo, so der auch heute noch oft benutzte schwedische Name dieser Stadt. Es sind die Åland-Inseln (ausgesprochen Ooland). Sehr früh schon bildeten

4 Greenhill/Giffard, The British Assault on Finland, London 1988, S. 13–18

Die Ostsee-Anrainerstaaten

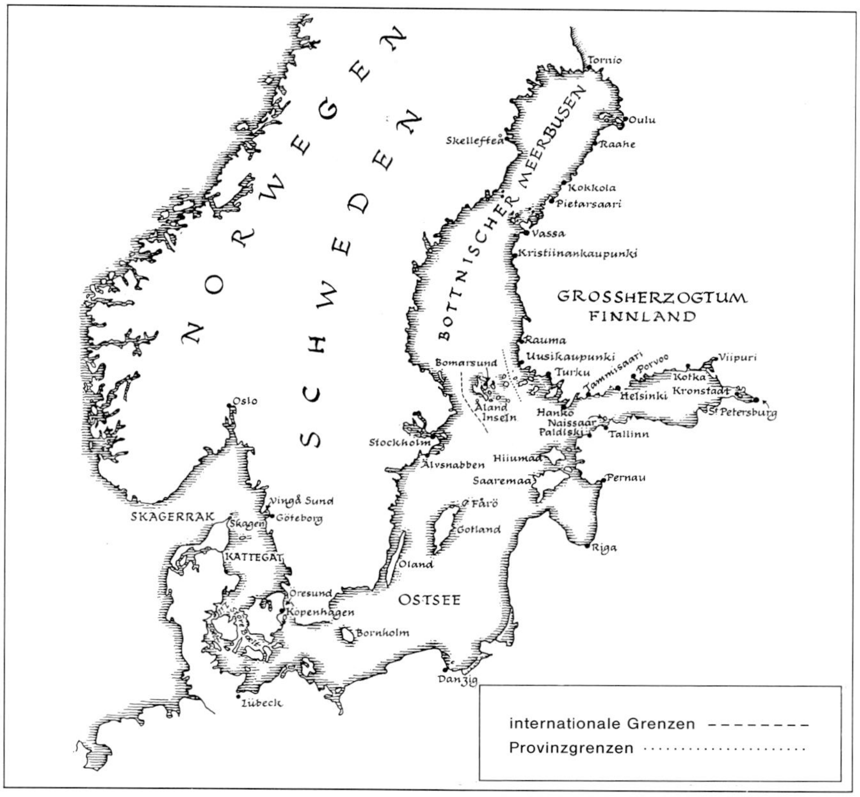

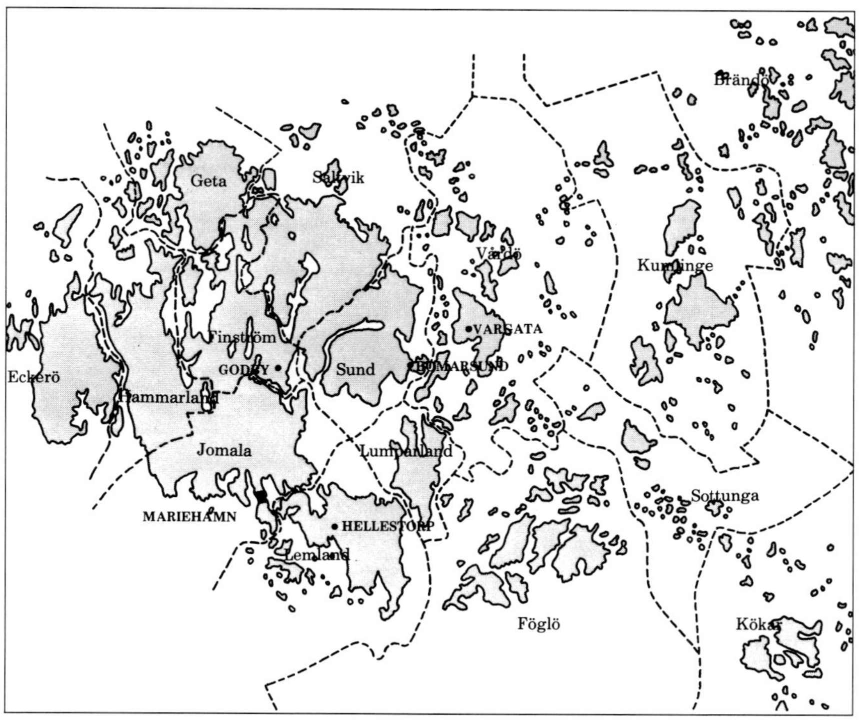

Die Åland-Inseln

sich bei deren Bewohnern charakteristische Merkmale heraus, die sich bis zum heutigen Tag erhalten haben. Die Åländer gehören voll zum schwedischen Kulturkreis und haben im Laufe der letzten 200 Jahre eine eigene schwedische Sprache und Kultur entwickelt. Sie waren Bauern und Händler und von frühester Jugend an mit der See und mit Booten vertraut, denn ihre Ländereien lagen oft über mehrere – vielleicht 20 oder sogar mehr – Inseln verstreut. Sie lebten an einer jener naturgegebenen Grenzen, die in der Geschichte der Menschheit eine große Bedeutung gehabt haben, von der aber die meisten in den gemäßigten Zonen lebenden Menschen überhaupt nichts wissen.

Diese Grenze ist der 60. nördliche Breitenparallel, der über die Nordwestterritories von Kanada verläuft, die Hudson Bay schneidet, die Südspitze von Grönland berührt und sich über Sibirien fortsetzt. In diesen Räumen ist modernes menschliches Leben nur mit Hilfe von Hochtechnologie und Zufuhren von Süden her möglich. Nur in der Ostsee verschiebt sich diese lebensfeindliche Grenze weit nach Norden, denn ihr warmes Wasser erlaubt die Ansiedlung von Menschen und Ackerbau noch weit nördlich von 60° Nordbreite, und drei Weltstädte, Stockholm, Helsinki und St. Petersburg, liegen annähernd auf 60° Nord.

Wenn auch die Sommer auf den Ålands oft freundlich sind, und das Klima im Vergleich zu dem im Norden Finnlands milde ist – das Leben auf einem kleinen Hof auf einer Insel kann nach westeuropäischen Maßstäben hart sein, und das war es auch bis in die Mitte des 20. Jahrhunderts.

Dennoch, wo eine entwickelte Gesellschaft nur unter Aufbietung aller Kräfte leben kann, da kann sich dieser Umstand als Anreiz zu natürlicher Auslese auswirken. Außerdem waren und sind die Åländer – 10, 15 und in letzter Zeit einige 23 Tausend – eine deutlich abgegrenzte Minderheit innerhalb der Schwedisch sprechenden Küstenbevölkerung Finnlands. Im 19. Jahrhundert setzte sich die finnische Sprachkultur im festländischen Finnland allmählich durch, und die Åländer wurden in der Abgeschlossenheit ihrer Insel von den großen politischen und kulturellen Änderungen auf dem Festland kaum berührt; sie wurden mehr und mehr zu einer gesonderten Untergruppe der Bevölkerung Finnlands. Dieser Prozeß wurde durch die Neutralisierung der Inseln nach dem Krimkrieg von 1854–56 beschleunigt, denn nun durften die Russen auf ihnen keine Befestigungen mehr anlegen, und als in Rußland die Wehrpflicht eingeführt wurde, blieben die Åländer davon befreit.

So standen die Åländer abseits der politischen und kulturellen, nicht aber der wirtschaftlichen Entwicklung Finnlands, und es bildete sich eine zurückhaltende Einstellung zu der Sprachkultur und der Bevölkerung Finnlands heraus. Die Befreiung des Landes von der russischen Herrschaft nach 1917 gab diesem Prozeß weiteren Auftrieb. Obwohl es zu dieser Zeit auf den Ålands eine starke Bewegung für die Wiedervereinigung mit Schweden gab, entschied der Völkerbund, der Vorläufer der Vereinten Nationen, Anfang der zwanziger Jahre anders. Doch verpflichtete sich Finnland, den Åländern ihre schwedische Sprache, Kultur

Die Inselgruppe der Ålands besteht aus mehr als 6500 Inseln und Schären. Die Aufnahme zeigt sämtliche Inseln der Gemeinde Wårdö im Ostteil der Ålands (Basil Greenhill)

und Brauchtum zu garantieren. Durch eine Reihe von im Laufe der Zeit gefaßten Beschlüssen des finnischen Parlaments erhielten die Åländer einen hohen Grad von Selbständigkeit; Åland ist eine entmilitarisierte Provinz mit verfassungsmäßig gesicherter schwedischer Amtssprache und mit Autonomie in Angelegenheiten wie Erziehung, Gesundheitswesen, Polizei, Verkehr und Industrieentwicklung.

Heute führt Åland eine eigene Flagge und hat eigene Briefmarken. Die mehr als 6500 Inseln und Schären liegen um die Hauptinsel Fasta Åland und in ihren Buchten und Einfahrten. Auf ihr leben heute 90 Prozent der Bevölkerung, und sie umfaßt über 70 Prozent der gesamten Landfläche. Die Ålands sind eine blühende und politisch privilegierte Provinz des aufstrebenden Finnland mit einem Lebensstandard wie in den Vereinigten Staaten, aber ohne die Armut, die man dort so oft findet.

Die Åländer sind dadurch geprägt, daß sie eine kleine Minderheit mit eigener Kultur innerhalb einer Minderheit bilden. Mangels natürlicher Ressourcen konnten sie Wohlstand allein durch die Teilnahme am weltweiten Schiffsverkehr erwerben. Natürliche Auslese – körperlich wie wirtschaftlich – hat einen sehr harten, energischen und fähigen Menschenschlag entstehen lassen, bei dem in jeder Generation Männer und

Frauen von hoher Begabung – besonders für wirtschaftliche Betätigung – heranwachsen. Verbunden durch ein unerhört starkes Gefühl kultureller Identität ebenso wie durch ein unendlich vielgestaltiges und weit gespanntes Netz familiärer Beziehungen, wie es in einer so gearteten Gesellschaft zwangsläufig entsteht, existiert ungeachtet der seit Generationen lebendigen weltweiten Beziehungen auf den Ålands eine im wesentlichen in sich abgeschlossene Gesellschaft.

Und ganz abgesehen von diesen sozialen und kulturellen Kräften – um auf den Ålands Land zu besitzen, ein Geschäft betreiben und eine politische Rolle spielen zu können, muß man Bürger dieser Region sein, und das bedingt, daß man das Kind eines åländischen Bürgers sein muß. Die einzige Alternative besteht darin, als Einwanderer, der finnischer Staatsbürger sein und fünf Jahre durchgehend auf den Ålands gelebt haben muß, die Bürgerrechte zu beantragen und – vielleicht – zu erhalten. Wer die Ålands für mehr als fünf Jahre verläßt, verliert das Bürgerrecht und die damit verbundenen Rechte, selbst wenn er Åländer ist.

Die Gesellschaft der Ålands zeigt noch die Spuren dieses Ursprungs von den lebensstarken Bauern-Seefahrern. Obwohl sie viele Generationen von Männern hervorgebracht hat, die nach den Maßstäben ihrer Zeit und ihrer Gemeinschaft Vermögen gemacht hatten, ist sie doch in hohem Maße egalitär, und es gibt dort, wie überhaupt in Finnland, kein Prunken mit Reichtum. Diese Gesellschaft hat weder den Feudalismus noch die massive Industrialisierung kennengelernt, die im westlichen Europa so nachhaltige Spuren hinterlassen haben. Heute sind die Bauernhöfe oft noch als Nebenerwerbsbetriebe oder als Sommersitze im Besitz der alten Familien.

Das Muster gegenseitiger Familienbeziehungen spielt nach wie vor im Geschäftsleben eine wichtige Rolle, und in der Vergangenheit war es, wie wir noch zeigen werden, schlechthin ausschlaggebend. Zwar hatte die Schiffahrt in den 1980er Jahren nicht mehr ganz die überragende Bedeutung für die åländische Wirtschaft, und die Schiffe sind andere geworden – das Kapital wird jetzt vorwiegend in riesigen, hochtechnisierten Roll-on/Roll-off-Ostseefährschiffen angelegt –, doch spielt sie, über Generationen die Kapitalquelle der Ålands, im öffentlichen Leben weiterhin eine wichtige und herausragende Rolle.

Åland ist und bleibt eine Gemeinschaft von Seefahrern. An einem Beispiel wollen wir zeigen, welch gewaltiger Wandel seit dem Beginn unseres Jahrhunderts eingetreten ist. Als Kapitän Justus Harberg, der lange Jahre Leitender Direktor der Åland Shipowners Association war, am Ende der 1930er Jahre als Kajütjunge auf einem Dampfer anheuerte, trugen die 200 Finnmark, die er monatlich verdiente, wesentlich zum Unterhalt der Familie bei, die auf einem „Torp“, einer mageren kleinen Bauernstelle, mit 5000 Finnmark im Jahr auskommen mußte. Heute kann der Kapitaleinsatz in ein einziges neues Schiff, dessen Eigentümer wie früher in der örtlichen Gemeinde leben, auf 700 Millionen Finnmark kommen.[5]

Die Galeasse JEHU *von Kimito, auf der Aufnahme tief abgeladen mit einer Decksladung Feuerholz, beim Bergen ihrer beiden Gaffeltoppsegel in einer Bö. Das Bild gibt einen sehr guten Eindruck von den „Bauern-Schiffen“ der Inselgruppe, wie sie bis in die 1940er Jahre noch gebaut wurden. Zu beachten das nachgeschleppte typische „Öka“, ein Beiboot mit Plattgat achtern und vorn (Lars Grönstrand)*

5 Die Entwicklung der åländischen Schiffahrt wird in: The Grain Races von Basil Greenhill und J. Hackman, London 1986 und in: The Last Tall Ships von Kåhre, Hrsg. B. Greenhill, 2. Auflage, London 1990, ausführlich behandelt.

Innenansicht einer Seemanns- oder Fischerhütte in Dänö, Gemeinde Geta, auf den Ålands. Die schiffskojenartigen Betten liegen wegen der Winterkälte dicht beim Kochherd.
Auf dem Bild viele hölzerne Haushaltsgeräte, der Gegenstand auf dem Fußboden neben dem Herd ist ein Slaffat, ein hölzerner Behälter, der zur Mitnahme von warmem Essen auf dem Boot und zur Arbeit auf dem Feld aus einem festen Fichtenstamm herausgearbeitet ist (Basil Greenhill)

Eine typische Bucht auf den Ålands, Hulvik in der Gemeinde Wårdö. Zu beachten: links das reetgedeckte, aus Baumstämmen erbaute Bootshaus (Basil Greenhill)

Die ISABELLA *aus Mariehamn ist eine der größten und luxuriösesten Passagier-, Lastwagen- und PKW-Fähren der Welt. Sie gehört der SF-Linie in Mariehamn, einer der beiden Gesellschaften der finnisch/schwedischen Viking Linie (Basil Greenhill)*

Während der ersten 40 Jahre unter russischer Herrschaft wurde der Status der åländischen Schiffahrt als „ländliche Schiffahrt" noch aufrechterhalten. Nach dem Krimkrieg von 1854–1856 verknappte sich die Tonnage unter russischer Flagge. Obwohl man dem Tonnagemangel durch Neubauten schnell abhalf, begegnete man dieser Knappheit bis zu einem gewissen Grade auch mit einer Reihe von Regierungserlassen, die es den Eignern in der „ländlichen Schiffahrt" gestatteten, ihre Schiffe außerhalb der Ostsee einzusetzen, was bedeutete, daß den Åländern der Nordseeverkehr nach England und Westeuropa offenstand, und nun expandierte die åländische Schiffahrt schnell. In der Mitte der 1840er Jahre

Das Haus des Kapitäns John V. Wennström in der Gemeinde Wårdö. Wennström war Reeder und Schiffahrtsmanager mit Beteiligung an vielen Schiffen. Er war ein Onkel von Ruben de Cloux und bildete mit seinem Neffen und mit Gustaf Erikson, Alan Villiers, Percy Appleby, einem Londoner Schiffsmakler, und anderen eine Gruppe von Anteilseignern, um die Viermastbark PARMA *zu kaufen, die er mit großem Gewinn für die Anteilseigner betrieb (Basil Greenhill)*

war die gesamte auf den Ålands beheimatete Handelsschiffahrtstonnage nicht einmal halb so groß wie die einer einzigen mittelgroßen Hafenstadt auf dem finnischen Festland. 1860 besaßen die åländischen Bauern 68 große seegehende Segelschiffe, fünf Jahre später hatten sie 98, 1870 waren es 123 und um 1875 nicht weniger als 175. Um 1890 hatten die Åländer mehr Schiffe als sämtliche Städte an der finnischen Westküste zusammengenommen, und der Lebensstandard hatte sich merklich über den der Bauern erhoben, die im hohen Norden Europas ihr hartes Brot aßen. Immer noch war es die Schiffahrt der Landbesitzer, von Männern, die das Geschäft und die Seefahrt erlernt hatten – für beides hatten sie, so scheint es, von der Natur eine gute Nase mitbekommen, und die haben sie noch heute. Die Ålands bekamen bald eine neugegründete Stadt, Mariehamn, und damit Stadtrecht, wenngleich das inzwischen mehr und mehr an Bedeutung verloren hatte.

Große Häuser und große Betriebsgebäude – die „Skeppargårder“ (Schifferhöfe) von einer Größe, wie sie niemals von den verhältnismäßig kleinen dazugehörigen Farmen getragen werden konnten, kamen auf. Das Geld dafür brachten die Schiffe. Diese ansehnlichen Gebäude mit ihren großen, hellen und luftigen Räumen, häufig mit einem feinen Sinn für Farbe gestaltet, waren – einige sind es noch – voller Erinnerungsstücke an Schiffe und weite Reisen. Viele dieser Gebäude, wie auch die Häuser der folgenden Generation von Landbesitz-Schiffseignern, stehen noch. Sie sind die prachtvolle Hinterlassenschaft eines Abschnitts der åländischen Geschichte.

Und nun zu den Menschen, die diese Schiffe fuhren: 1891 waren 70 Prozent der männlichen Bevölkerung der kleinen Gemeinde im Verwaltungsbezirk Wårdö Kapitäne, Steuerleute, Matrosen und Jungen, und oft fuhren Frauen als Köchinnen auf den Ostsee- und auch auf Nordseeschiffen. Viele hölzerne Schiffe wurden auf den Inseln gebaut. Es gab zehn große Schiffbaumeister, und vier von ihnen brachten zusammen 13 000 t Schiffsraum zu Wasser.

Doch war diesen großen Tagen der im Lande erbauten und dort beheimateten Schiffe mit ihren von den Inseln stammenden Besatzungen keine Dauer beschieden. 1865 wurde in England die Verbund-Dampfmaschine für den Antrieb von Schiffen mit Erfolg eingesetzt, und kleine hölzerne Barken von ein paar hundert t und einer Ladefähigkeit von weniger als 1000 t – eben Schiffe, auf die die Åländer sich spezialisiert hatten – veralteten als Frachtträger auf den Weltmeeren sehr schnell. Wettbewerbsfähige Segelschiffe waren zunächst eiserne und ab den 1880er Jahren stählerne Barken oder Vollschiffe, die sich bald zu stählernen Viermastbarken auswuchsen, und die waren nicht nur 500 t groß und konnten 800 t Ladung tragen, sondern erreichten eine Größe von 2000 und bald 3000 t mit einer Ladefähigkeit von bis zu 5000 t.

Vorausgesetzt, die Kosten für die Investitionen waren nicht zu hoch und die Schiffe wurden gut und kostengünstig betrieben, konnten auch große Holzschiffe noch ein paar Jahre lang Gewinne einfahren. Den Åländern blieb nur, bei der Schiffahrt zu bleiben oder wieder auf eine Existenz mit Landwirtschaft und Fischerei zurückzufallen und den Zusammenbruch ihres Lebensstandards in Kauf zu nehmen. Um über die nächsten dreißig Jahre hinwegzukommen, kauften sie ungefähr 200 große hölzerne Segelschiffe in England, Kanada und in den finnischen Festlandshäfen. Diese Schiffe kauften sie in der Tat sehr billig ein, zu etwa einem Fünftel bis Viertel der Baukosten für kleinere Fahrzeuge auf den Ålands. Um mit diesen Schiffen Geld zu machen, mußten sie die Art des Managements ändern. Zwar blieben noch einige „Bauern-Reeder“ im Geschäft, aber die Masse der åländischen Schiffe ging in die Hände von Unternehmern über, die bereit waren, Risiken zu übernehmen; immer noch Leute aus der Gegend, die in der Stadt Mariehamn arbeiteten und für die das Reedereigeschäft zum Beruf, zur Ganztags-Beschäftigung geworden war.

Viele Spuren des ländlichen Ursprungs der Reederei auf den Ålands haben sich erhalten, und wie wir in diesem Buch noch sehen werden, sollten diese ländlichen Ursprünge der åländischen Schiffahrt, ebenso wie das enge Geflecht der familiären Beziehungen und Verbindungen, die die Inseln wie ein Spinnennetz überzogen, ihre Rolle in der Geschichte der HERZOGIN CECILIE in der Zeit, in der sie in åländischem Besitz war, spielen. Um 1890 brachten die alten hölzernen Zweithand-Segelschiffe immer weniger Gewinn. Zur gleichen Zeit kamen verhältnismäßig neue eiserne und Stahlsegelschiffe zu immer weiter sinkenden Preisen auf den westeuropäischen Markt, und bald kamen sie wie ein Sturzbach. Die vollberuflichen Reeder, die ihre großen hölzernen Segelschiffe mit großem Erfolg betrieben hatten, begannen, diese verhältnismäßig neuen Stahlschiffe zu kaufen. Um 1900 waren neben 62 hölzernen Barken mit insgesamt 38 000 t acht eiserne und stählerne Segelschiffe mit 11 000 t auf den Ålands beheimatet, Schiffe, die größer waren als alles, was man dort vorher gehabt hatte.

Aus diesem kurzen Abriß der åländischen Geschichte wird deutlich, daß man derartige Schiffe erst außerordentlich spät anschaffte – am erstaunlichsten ist, daß man es überhaupt tat –, und daß am Beginn dieses Wagnisses der Wagemut der Nachfahren jener Generation von Unternehmern stand, die den Weg gewiesen hatten.

Robert Mattsson war der Mann, der mit dem Erwerb von großen Eisen- und Stahlschiffen in großem Maßstab begann. Er wurde zum Haupteigner von elf großen Barken, darunter die GARNET HILL, auf der der Vater des späteren finnischen Präsidenten Koivisto als Zimmermann gefahren hatte. Erstklassige Kapitäne, Steuerleute und Besatzungen kosteten wenig, Anteilseigner waren weiterhin sehr darauf erpicht, in Segelschiffe zu investieren – worin denn auch sonst? –, und noch zwei Generationen lang war und blieb das Management sehr persönlich und arbeitete mit sehr niedrigen Unkosten. Die neuen Schiffe warfen gute Dividenden ab, und weitere Familien beteiligten sich an dem neuen Reedereigeschäft. August Troberg, ein Schwager von Mattsson, betrieb einige der schönsten großen Stahlsegler, die jemals von den Ålands aus segelten, während Mathias Lundqvist jun. ein anderer Schwager, ebenfalls eine große Flotte aufbaute.

Nach der Jahrhundertwende kam die Entwicklung der åländischen Eisen- und Stahlsegelschiffe sehr schnell in Schwung. 1914 waren es 26, und vier Fünftel davon gehörten dem Triumvirat Mattsson, Troberg und Mathias Lundqvist jun. Diese drei sind wahrscheinlich die wichtigsten Männer in der Geschichte der Ålands. Ihr unternehmerischer Wagemut rettete die Ålands davor, wieder in ländlichem Schlummer und vergleichsweiser Armut zu versinken, als die alten Holzschiffe am Ende waren. Diese Männer brachten die Inseln auf den Weg zu ihrer hohen Blüte in den Jahren um 1890.

Während des Ersten Weltkrieges waren die åländischen Reeder in einer heiklen Lage. Bis zum Zusammenbruch des Zarenreiches 1917 standen die Åländer als russische Staatsangehörige der Form nach auf der Seite der westlichen Alliierten. Die Ostsee war zum Westen hin durch die deutsche Flotte abgeriegelt, und die bei Kriegsausbruch 1914 in diesem Meer befindlichen åländischen Schiffe konnten nicht heraus. 15 wurden in deutschen Häfen oder auf dem Weg dahin aufgebracht und als Prisen genommen. In finnischen, schwedischen und dänischen Häfen liegende Schiffe wurden aufgelegt und einige von ihnen zum Kauf angeboten. Zehn alte Holzbarken und einige Schoner wurden in englischen und anderen westeuropäischen Häfen überrascht. Der Frachtmarkt war nach Kriegsausbruch einige Monate lang weltweit gelähmt, während Handel und Reeder abwarteten, wie sich der Ausbruch der Feindseligkeiten auswirken würde. Doch etwa ab 1915 stiegen die Frachten auf eine sehr befriedigende Höhe. Anfang 1917 schleppten alte åländische Holzbarken, nun wieder auf den Blauwasserreisen ihrer Jugendzeit,

Schnittholz vom St.-Lorenz-Golf und vom Golf von Florida zu 476 Shilling/Standard nach Häfen wie Portishead in England, und diese hohen Raten wurden vorbezahlt. 1914 hatten sie bei 100 Shilling gelegen. Die Reeder brauchten kein Geld für die Ausrüstung mehr aufzunehmen und dafür Zinsen zu zahlen, sondern fanden Verlader, die sich darum rissen, ihnen das Geld vorzuschießen. Sie konnten das ihnen dadurch zufließende Geld gleich wieder in zusätzliche Tonnage stecken, sofern sie Schiffe fanden, und damit noch mehr an den hohen vorausgezahlten Frachten verdienen.

Ausgediente Segelschiffe wurden mit einem Mal zu wertvollen Aktivposten. Alle großen åländischen Eisen- und Stahlsegelschiffe waren bei Kriegsausbruch außerhalb der Ostsee. Diese Schiffe hatten nun, nach åländischem Maßstab, enorme Verdienstmöglichkeiten. Die Frachten wurden in Sterling oder US-Dollar bezahlt und gewöhnlich bei englischen Banken angelegt. Als eine ruinöse Inflation Finnland im Verlauf des Krieges heimsuchte, besaßen die Åländer erstklassige Vermögenswerte in London und konnten die kriegsbedingten Schiffsverluste verkraften. Robert Mattsson und August Troberg stießen während der Jahre des Booms ihre Beteiligungen in der Schiffahrt ab und zogen nach Helsinki um, wo sie sich in anderen Geschäften betätigten; Mattsson allerdings blieb daneben auch Reeder und investierte in Dampfschiffstonnage. Mathias Lundqvist jun. (1847–1926) blieb auf seinem Hof Västergård (Westhof) in Vatgata auf Wårdö. Er war ein Vertreter der alten Seefahrertradition der Ålands, und obwohl er die Leitung der Geschäfte zu einem Teil an seine Söhne Hugo und Arthur abgab, betrieb er seine Segelschiffsflotte bis zu seinem Tode weiter. Im Jahre 1927 begann Hugo Lundqvist (1878–1936), seine Segelschiffe abzustoßen.

Mit der Gründung der Joint Stock Company, des ersten Konzerns auf den Åland-Inseln, der maschinengetriebene Schiffe mit Erfolg bereederte, tat er einen bedeutsamen Schritt in die Zukunft. Sein erstes Schiff war der alte deutsche Dampfer THORNBURY. Heute hält die Familie Lundqvist sehr große Beteiligungen im Schiffahrtsgeschäft.

Soviel über die Gründerväter des åländischen Wohlstandes und ihre Nachkommen. Als in den Kriegsjahren 1917 und 1918 höchstes Risiko mit sehr hohem Verdienst gekoppelt war, trat auf den Ålands ein neuer großer Reeder in Erscheinung. Er war das älteste Kind von Gustaf Adolf Eriksson, eines Kapitän-Reeder-Bauern in der Tradition der Ålands, der von einer alten Familie auf Lemland abstammte, die spätestens seit dem frühen 19. Jahrhundert mit Erfolg in der Schiffahrt und in der Landwirtschaft tätig gewesen war. 1872 auf der Hauptinsel Lemland geboren, wuchs Gustaf Adolf Mauritz Gustafsson, so sein Taufname, auf einem Hof namens Hansas auf, wohin seine Eltern gezogen waren, als er drei Jahre alt war. Es sagt etwas über das Wesen der åländischen Landwirtschaft aus, daß von den 363 Morgen des Besitzes nur 32 unter dem Pflug waren, der Rest war Wald und Sumpfland. Kein Wunder, daß die weltweite Frachtfahrt für diese Menschen so wichtig war.

Gustaf Erikson im Alter von 41 Jahren mit seiner Frau Hilda (dritte und vierter von rechts), 1913 (Ålands Sjöfartsmuseum)

Gustaf Adolf ging mit elf Jahren auf der Bark NEPTUN, an der sein Vater einen Anteil von 1⁄32 hatte, zur See. Zwei Jahre später war er Koch auf der Barkentine ADELE, die sein Vater führte. Seine Mutter war eine tüchtige, energische und nicht einfache Frau. Sie hielt im Laufe der Jahre eigene Anteile an nicht weniger als 14 Schiffen. Während der nächsten zwanzig Jahre fuhr Gustaf auf mehreren Schiffen, an denen Verwandte von ihm Anteile hatten, und zeitweise war er auch selbst Anteilseigner. Vier Jahre lang fuhr er als Steuermann auf zwei Schiffen von Robert Mattsson. 1899 erhielt er in Wasa das Patent als Kapitan auf Großer Fahrt und wurde Kapitän der hölzernen Bark SOUTHERN BELLE, an der er mit seinen Brüdern 24⁄80 hielt. Wie die Schiffe der alten „Bauern-Reeder“ befuhren sie die Ost- und die Nordsee. 1905 übernahm er das große hölzerne Vollschiff ALBANIA, an dem er Anteile von 19⁄100 erworben hatte, und 1908 übernahm er zum ersten Mal ein Schiff, dessen Eigner nicht auf den Ålands saßen, die Bark LOCHEE aus Uusikaupunki (der alte schwedische Name ist Nystad) auf dem finnischen Festland. In diesen Jahren hielt er Anteile – meist von wenigen Prozent – an 24 åländischen Schiffen, die von kleinen Gruppen von Anteilseignern auf der Insel Lemland betrieben wurden. In diesen Jahren hatte er nach und nach seinen Namen vereinfacht und nannte sich nun Gustaf Erikson, was für Ausländer, die mit den verzwickten Vaternamen der schwedischen Sprache nicht vertraut waren, einfacher war; außerdem kostete das Telegrafieren weniger Geld.

1913 ging Gustaf Erikson an Land. Er war 41 Jahre alt, besaß den Hof der Familie, hatte ein nettes Vermögen zusammengebracht und hielt Anteile an einer Reihe von Schiffen. Wahrscheinlich ging sein Blick zu dieser Zeit kaum sehr viel weiter hinaus. Er sah sich als Bauer mit Anteilen an hölzernen Segelschiffen und vielleicht auch an großen Eisen- und Stahlseglern, solange sie hielten. Mit einer Gruppe von Freunden aus Lemland, Mariehamn und einem Mann aus Turku (Åbo) auf dem nahegelegenen Festland steckte er einen Teil seines Geldes – ungefähr 720 Pfund (nach heutigem Wert wohl mehr als 40000 Pfund) – in die Anschaffung einer in Holland erbauten Bark von 1011 t mit seiner Tragfähigkeit von etwa 1500 t. Verglichen mit den großen stählernen Viermastbarken, wie sie das Triumvirat Mattsson, Troberg und Lundqvist zu dieser Zeit kauften, war die TJERIMAI – nach einem Vulkan auf Java benannt – nur von bescheidener Größe, aber sie war ein ungewöhnlich gut gebautes Schiff. Die Außenhaut und die Spanten waren aus Eisen, der Kiel, der Vor- und der Achtersteven aus Hartholz. Zur Zeit ihres Stapellaufs 1883, noch vor den Tagen der Antifouling-Farben, lag auf ihren eisernen Außenhautplatten eine vollständige Bekleidung von Holz und darüber eine Lage Gelbmetall gegen Bewuchs. Dieser hohe Bauaufwand sicherte dem Schiff Beschäftigung in der Kaffeefahrt zwischen den Niederlanden und dem heutigen Indonesien, und obwohl das Gelbmetall zur Zeit des Ankaufs in Fetzen herunterhing, war es immer noch ein ungewöhnlich starkes Schiff.

Die TJERIMAI kam in die Holzfahrt von Finnland nach England und bewährte sich. Nach ihren ersten zwei Rundreisen bekamen die Anteilseigner 650 Pfund, und Gustaf Erikson erhielt nach sechs Monaten über ein Drittel seiner Investition zurück. Leider waren die Frachten in der Nordsee-Holzfahrt im darauffolgenden Jahr – 1914 – bei weitem nicht so gut, aber obgleich die TJERIMAI weder bei Lloyd's Register noch bei einer anderen Klassifikationsgesellschaft klassifiziert war – der Nachweis eines bestimmten Bau- und Erhaltungszustandes also nicht gegeben war –, hatte Gustaf Erikson das Glück, einen guten Festpreis für eine Schnittholzladung von Matane am St.-Lorenz-Golf nach Liverpool für sie zu bekommen. Bei Ausbruch des Ersten Weltkrieges im August 1914 saß die TJERIMAI nicht in der Ostsee in der Falle, sondern trottete mit Ostkurs über den Atlantik.

Sie lag in der Zeit der Unsicherheit im Schiffahrtsgeschäft während der ersten Kriegsmonate in Bangor/North Wales auf, aber ab Februar 1915 machte sie bis zum Dezember 1917, als die U-Boot-Bedrohung ein zu großes Risiko geworden war, eine Reihe von Reisen, die der kleinen Gruppe von Anteilseignern auf Lemland allein 1916 550 Prozent der Kaufsumme für das Schiff einbrachte. Nicht genug damit, der Sterling, in dem die Frachten bezahlt wurden, stieg im Wert in diesem Zeitabschnitt gegenüber der Finnmark um 25 Prozent, und die Frachten wurden selbstverständlich im voraus bezahlt. Gustaf Erikson konnte 1915 seinem Schwager schreiben:

„Diese Reise dürfte ungefähr 50 000 Finnmark bringen (das waren damals 1666 Pfund, was heute etwa einer Kaufkraft von 100 000 Pfund entspricht). Damit bin ich für die Zukunft wirtschaftlich gesichert, jedenfalls zur Zeit, aber ich bin nach wie vor ein Geschäftsmann, der es nicht fertig bringt, totes Kapitel auf der Bank liegen zu haben."

Diese Bemerkung sagt viel aus. Der vormalige „Bauern-Kapitän" hatte bei sich Fähigkeiten und Neigungen entdeckt, die er wahrscheinlich nie vermutet hätte, bevor sich ihm durch das von der TJERIMAI im Krieg eingefahrene Geld große Verdienstmöglichkeiten auftaten. Um 1919 besaß er als Reeder nicht weniger als sieben große eiserne oder stählerne Rahsegler, eine hölzerne Bark und einen großen Dreimastschoner. Außerdem hielt er Anteile an einer Reihe weiterer Schiffe. Mehrere dieser Schiffe hatte er August Troberg abgekauft, mit dem er verwandt war und bei dem er, wie es scheint, von Zeit zu Zeit Rat suchte. Ein paar von diesen Schiffen verkaufte er, wiederum mit Profit; zwei wurden durch U-Boote versenkt, eins ging durch Schiffbruch verloren, aber diese Verluste wurden wenigstens zum Teil durch Versicherungen gedeckt. Bei Kriegsende befand er sich dank dem Start, den ihm die alte holländische Bark zur rechten Zeit und am rechten Platz verschafft hatte, in einer Lage, in der er nach åländischen Maßstäben als großer Reeder arbeiten konnte. Er wurde höchst gekonnt von H. Clarkson & Co., Fenchurch Street in London unterstützt, einer 1852 gegründeten Maklerfirma, die schon seit 1873 Verbindungen nach Finnland hatte und mit Gustaf Erik-

Ruben de Cloux (1884–1949)
(Ruby Eriksson, geb. de Cloux)

son seit 1905, als er Kapitän der ALBANIA war, in Verbindung stand. Clarkson hatte sich auf Geschäfte mit finnischer und skandinavischer Tonnage spezialisiert und Finnen sowie einen Åländer, Mathias (Matti) Ingman, in ihrem Londoner Vorstand und später unter ihren Direktoren. Von Anfang an waren Aufbau und Betrieb der Eriksonschen Flotte ein anglo-finnisches Unternehmen.

Bei Kriegsende befanden sich die åländischen Reeder in einer ganz neuen Lage. Man hatte in einer Zeit großer Unsicherheiten unter Inkaufnahme erheblicher finanzieller Risiken Vermögen gemacht. Nun stand Kapital für weitere Investitionen zur Verfügung, aber es genügte nicht mehr, nach dem alten Muster eng verflochtener örtlicher Gruppen von Anteilseignern mit Management durch einen Schiffsagenten, dem „Huvudredare" (Hauptreeder), von einem Bauernhof oder einem Haus in Mariehamn aus Tonnage aus zweiter oder dritter Hand zu erwerben. Auch fehlte das Wissen, um eine solche Tonnage zu betreiben. Auf der anderen Seite war auf den Ålands eine erstklassige Tradition im Schiffahrtsgeschäft lebendig, und dazu gab es viele fähige Kapitäne und Steuerleute mit guter Schulbildung und eine Bevölkerung, die die Seefahrt zur Aufrechterhaltung ihres Sozialprodukts brauchte und billige Arbeitskräfte stellte, darunter viele wirkliche Könner. Darüber hinaus waren die gesellschaftlichen Kräfte auf den Ålands voll und ganz mit der Seefahrt verbunden. Åländische Steuerleute redeten ihre Seeleute mit Vornamen oder mit ihren allgemein bekannten Spitznamen an. Sie wußten, woher sie kamen, und kannten ihre Familien. Das gab ihnen einen harten Kern von zuverlässigen Männern, ganz anders als das internationale Treibgut von gewohnheitsmäßigen „Schiffsspringern", die allzu oft die Besatzungen der englischen Segelschiffe in den ersten Jahren des 20. Jahrhunderts bildeten.

So konnten die Reeder, die während des Kriegsbooms ihre Schiffe nicht

Die stählerne Viermastbark LAWHILL, *1892 bei W. B. Thompson & Co. in Dundee erbaut (Rederi a/b Gustaf Erikson)*

abgestoßen hatten, an der Spitze Mathias Lundqvist jun. und seine Söhne Hugo und Arthur, sowie der neu in Erscheinung getretene Gustaf Erikson, der den Risiken des Krieges nicht aus dem Wege gegangen war, nicht nur weiterhin große Segelschiffe in Fahrt halten, während der Westen in der großen Fahrt fast vollständig auf maschinengetriebene Schiffe übergegangen war; sie konnten auch die letzten großen Stahlbarken und Holzschoner zu den auf einem Tiefpunkt angelangten Preisen kaufen. Während des Krieges hatte Gustaf Erikson von August Troberg einen Mehrheitsanteil an der stählernen Viermastbark LAWHILL gekauft. Wie viele andere Schiffe hatte sie in Brest aufgelegen, als die U-Boot-Bedrohung auf dem Höhepunkt war. 1919 erwarb Erikson die restlichen Anteile an dem Schiff und schickte Kapitän Ruben de Cloux nach Brest, um das Schiff zu übernehmen.

Ruben de Cloux, der in den 1920er und den ersten 30er Jahren als Kapitän von einer Reihe der besten noch fahrenden Segelschiffe hohes internationales Ansehen genoß, war ein außerordentlich fähiger Schiffsführer und ein Mann von bemerkenswert starkem Charakter und selbständigem Denken. Anders als der Name vermuten läßt, war er Åländer, in der Gemeinde Föglö geboren und mit seiner Frau auf einem Hof nicht weit von Mariehamn ansässig. Seine Vorfahren stammten aus Belgien und waren dreihundert Jahre zuvor als erfahrene Eisenwerker nach Schweden gekommen. 1662 waren sie auf die Ålands gezogen. Sein Vater war der Kapitän Carl Jansson; ihn selbst kannte man zunächst als Ruben Jansson, aber 1905 nahm er in einem plötzlichen Einfall den ursprünglichen Namen seiner Ahnen an. Er war ein auf den Ålands hochgeachteter Mann, und wer ihn in Dienst nahm, hatte das große Los gezogen.

Unter de Cloux war die LAWHILL in dem kurzlebigen Nachkriegsschiffahrtsboom ein großer wirtschaftlicher Erfolg. Unter Eriksons Flagge verdiente sie auf ihrer Jungfernreise von Buenos Aires nach England 45 000 Pfund brutto (nach heutigem Wert etwa 1 800 000 Pfund), und 1921 war sie ebenso erfolgreich.

Dieser Erfolg war um so wichtiger, als Erikson in der Hochstimmung nach dem Erfolg von 1920 sehr unkluge Investitionen in zwei Dampfer, die EDGAR und die RIGEL, getätigt hatte. Sie sollten in der Holzfahrt auf der Ost- und Nordsee eingesetzt werden, aber es stellte sich heraus, daß ihre Stabilität für die in dieser Fahrt unverzichtbare Decksladung nicht ausreichte, und sie waren wegen zu hohen Kohleverbrauchs, und weil sie eine zu große Besatzung brauchten, unwirtschaftlich. Erikson verkaufte die RIGEL, konnte aber die EDGAR nicht loswerden, mit dem Ergebnis, daß er Schulden machen mußte. Im Juli 1921 brachte die Fracht der LAWHILL 3 740 000 Finnmark ein, und da auch die übrigen Schiffe gut verdienten, kam Gustaf Erikson finanziell wieder auf die Beine. Fortan hatte die LAWHILL bei der Familie Erikson und ihren Teilhabern den Namen „LUCKY LAWHILL". Aber Matti Ingham von der Londoner Firma Clarkson bemerkte 1920 in einem Brief, der an Deutlichkeit nichts zu wünschen übrigließ:

„Sie scheinen die Hilfe und Unterstützung, die Sie von uns in den letzten Jahren bekommen haben, nicht zu würdigen. Ich versichere Ihnen, daß kein anderer Makler Ihnen die Vorschüsse gewährt hätte, die Sie bekommen haben, 15 000–20 000 Pfund... Sie sehen alles in einem rosigen Licht. Wie Sie beide Dampfer kaufen konnten, kann ich absolut nicht verstehen. Als Sie die RIGEL gekauft hatten, hätten Sie aufhören müssen. Was hat Troberg dazu gesagt? Haben Sie ihn nicht um seinen Rat gebeten? Es ist immer gefährlich, in einem Boom zu spekulieren. Alles, was Sie dank Ihrer Segelschiffe verdienen, werden Sie in die EDGAR stecken müssen."

Der finanzielle Erfolg der LAWHILL hatte noch eine Wirkung, die für die Reedereigeschichte der Ålands sehr wichtig werden sollte. Gustaf Erikson hatte geplant, mit seinem ganzen Geschäft nach Helsinki zu ziehen und hatte dort ein Appartement erworben, in dem eine Etage für ihn und seine Familie reserviert war; daran sollten zwei Geschäftsräume angeschlossen werden. Als dann aber die LAWHILL im Juli 1921 in Bordeaux eintraf, konnte er seine Bankschulden zum großen Teil abzahlen, und nun sahen die Dinge für ihn so gut aus, daß er alle diese Pläne fallenließ.

Der hochgeschätzte Ruben de Cloux, der viele Jahre lang seinen Hof kaum gesehen hatte, wollte endlich, wenigstens für eine Weile, dahin zurückkehren. Das paßte Gustaf Erikson nicht, der ihm in einem Brief vom 18. Juli 1921 ein Monatsgehalt von 5000 Finnmark anbot, 2000 Mark mehr, als jeder andere Kapitän seiner Flotte bekam, damit de Cloux weiterfuhr.

Aber er hatte sich doch damit abgefunden, daß de Cloux aussteigen wollte, und er bat ihn im gleichen Brief, bis zur Übergabe des Schiffes an seinen Nachfolger, den bisherigen Ersten Steuermann, J. E. Gustafsson, an Bord zu bleiben. Am gleichen Tage schrieb Erikson an Kapitän Gustafsson: „Wie Sie wissen, habe ich Vertrauen in die LAWHILL. Dank der Energie, mit der sie gesegelt wurde, und einer guten Portion Glück hat sie mich vor dem Ruin bewahrt."

Clarkson muß trotz allem Vertrauen in die geschäftliche Überlebensfähigkeit Eriksons gehabt haben. Als sie erfuhren, daß die französische Regierung die HERZOGIN CECILIE zum Verkauf stellte, kabelten sie ihm am 19. September 1921, daß sie für 3100 Pfund zu haben sei. Erikson antwortete am gleichen Tag, er meine, daß dieser Preis, der offenbar um 100 Pfund höher lag als das, was andere, darunter Hugo Lundqvist, für das Schiff geboten hatten, immer noch gut sei. Er schrieb, daß sein Angebot eine Bodenbesichtigung einschließe, und daß er Kapitän de Cloux zu dieser Besichtigung und zur Übernahme des Schiffes schicken werde. Noch weitere Schiffe standen zum Verkauf, und Gustaf Erikson ließ sich im gleichen Brief über die Vor- und Nachteile der früheren deutschen Viermastbark PASSAT und dem in England gebauten Schulschiff MOZART, einer stählernen Viermastbarkentine, aus. Er erwähnte, daß die EDGAR seiner Ansicht nach für 15 000 Pfund verkauft werden könnte,

und fragte Clarkson, was besser sei, einen Dampfer aus 2. Hand zu kaufen oder vier bis fünf Segelschiffe von je 3 000–4 000 t.
Jedoch erwies sich der Ankauf der HERZOGIN CECILIE als ein langwieriges und verwickeltes Unternehmen. Zwar sind nicht alle Kopien der Korrespondenz erhalten, aber offensichtlich bombardierte Erikson die Firma Clarkson laufend mit Briefen, denn er schrieb am 29. Oktober 1921 offenbar sehr verärgert am Matti Ingman, weil er auf seine Angebote keine Antwort bekommen habe und keine klare Reaktion auf seine Bitte um einen Vorschuß zum Ankauf von Schiffen:
„Ich habe allmählich den Verdacht, daß ich Mitbieter von den Ålands habe und Sie deshalb die Angelegenheit verzögern... Schon vor einem Monat, am 11. September, habe ich 1500 Pfund für die CECILIE geboten, die gleiche Summe, die R. Mattsson für die SOPHIE CHARLOTTE bezahlt hat. Am 19. September 1921 bot ich zum zweiten Mal 2100 Pfund für CECILIE und am 12. Oktober ein drittes Mal 4275 Pfund für die CECILIE mit der Alternative von 13 000 Pfund für die PASSAT, und beim vierten Male bot ich am 3. Oktober 4300 Pfund für die CECILIE".
Für ihn konnte es nur die Erklärung geben, daß andere Bieter im Spiel waren, für die Clarkson arbeitete. Er sagte, er habe Hugo Lundqvist unten am Hafen getroffen, als der nach Stockholm abreiste, aber er habe ihn eine Woche lang in Mariehamn nicht gesehen und vermute, daß Lundqvist nach Westeuropa gegangen sei, um Schiffe zu kaufen.
Erikson lag mit seinem Verdacht richtig. Hugo Lundqvist war in Oslo, um für die gleichen Schiffe zu bieten. Clarkson bestätigte am 7. Oktober 1921, daß sie ein Angebot von 4275 Pfund für die HERZOGIN CECILIE erhalten hatten, und daß sie auf eine Äußerung der französischen Regierung warteten. Ingman schrieb, daß die HERZOGIN ein weit besserer Kauf sei als die PASSAT und empfahl ihm dringend, sich nicht weiter um dieses Schiff zu bemühen.
Ein paar Tage später schrieb er wieder an Erikson und setzte ihm auseinander, warum es so schwierig sei, dieses Geschäft mit der französischen Regierung abzuschließen:
„Zweifellos sind Sie darüber enttäuscht, daß wir Ihnen keine zufriedenstellenden Antworten haben geben können, wir sind es auch. Sie übersehen dabei aber vollkommen, daß wir es mit einer Regierungsstelle zu tun haben, deren Beamte zweifellos nicht willens sind, die Sache ernsthaft in die Hand zu nehmen, denn wenn erst die Schiffe abgewickelt sind, werden sie keine Arbeit mehr haben. Wir haben eigens einen unserer Leute nach Paris geschickt, der dort eine Woche lang mit diesen Beamten verhandelte, aber er konnte nichts ausrichten."
Die französische Regierung wünschte, sämtliche Schiffe auf einmal zu verkaufen, aber Ingman meinte, es sei am besten abzuwarten.
„Um die HERZOGIN CECILIE und die WINTERHUDE (eine frühere deutsche stählerne Bark) für Sie zu bekommen, wären wir bereit, den Ankauf der fünf Schiffe, die in Ostende liegen, zu riskieren, wenn das die Verhandlungen mit der französischen Regierung erleichtern würde."

Hugo Lundqvist (1878–1936), Gustaf Eriksons Rivale beim Ankauf der HERZOGIN CECILIE *und Eigner der* MOZART*; er war später einer der ersten Dampfschiffsreeder auf den Ålands (Ålands Sjöfartsmuseum)*

Inzwischen hatte Gustaf Erikson am 11. Oktober an Kapitän Ruben de Cloux aus Mariehamn einen Brief mit Anweisungen für die Besichtigung mehrerer Schiffe geschrieben, zunächst in Ostende und dann anderswo in Europa. Hauptsache wäre, sagte er, das Deck daraufhin anzusehen, ob es dünn und erneuerungsbedürftig sei und dann das Rigg, und herauszufinden, wann sie ihre letzte Besichtigung gehabt hätten. Wenn es mit der CECILIE nichts würde, sollte de Cloux sich die PASSAT ansehen, bevor er wegen irgendeines anderen Schiffes etwas unternehme.
Ruben de Cloux reiste nach Ostende. Das war in jenen Tagen von Finnland aus eine recht umständliche Reise. Er benötigte mehrere Visa und hatte Mühe, seinen Paß in Ordnung zu bringen. Am 18. Oktober 1921 schrieb er an Gustaf Erikson, daß er die Schiffe besichtigt und herausgefunden habe, daß die HERZOGIN CECILIE das beste von allen sei.
„Sie ist gut erhalten, und die Decks sehen gut aus. Das Rigg sieht nicht schlecht aus, ist aber schwieriger zu beurteilen. Der Rumpf ist innen und außen fast rostfrei."
Er beschrieb dann das Schiff und erwähnte seine Ballastwassertanks, und daß der Laderaum in fünf Abteilungen unterteilt war, was bedeutete, daß es kein Schnittholz laden konnte.
„Es gibt eine starke Donkey-Maschine und einen Motor für das Funkgerät. Ein Stell guter Segel ist vorhanden, und ein Stell Reservesegel steht im Inventarverzeichnis, aber nach Angabe des Kapitäns sollten es in Wirklichkeit noch mehr sein. Das laufende Gut ist nicht besonders gut, weil es während der ganzen Zeit des Aufliegens oben geblieben war, aber es gibt noch zehn Rollen neues Tauwerk und viel Gerät. Brasswinschen sind nicht mehr an Bord, darum muß die Crew ungefähr 30 Mann stark sein."[6]
Er glaubte nicht, daß es schwierig sein würde, beim Germanischen Lloyd eine Klasse für die HERZOGIN zu bekommen. Er beschrieb dann die übrigen Schiffe. Die MOZART hielt er für das günstigste von allen, sofern sie für 3000 Pfund oder weniger zu haben sei. Erstaunlicherweise schloß er seinen Brief trotz seiner guten Meinung vom Zustand der HERZOGIN mit den Worten: „Ich rate nicht zum Ankauf der HERZOGIN CECILIE, weil das Schiff nicht zu gebrauchen ist (vermutlich für Schnittholzladung) und Betrieb und Instandhaltung teuer sein werden."
Ruben de Cloux schrieb, er dächte daran, nach Marseille zu reisen, um sich die PASSAT anzusehen, aber er kam nicht weiter als nach Paris, weil man ihm im Ministerium sagte, daß die PASSAT verkauft sei. Er schrieb dann an Erikson, daß die HERZOGIN der beste Kauf sei, falls sie für 4300 oder 4500 Pfund zu haben sei. Er schrieb auch, er habe gehört, daß Clarkson ein Angebot für alle Schiffe in Ostende abgegeben hätte, und daß Hugo Lundqvist sich um die MOZART oder die CECILIE bemühe.
Aus Ostende schrieb er am 28. Oktober: „Wenn es zu einem Abschluß mit der CECILIE kommt, habe ich einen Vorschlag, nämlich sie als Schulschiff zu verkaufen. Sie ist dafür eingerichtet, und Sie könnten doppelt soviel für sie bekommen, wie Sie bezahlt haben."

6 Brassen sind bekanntlich Leinen, die von beiden Rahnocken an Deck laufen, wo sie geholt werden können. Sie dienen dazu, die Rah in der Waagerechten zu schwenken, um die Segel nach dem Wind zu trimmen. Zu fast jedem Manöver gehört das Brassen der Rahen. Eine Brass war weiter nichts als eine einfache Taille, und das Brassen bedeutete sehr harte Arbeit für ein Dutzend oder mehr Leute. Wenn das Schiff mit dem Deck Wasser schöpft, kann diese Arbeit sehr gefährlich werden.
Eine Brasswinsch besteht aus mehreren konischen Stahlwalzen mit Rillen zur Aufnahme von Drahttauwerk. Sie wurden mit Handkurbeln über einfache Zahnradübertragungen gedreht (siehe Foto S. 80). Die Brassen lagen ständig auf den Walzen, und mit dieser Vorrichtung konnten zwei oder drei Mann das Gleiche verhältnismäßig sicher erledigen, wie zuvor ein Dutzend Mann in Gefahr. So konnten die Besatzungsstärken deutlich verringert werden.
Die Brasswinsch war eine englische Erfindung, aber englische Segelschiffs-Reeder haben sie nie recht angenommen, vor allem, weil sie in den 1890er Jahren aufkam, als in England so gut wie keine Segelschiffe mehr gebaut wurden. Ein Kinken im Patent machte es möglich, daß die Winsch auf dem Kontinent, namentlich auf deutschen Schiffen, mit großem Erfolg verwendet wurde.
Die HERZOGIN CECILIE, als Schulschiff erbaut, auf deren langem Hüttendeck das Brassen in relativer Sicherheit durchgeführt werden konnte und deren große Kadettencrew beschäftigt werden mußte, brauchte keine Brasswinschen, als sie unter der deutschen Flagge fuhr. Die Werft-Zeichnungen zeigen nur eine Winsch für den Fockmast. Falls sie überhaupt eingebaut gewesen sein sollte, wurde sie schon frühzeitig ausgebaut, als die Hütte im Jahre 1912 verlängert wurde.

Die Backbord-Großbrass der HERZOGIN CECILIE *wird von Hand geholt; auf dem Schiff gab es keine Brasswinschen (Statens Sjöhistoriska Museum, Stockholm)*

Brass- und Fallwinschen am Großmast der stählernen Viermastbark VIKING, *1907 in Kopenhagen bei Burmeister & Wain erbaut (Basil Greenhill)*

Die stählerne Viermastbarkentine MOZART, *1904 in Greenock bei der Grangemouth and Greenock Dockyard Ltd. erbaut (Kapitän Karl Kåhre)*

Reine Spekulation war also eines der Motive für den Ankauf von Schiffen. Gustaf Erikson hatte das Schiff nie gesehen, und so gab ihm de Cloux die folgende Beschreibung:

„Sie ist barkgetakelt mit doppelten Bramsegeln und Royals an jedem Mast. Am Besanmast sind zwei Gaffeln, der Mast ist daher zweiteilig. (Deshalb brauchte „der Mast" nicht „zweiteilig" gewesen zu sein, aber der Besanmast hatte tatsächlich eine Stenge; der Übersetzer.) Die Ruderanlage arbeitet nicht, wie ich geschrieben hatte, mit Dampf, sondern ist von Hand betrieben, und achtern gibt es noch ein weiteres Ruderrad, das benutzt werden kann. Sieben gute Boote sind vorhanden, sechs eiserne und eines aus Holz; Sie können also vier von ihnen verkaufen... drei Dampfwinden und ein Dampfspill, alle in gutem Zustand. Wie der Kessel ist, kann ich nicht sagen, aber er wird noch ein paar Jahre halten. Die Funkanlage brauchen wir nicht, kann also verkauft werden. Es gibt keine Brasswinschen, dafür aber sehr viele Spills für Fallen und Schoten. Das laufende Gut sieht gut aus, es ist schade, daß es oben gelassen wurde, als das Schiff auflag, aber ich denke, es hält noch mindestens eine Reise.

Es ist schwer, das Innere zu beschreiben, denn es gibt so viele Räume, darunter einen Baderaum für die Crew, einen Eßraum und ein Lazarett mit sechs Kojen. Die Laderäume und Lasten sind so gut wie neu gemalt, und ich konnte nirgends Rost finden. Sie soll ein guter Segler sein, danach sieht sie auch aus. Das Deck und das Rigg sind ziemlich gut; man könnte also im ganzen nichts gegen das Schiff sagen, wäre es nicht ungeeignet, weil der Laderaum in fünf Abteilungen mit festen Stahlschotten unterteilt ist. Sie ist aber für schwerere Ladungen wie Getreide, Kohle oder Salpeter geeignet, und ich denke, ihr Ankauf wäre ebenso wirtschaftlich wie der eines anderen Schiffes mit Ausnahme der MOZART, und ich denke, sie ist ein guter Kauf, wenn man Fracht von 55 Shilling/t für Australien–Europa für sie bekommen kann."

Dieser Bericht muß Gustaf Erikson Stoff zum Denken gegeben haben, denn er zeichnete Skizzen von Schiffen mit fünf Laderäumen auf den Brief.

De Cloux fuhr dann nach London, um mit Clarkson zu sprechen, weil die Verhandlungen in Ostende nicht vorankamen. Als er am 9. November 1921 wieder in Ostende eintraf, hatte die HERZOGIN CECILIE im Hafenbecken eine Havarie gehabt. Sie hatte sich losgerissen und war mit einem norwegischen Dampfer kollidiert. Das Schiff war gegen Risiken im Hafen versichert, und die Reparatur war schon in Gang, als de Cloux wiederkam. Gustaf Erikson fragte ihn am 11. November in einem Brief, ob Clarkson ihn nach London bestellt hätten. Er wies de Cloux an, möglichst nichts über seine Besichtigung der anderen Schiffe verlauten zu lassen, um nicht mögliche weitere Interessenten auf die Spur zu bringen. Matti Ingman und Hugo Lundqvist waren ihm sehr verdächtig.

Es scheint, als habe Gustaf Erikson nun sehr ernsthaft an einen Ankauf der HERZOGIN CECILIE gedacht, und er erkundigte sich bei de Cloux, wo das Schiff am besten und billigsten ins Dock gehen und vielleicht gleichzeitig eine Ladung nach Übersee an Bord nehmen könnte. Er wollte auch wissen, wie viele Voll- und Leichtmatrosen von den Ålands geschickt werden sollten; und de Cloux möge prüfen, ob zwei von den Schotten ausgebaut werden könnten, so daß nur noch drei Laderäume blieben, und ob dies so geschehen könnte, daß das Schiff auch noch eine Klasse bekäme.

Er fragte de Cloux auch, ob er dazu raten könnte, das Schiff neu zu vermessen, um die Registertonnage zu verringern und damit die Betriebskosten zu senken. Er wollte ebenfalls wissen, ob es irgendwo billige Brasswinschen gäbe, so daß man die Besatzung verkleinern könnte. Er bat um eine Zeichnung der 54 m langen Hütte, um eine Zeichnung des Schiffes und wenn möglich um ein Modell. Am 10. November schickte Clarkson Abrechnungen und Belege an Gustaf Erikson über seine Schiffe und wiesen ein Guthaben von 7760 Pfund 9 Shilling 10 Pence zu seinen Gunsten aus. Matti Ingman setzte noch handschriftlich hinzu: „Sie sollten das Geld hier stehenlassen für die Transaktionen der Schiffe. Ich hoffe, es ist bald alles klar mit der HERZOGIN CECILIE."

Am 12. November schrieb de Cloux aus Ostende an Gustaf Erikson und ließ sich u. a. über die Brasswinschen aus – wenn sie eingebaut würden, könnte man die Besatzung auf 24 Mann verringern. Er teilte Gustaf Erikson noch mit, daß Lundqvist die MOZART für ungefähr 3900 Pfund gekauft hätte; da sie aber keine Boote habe und auch noch ihre Klasse bekommen müsse, würde sie im Endeffekt ebenso teuer werden wie die HERZOGIN CECILIE.[7] Dann regte er noch an, Erikson solle, um spätere Auseinandersetzungen zu vermeiden, den Leuten, die auf dem Schiff anheuern wollten, sagen, daß die Besatzung für das Schiff 24 Mann stark werden würde. In Wirklichkeit hatte er die Besatzungsstärke auf 25 Mann geschätzt: zwei Steuerleute, Steward, Koch, Bootsmann, sechs Voll- und sechs Leichtmatrosen, acht Decksjungen.

Am 21. November 1921 konnte Gustaf Erikson endlich an de Cloux schreiben, daß er ein Kabel von Clarkson mit der Bestätigung des Ankaufs der CECILIE für 2450 Pfund bekommen habe. Er wünschte, daß „er und andere" im Kaufvertrag benannt würden, da er seine vier Kinder als Miteigner am Schiff eintragen lassen wollte.

Gustaf Erikson schrieb nun einen langen Brief an de Cloux, dem viel von dem zu entnehmen ist, was der Kauf eines Schiffes zu damaliger Zeit im einzelnen mit sich brachte:

„Jetzt müssen wir wegen der Klassifizierung entscheiden. Wo soll sie durchgeführt werden? Einer meiner Vorschläge geht dahin, alles, außer der Bodenbesichtigung, in Ostende zu machen, und wenn sie am Bristolkanal Kohle übernimmt, könnte sie dort geklaßt werden. Das einzige Risiko dabei ist, wenn der englische Vertreter des Germanischen Lloyd, der natürlich Engländer ist, weil alle Deutschen aus England ausgewiesen sind, neue Bestimmungen geltend macht und nicht einverstanden ist mit dem, was in Deutschland gemacht worden ist. Die zweite Anregung

7 Die Viermastbarkentine MOZART war 1904 in Greenock als frachtfahrendes Schulschiff für Hamburger Eigner gebaut worden. Sie machte in der Salpeter- und der Trans-Pazifikfahrt mit 16 Mann Besatzung und 12 Kadetten ausgezeichnete Reisen. Zu der Zeit, als Hugo Lundqvist sie kaufte, war ihre etwas geringere Größe als die der HERZOGIN CECILIE – 1987 gegen 3111 Bruttotonnen – ein Wettbewerbsvorteil. Darüber hinaus benötigte sie nur eine Besatzung von höchstens 18–19 Mann. Und in der Tat wird Hugo Lundqvist in dem Buch „Yet more Survivors of a glorious Era", London 1928, auf Seite 15 zitiert: „Sie ist ein außerordentlich leicht zu handhabendes Schiff und kann mit 14 Mann gefahren werden", gegenüber den 23 oder 24, die eine Bark von gleicher Ladefähigkeit wie die PENANG mit 2019 t benötigte.
Und auch die Kosten für die Instandhaltung der Segel, Spieren und des Riggs waren deutlich geringer. Wirtschaftlich war sie ein Erfolg, aber für ihre kleinen Besatzungen war sie ein böses Kreuz mit der nicht enden wollenden Arbeit beim Bergen und Wiedersetzen ihrer riesigen Gaffelsegel, um kostspielige Abnutzung bei schlechten Wetter- und Seegangsverhältnissen zu vermeiden. Das Schiff wäre viel leichter zu bedienen gewesen, wenn seine Segelfläche auf fünf Masten verteilt gewesen wäre.

Die MOZART, *platt vor dem Wind auf dem südlichen Ozean, von Steuerbord am Achtermast aus aufgenommen (Kapitän Karl Kåhre)*

ist, das Schiff nach Bremerhaven zu schleppen und die Besichtigung dort vornehmen zu lassen, wo das Schiff gebaut wurde, da der Wechselkurs günstig ist."
Ferner beschäftigte sich Erikson mit den Brasswinschen und meinte, da sie ein deutsches Patent seien, könnten sie vielleicht in Bremerhaven billiger zu finden sein als in Ostende. Er gab de Cloux freie Hand, den billigsten Weg zu wählen, aber zugleich sollte alles vom Besten sein, denn das sei auf die Dauer am billigsten.
Weiter schrieb er:
„Verkaufen Sie niemandem auch nur ein Knäuel Kabelgarn aus den Beständen des Schiffes, die Funkanlage mit ihrem Generator und die Boote sollen alle an Bord bleiben, weil wir sie später gebrauchen könnten, und wenn sie mit dem Zauberkasten umgehen können, möchte ich, daß Sie damit Telegramme senden und empfangen, da so ein Apparat nun einmal an Bord ist. Lassen Sie sich nicht von Lundqvist beschwatzen, ihm Boote oder andere Sachen zu verkaufen; er will natürlich Geräte zu einem vernünftigen Preis kaufen. Sagen Sie Lundqvist, daß ich die halben Reisekosten von Mariehamn nach Ostende und zurück für eine Schiffsvermessung übernehme."
Im gleichen Brief kam er auf die endgültigen Kosten des Schiffes zu sprechen. Er hatte für einige Schäden am Liegeplatz zahlen müssen; so würden die Kosten auf 4500 Pfund kommen und dazu die Kosten für die Klassifizierung. Auf den Grundpreis würde Clarkson ein Prozent nehmen. Er bat de Cloux nachzuprüfen, ob das Ankergeschirr und die Leinen vollständig seien. Es stellte sich heraus, daß der frühere Kapitän die Instrumente des Schiffes mitgenommen hatte, und daß nur ein Chronometer an Bord war, das nicht lief. De Cloux bat Erikson, ihm ein neues Chronometer, Doppelgläser und seinen eigenen Sextanten, den er bei sich zu Hause hatte, zu schicken. Er wollte gern das Schiff schnell übernehmen. Am 26. November schrieb Erikson, um ihn zu beruhigen: „Haben Sie Geduld mit der Übernahme, alles wird gut sein, wenn es soweit ist. Ich habe Clarkson angewiesen, das Geld für das Schiff sobald wie möglich zu zahlen."
Am 30. November schien de Cloux etwas weniger niedergeschlagen zu sein, aber den Kauf hatte er formell noch nicht durchführen können. Gustaf Erikson hatte entschieden, daß die Klassifizierung mit dem Germanischen Lloyd fortgesetzt werden sollte, aber erst am 7. Dezember konnte de Cloux an Erikson schreiben, daß er das Schiff am nächsten Tage übernehmen würde. Am 6. Dezember 1921 schickte Clarkson den Kaufvertrag an Erikson mit einer Quittung für das Ankaufsgeld. Im gleichen Brief schnitten sie auch schon die künftigen Frachten für das Schiff an. „Sie haben uns telegrafisch ermächtigt, Kohle Wales – Valparaiso 20376 abzuschließen. Wahrscheinlich meinten Sie 30 Shilling und nicht weniger als 27 Shilling 6 Pence, aber die Rate, die wir an Sie telegrafierten, war 27/6". Das Geschäft mit der HERZOGIN CECILIE unter ihrem neuen Reeder war in Gang gekommen.

Inzwischen hatte Gustaf Erikson in Mariehamn angefangen, eine Crew für das Schiff zusammenzubringen. Er schrieb an Seeleute, die früher auf seinen Schiffen gefahren hatten, so auch an den Segelmacher Arvid Borman aus Västanfjärd auf dem finnischen Festland: „Hiermit frage ich an, ob Borman, der auf meinem Schiff TJERIMAI gewesen ist, willens ist, eine Beschäftigung als Segelmacher auf einer vor kurzem angekauften Viermastbark, der HERZOGIN CECILIE, die jetzt in Ostende liegt, anzunehmen. Das Gehalt beträgt 800 Finnmark im Monat und wird ab an Bord kommend und für eine Beschäftigungszeit von zwei Jahren gezahlt. Das Schiff ist ebenso groß wie die LAWHILL, das größte Schiff des Landes."

Erikson verschickte verschiedene Briefe dieser Art und fügte einen handschriftlichen Briefkopf „HERZOGIN CECILIE, 4400" hinzu.

Am 5. Dezember 1921 wurde die erste Musterrolle für finnische Besatzungsmitglieder in Mariehamn aufgestellt, auf der standen:

Ruben de Cloux, Kapitän, Finström, Åland, Gehalt nach Vereinbarung

A. F. Grönlund, Steuermann, Föglö, Åland	1800	Mark monatlich
G. H. Hedman, Zimmermann, Sund, Åland	1000	"
W. H. Pahlman, Vollmatrose, Sund, Åland	700	"
G. H. Sjöblom, Vollmatrose, Gustafs, Finnland	800	"
K. V. Isaksson, Decksjunge, Finström, Åland	300	"
T. B. Takolander, Leichtmatrose, Helsingfors	400	"
K. B. Ideman, Decksjunge, Kökar, Åland	350	"
G. V. Hansson, Steward, Sund, Åland		

Die Besatzung wurde dann allmählich bis auf die volle Stärke von 26 Mann aufgefüllt, darunter der Leichtmatrose Harald Lindfors, dem wir in diesem Buch noch begegnen werden.

Kapitän de Cloux schrieb am 9. Dezember an Gustaf Erikson, daß er das Schiff am Tage zuvor übernommen habe, und daß die oben genannte Besatzung eingetroffen sei. Die HERZOGIN CECILIE war nun unter der Flagge Finnlands.

Sie hatte damit auch einen dramatischen Rollenwechsel durchgemacht. Sie war ein Eliteschulschiff gewesen, eine frachttragende Botschafterin deutscher Schiffahrt, der Kaiserlichen Marine, des Deutschlands Wilhelms II. Jetzt sollte sie eine nach wirtschaftlichen Kriterien eingesetzte Einheit werden, so wie es einer gesunden Praxis im Schiffahrtsgeschäft entsprach und gesellschaftlich annehmbar war in jener einzigartigen Gemeinschaft, in der sie nun ihre Heimat hatte. Immer noch war sie ein großartiges Schiff, in Bau und Erhaltungszustand auf höchster Stufe stehend. Man erinnerte sich ihrer als einer weithin bewunderten und sehr gut bekannten Viermastbark, die, wo sie auch segelte, die Aufmerksamkeit auf sich zog, selbst in der Welt vor dem Krieg, als große Segelschiffe noch nichts Besonderes waren. Jetzt war sie das Lieblingsschiff, das „Familienschiff" ihres neuen Eigners. In einer Welt, in der das große Handelssegelschiff selten wurde, sollte sie ein vielbeachteter Überlebender werden.

DIE ERSTEN JAHRE UNTER FINNISCHER FLAGGE

Am Weihnachtsabend 1921 besichtigte ein Beauftragter des Germanischen Lloyd die HERZOGIN CECILIE in Ostende. Er untersuchte die Laderäume, Masten, Spieren und das Rigg; es fehlte nur noch die Bodenbesichtigung, die beim nächsten Eindocken vorgenommen werden sollte, dann würde das Schiff wieder seine Klasse haben. Kapitän de Cloux fing mit Genehmigung des Besichtigers an, die Schotten in den Laderäumen auszubrennen, um die Ladefähigkeiten des Schiffes, besonders für Holzladungen, zu erhöhen.

Gustaf Erikson wollte schnellstens ein vollständiges Inventarverzeichnis für das Schiff haben – er besaß eines in Französisch und eines in Deutsch, aber er verstand beide Sprachen nicht und bat de Cloux daher, ein weiteres anzulegen, aber der war mit den Reparaturen, die er ganz mit seinen eigenen Leuten durchführte, zu sehr ausgelastet. Es waren ungefähr 100 Segel an Bord, einige davon fast neu, und alle waren in ziemlich gutem Zustand. Es gab auch ein paar Dutzend Hängematten aus gutem Segeltuch, die für Segelreparaturen brauchbar waren. Natürlich hatte die letzte deutsche Crew absichtlich die Küchengeräte beschädigt, indem sie sie durchlöcherte, und sie hatte Drahtverbindungen im Funkgerät zerschnitten. Sie hatte auch versucht, viel brauchbares Gerät beiseite zu schaffen und es auf einen Schlepper zu verladen, aber dabei war sie erwischt worden und mußte es wieder an Bord holen. Trotzdem fehlte immer noch vieles. De Cloux hatte an Land gehört, daß der Kapitän und der Steuermann Gegenstände aus dem Schiff verkauft hatten, und wie bereits erwähnt, fehlte das Chronometer, es gab kein Barometer und keine Navigationsinstrumente. Viele Leuchtraketen, Fackelfeuer, Signalflaggen und Musikinstrumente waren noch da. Die Kammern und Salons waren in gutem Zustand, aber es fehlten die Teppiche.

Bald war die HERZOGIN fahrbereit, und über Clarkson wurde eine Fracht für sie gesucht. Ein Angebot für eine Kohleladung von Cardiff nach Valparaiso zerschlug sich, ebenso ein weiteres auf Koks von Leith nach San Antonio in Chile. In einer Dreieckskorrespondenz mit de Cloux und Erikson teilte Clarkson Erikson mit, daß de Cloux eine Schnittholzladung von Norwegen nach Australien der Koksladung nach

Chile vorzöge. Dieser Absatz in Clarksons Brief zeigt, daß die Frachtraten nach dem Kriegsboom noch hoch standen, aber man erwartete für die Zukunft einen Rückgang.[1]

Die Holzkaufleute hatten zunächst 60 Shilling geboten und waren dann auf 62 Shilling 6 Pence hochgegangen, aber Clarkson meinte, sie würden 65 Shilling bekommen können. Schließlich wurde eine Holzladung von Kristiania (Oslo) und Fredrikstad in Norwegen nach Melbourne für 65 Shilling/Standard abgeschlossen. Erikson und de Cloux hatten mit mindestens 70 Shilling gerechnet.[2]

Gustaf Erikson reiste nach Kristiania, um einen Blick auf das Schiff zu werfen und zu prüfen, was man am Schiff ändern könnte, um ihm eine möglichst hohe Ladefähigkeit zu geben. Nach den Änderungen in den Laderäumen schätzte Erikson, daß das Schiff 1475 Standard Schnittholz laden könnte. De Cloux bestellte für insgesamt etwa 200 Pfund Brasswinschen einschließlich des dazugehörigen Drahttauwerks in Deutschland, aber die Deutschen ließen das Geschäft platzen, und die HERZOGIN segelte für den Rest ihres Lebens ohne Brasswinschen. Das hieß, daß die Arbeit an Bord sehr hart und das Schiff, ungeachtet seiner sonstigen Vorzüge, bei seinen Besatzungen nie beliebt war.

Es gab noch eine Menge zu tun, und am 12. Januar 1922 schrieb de Cloux an Erikson, daß sie klar zum Auslaufen wären, sobald der Rest der Crew gekommen sei. Zu den Dingen, die noch zu tun waren, gehörte das Reinigen sämtlicher Tanks, auch der Ballasttanks. Nach de Cloux hatte das Schiff nicht genügend Stabilität und benötigte mindestens 400 t Ballast, bevor es nach Norwegen geschleppt werden konnte.

De Cloux war mit der Holzladung einverstanden und fand sie ebenso gut wie Kohle oder Koks, und er sagte, daß am Ende der Reise etwas übrigbleiben würde, wenn es für die Rückreise eine Weizenfracht zu ungefähr 40–45 Shilling/t geben würde. Er bat um den Rest der Besatzung, da nun die Abreise von Ostende bevorstand. Er schrieb Erikson darüber und offenbarte dabei, welch starke Vorurteile er als Mann von den Ålands hatte:

„Am besten wäre es, wenn Sie es vermeiden könnten, Finnen anzuheuern (d.h. Leute aus dem finnischen Kulturkreis, deren Muttersprache Finnisch und nicht Schwedisch war). Einer kam mit dem Namen Sjöblom. (Der Name weist allerdings auf einen Schwedisch sprechenden Finnen von der Festlandsküste, nicht aber auf einen Finnisch sprechenden Seemann hin.) Er hat sich schon über das Essen und die Arbeitsstunden beschwert. Wenn er das noch einmal tut, werde ich ihn an Land setzen, weil er die ganze Crew verdirbt. Wenn es möglich ist, heuern Sie nur Åländer an, auch wenn sie nicht so viel gesegelt haben, sind sie viel besser…, lieber Anfänger als Finnen.“

Der Zweite Steuermann, Mauritz Mattsson, kam am 18. Januar mit elf Mann in Ostende an. Die HERZOGIN CECILIE erhielt auch ihren neuen Flaggenschein und war klar zur Schleppreise nach Kristiania. De Cloux meinte, es sei auch an der Zeit, damit sie nicht viel später als die anderen

1 Eine Liste der Frachten befindet sich im Anhang 1.

2 Die Fracht für quadratische Holzbalken wurde nach „loads“ (Ladungen) von 50 Kubikfuß berechnet, die für gesägte Planken und Bohlen nach Standard „100“ und nach Standard von „3 loads + 15 Kubikfuß“, insgesamt 165 Kubikfuß. Robert Stevens, On the Stowage of Ships and their Cargoes, 5. Auflage, London, Plymouth, 1869, S. 592–595

Schiffe in Australien eintreffe. Das einzige Schiff, vor dem er wirklich Respekt hatte, war die MOZART, weil er aus dem, was über sie als deutsches Schulschiff bekannt war, wußte, daß sie mit einer starken und fähigen Crew sehr gut segelte.

Am 25. Januar 1922 schrieb de Cloux an Erikson, daß er fast klar sei zum Auslaufen aus Ostende. Die Ausgaben für die Zeit im Hafen beliefen sich auf 775 Pfund, wodurch sich die Kosten für das Schiff auf mehr als 5000 Pfund erhöhten. Die Klassifizierung durch den Germanischen Lloyd war erledigt, die Schotten waren entfernt worden. Der Brief schließt mit den Worten: „Der Schlepper ist da...". Die Reise von Ostende konnte endlich beginnen, allerdings nicht unter einer prachtvollen Wolke von Segeln, aber nun doch unter finnischer Flagge auf dem Wege zum Verladehafen. De Cloux schätzte, um den 1. Februar in Norwegen sein zu können, mit viel Reservezeit für das Eindocken zwei Wochen später.

Aus Norwegen schrieb ein Mann der Besatzung an Erikson, daß sie nicht einverstanden seien mit der Art, wie der erste Steuermann Grönlund den Schiffsbetrieb handhabte. Der Brief trug die Unterschrift sämtlicher Besatzungsangehörigen. Erikson schrieb an de Cloux, der einige Tage lang nicht an Bord gewesen war:

„Mir scheint, es ist nicht gesund, wenn der Kapitän nicht an Bord ist. Der beigefügte Brief spricht für sich und zeigt, daß eine oder mehrere Personen an Bord sind, die die Rädelsführer dieser Aktion sind... Wenn Sie es für notwendig halten, lassen Sie die Rädelsführer abmustern... So können Sie auch gleich den alten Vollmatrosen loswerden, der schon in Ostende wegen der Arbeitsstunden und des Essens Ärger machte... Es fällt auf, daß der Steward und der Koch und die ganze übrige Crew den Beschwerdebrief unterschrieben haben, ein Zeichen dafür, daß die Anstifter geschickt sind... Wenn der Steuermann etwas zu hart mit der Crew umgesprungen ist und von ihnen einige Arbeit verlangt hat, dann müssen Sie ihm das nachsehen, aber er muß seinerseits auf seine Worte achten und manchmal lieber für frischen Auftrieb sorgen als unpassende Ausdrücke gebrauchen."

Erikson schloß den Brief mit einem besorgten Nachsatz: „Wie soll das mit dem Beladen mit eigenen Leuten laufen, wenn sie solch ein Theater machen?"

Darauf antwortete de Cloux, daß er die schlimmsten Unruhestifter abgemustert habe und jetzt alles ruhig sei an Bord. Er glaube, daß der Ärger zunächst vorbei sei. Er teilte Erikson mit, daß die Ladung in Kristiania am 14. Februar an Bord sein werde und daß der Schlepper nach Fredrikstad wegen der Eislage im Fjord noch nicht kommen konnte.

Als sie ausgelaufen seien, habe immer noch Eis auf dem Fjord gelegen, und um ein Haar hätten sie die Schlepper im Eis umgerissen; sie mußten die Schleppleinen loswerfen, damit nichts passierte. In Kristiania hätten sie 600 Standard an Bord genommen, und de Cloux schätzte, es würden im zweiten Laderaum nicht mehr als 800 werden, was eine Gesamtladung von nur 1400 Standard gebe. Erikson schrieb an de Cloux, daß er

Die HERZOGIN CECILIE *am 24. März 1922 in Kristiania (Oslo) (Rederi a/b Gustaf Erikson)*

ein paar Kammern ausbauen solle, um mehr laden zu können. Auch sollten einige der nicht benutzten Kammern und Waschräume mit Ladung gefüllt werden. Wenn nötig, schrieb er, sollten sie zu diesem Zweck ausgebaut oder Öffnungen in die Schotten gemacht werden.
Das Beladen ging ziemlich schnell, 30 Standard/Tag gegenüber den nur 10–18, die andere Schiffe in der gleichen Zeit an Bord nahmen. Am 28. April war das Schiff beladen. Sie hatten nur enttäuschende 1368 Standard übernommen (1366,05 nach dem Logbuch), und de Cloux machte sich Vorwürfe, daß er nicht einige Lüftungsrohre ausgebaut hatte, die beim Stauen im Weg gewesen waren. Die Crew war 26 Mann stark, einer wollte in Australien abmustern. Am 1. Mai wurden Segel gesetzt, und die HERZOGIN CECILIE war auf dem Wege nach Melbourne.
Die Reise verlief ohne besondere Ereignisse. Die HERZOGIN wählte den Weg nördlich um Schottland, den die großen Segelschiffe wegen des dichten Verkehrs und der navigatorischen Schwierigkeiten in den engen Tidengewässern des Englischen Kanals häufig bevorzugten. Am 5. Juni gingen sie über die Linie, und am 30. Juli liefen sie in die Bass-Straße ein. Bei einem Mann brach eine Gemütskrankheit aus, was unter dem 21. Juli im Logbuch vermerkt wurde. Am 1. August ankerte das Schiff nach 93 Reisetagen (92 nach dem Brief mit der Einlaufmeldung des Kapitäns) in Melbourne.[3]
Erst am 10. August 1922 schrieb de Cloux seinen Brief mit der Einlaufmeldung an Erikson, wahrscheinlich wird er schon vorher ein Telegramm geschickt haben:
„Heute darf ich mitteilen, daß wir nach einer Reise von 92 Tagen sicher angekommen sind. Ich kann mir denken, daß Sie mit einer besseren Reise gerechnet haben, aber wir hatten auf dem ganzen Wege zum Kap unglücklicherweise nichts als Flauten im Passat. Vom Kap bis Cape Otway segelten wir 22 Tage, und die schnellste Fahrt, auf die wir sie brachten, waren 60 Seemeilen in einer Wache oder 15 Knoten. Ich glaube also, daß sie nicht schlecht segelt, wenn sie nur Wind hat.“
Der Kapitän hatte Freude an seinem Schiff. Er berichtete seinem Reeder auch, daß der Geisteskranke jetzt im Krankenhaus sei und daß das Schiff gut zu handhaben wäre, auch ohne die Brasswinschen, die es ja nie erhalten sollte.
Inzwischen bemühte sich Clarkson um eine Salpeterladung, aber das Schiff war zu groß. Für eine Ladung von 4000–5000 t gaben die Kaufleute Dampfern den Vorzug, die niedrigere Raten verlangten als Clarkson für die HERZOGIN. Schließlich teilten sie Erikson am 6. September 1922 mit, daß sie eine Salpeterladung für enttäuschende 26 Shilling 9 Pence hatten festmachen können. Sie hatten mit einer Forderung von 33 Shilling angefangen. Sie schrieben: „Wir bestätigen den Telegrammwechsel die HERZOGIN CECILIE betreffend und haben sie jetzt für eine Heimreise mit Salpeter nur nach Le Havre – Hamburg an holländische Charterer zu 29 Shilling 6 Pence festgemacht... Wir können Ihnen versichern, daß wir enttäuscht sind, weil wir nicht mehr als 29 Shilling

3 Die Zahl der Seetage wird in den verschiedenen Quellen unterschiedlich angegeben. Im folgenden geben wir die Zahl der Tage nach dem Schiffslogbuch an, sofern nicht eine andere Quelle angeführt wird.

6 Pence bekommen konnten, aber, wie bereits mitgeteilt, ist es heutzutage schwierig, diese großen Schiffe zu plazieren. Wir taten unser Bestes, aber der Markt fiel wegen der Dampferkonkurrenz ab…, doch denken wir immerhin, daß dies besser war als Kohle, denn Sie werden das Schiff im Frühjahr zu Hause haben.“ Gustaf Erikson fand die Charter miserabel und schrieb das auch an Clarkson.

Das Schiff hatte am 14. September seine Ladung gelöscht, und de Cloux schrieb Erikson an diesem Tage, daß sie klar wären zum Auslaufen nach Taltal in Chile. Die Holzladung hatte keinen Gewinn gebracht. De Cloux erwartete sogar nach Erledigung der Verbindlichkeiten in Melbourne ein Minus von 209 Pfund. Sie mußten Proviant für die Reise nach Europa nehmen. In der Abrechnung mit dem Agenten, Gunnersen Nosworth PTY Ltd. in Melbourne, erscheinen die aufgeführten Auslagen:

	Pfund (£)	Shilling (s)	Pence (d)
Vorschuß an den Kapitän	310	0	0
Insertion	0	6	9
Leinen (Tauwerk)	2	11	0
Gebühren für Beleuchtung	96	18	0
Gebühren für Tonnage	64	12	0
Revierlotse	32	15	0
Arztkosten	16	16	0
Revierschlepper	198	19	8
Entseuchung	21	13	9
Stauer an Bord	642	7	6
Stauer außen	121	17	6
Frischwasser	3	4	6
Lotse beim Auslaufen	41	15	0
Kaigeld	284	7	4
Vorräte	18	1	11
Vorräte	64	4	10
Gesundheitsbescheinigung	2	2	0
Zoll auf den im Hafen verbrauchten Proviant	1	11	5
Besichtigung der Luken und zugehöriger Bericht	2	2	0
Agentengebühr (Ein- und Auslaufen)	10	10	0
2,5 % Abgaben auf das in der Kolonie eingenommene Geld, nämlich 2220£ 7s 4d, abzüglich Fehlbeträge 17 12 4 — 2202 15 0	55	1	0
	1991	17	7

Die Summe für die gesamt Fracht lag bei 2220 Pfund 2 Shilling 4 Pence, aber davon wurden Ansprüche für Fehlmengen von 107 Pfund 14 Shil-

Die HERZOGIN CECILIE *in Ballast (Museovirasto, Helsinki, Historian Kuva-Arkisto)*

ling 6 Pence abgezogen, dafür aber wieder Ansprüche auf Leistungen von 44 Pfund 9 Shilling 8 Pence zugeschlagen, mithin eine Frachteinnahme von 1991 Pfund 7 Shilling 7 Pence gegenüber Auslagen von 2247 Pfund 0 Shilling 3 Pence.

Neben den Stauerkosten lagen die Kosten für Liegeplatz und das Schleppen hoch, und es ist verständlich, weshalb ein Kapitän oder Reeder alles daransetzte, das Löschen und Laden durch eigene Leute besorgen zu lassen, so kurz wie möglich im Hafen zu liegen und keinen Schlepper zu nehmen, sondern auf Wind zu warten, um direkt an die Pier zu segeln. De Cloux schrieb an Erikson, daß es sich seiner Meinung nach nicht lohne, mit Holz nach Australien zu segeln, wenn es keine Rückfracht gäbe.

Nach dem Logbuch verließ die HERZOGIN CECILIE am 15. Mai 1922 Melbourne in Ballast. Zunächst war die Reise nach Taltal for orders langsam, danach brauchten sie nur 21 Tage bis zum Zielhafen. De Cloux schrieb, daß sie in einer Woche 2021 Seemeilen gesegelt seien, so schnell sei er vorher noch nie gesegelt.[4]

Gustaf Erikson schrieb de Cloux einen Brief nach Taltal. Er sei erfreut zu hören, daß das Schiff gut segele. Er schrieb auch, daß er wegen der Ballastreise betrübt sei und daß die HERZOGIN CECILIE Salpeter zu einer Frachtrate von 28 Shilling 9 Pence direkt oder 29 Shilling 6 Pence for orders laden sollte. Aber er denke, das sei besser als statt dessen nach Newcastle, New South Wales, zu gehen und Kohle für Chile zu 17 Shilling 9 Pence zu laden.

Das Laden des Salpeters – in Säcken – in Mejillones begann am 25. Oktober 1922, nachdem das Schiff in Taltal vier Tage auf Order gewartet hatte. De Cloux schrieb an Erikson, daß er einen Vorschuß auf die Fracht von etwa 1000 Pfund habe nehmen müssen, so blieben für Europa noch ungefähr 5000 Pfund. Er denke, daß die Salpeterfahrt mit Koks ausreisend und mit Salpeter zurück für die CECILIE das Beste sei, was sich dann mit einer weiteren Rundreise bezahlt machen würde, und das zum Teil auch wegen der niedrigen Kosten in Chile. Er gab auch Erikson nicht recht, der meinte, daß eine Kohlefracht von Newcastle nach Chile

4 W. L. A. Derby und viele andere haben dargelegt, daß die Reise in 35 Tagen beendet wurde, aber nach dem Schiffslogbuch waren es 37. Doch Kapitän de Cloux schrieb, daß es vierzehn Tage dauerte, bis sie Neuseeland hinter sich gelassen hatten, und sie dann 21 Tage für den Rest der Reise brauchten. Die Frage ist, wann ist eine Reise zu Ende – vor Anker oder erst im Hafen?

Hartes Segeln mit raumem Wind von Steuerbord (Sammlung Verner Öjst)

für 17 Shillinge 9 Pence schlecht gewesen wäre. Er hingegen meinte, sie wäre ganz gut gewesen und würde ungefähr 450 Pfund Gewinn gebracht haben; dann hätte er keinen Vorschuß auf die Salpeterfracht nehmen müssen. Er hoffte, daß Erikson versuchen würde, eine Kohle- oder Koksladung nach Chile zu bekommen.

Am Ende dieses Briefes vom 9. Oktober 1922 gab er eine Beurteilung über den Ersten Steuermann, F. Grönlund: „Ich kann ihn als Kapitän empfehlen, weil er sehr sparsam ist und auf den besten Nutzen für das Schiff sieht. Ein bißchen sehr vorsichtig mit den Segeln, aber das liegt ja auch in meinem Interesse.“ Damit gesteht Kapitän de Cloux ein, daß er ein harter Segler ist, der bei starkem Wind nur ungern die Segel verkleinert.

Hartes Segeln, Backbordbug (Holger Hjelt)

Am 14. November hatte die HERZOGIN CECILIE eine volle Salpeterladung übernommen, 49842 Säcke gleich 4350t. Das Schiff war 5 Zoll über die Ladelinie abgeladen, und de Cloux war wegen der Behörden in England etwas in Sorge. Zwei Mann hatten abgemustert und zwei neue angemustert. Sie segelten mit im ganzen 25 Mann. Am folgenden Tage war alles klar, und sie warteten nur noch auf Wind von Land, um absegeln zu können.

Es wurde eine ziemlich langsame Reise um Kap Hoorn, 94 Tage bis Falmouth. Erikson schrieb am 20. Januar nach Falmouth: „Da ich mich an den Gedanken gewöhnt habe, daß CECILIE wie eine Yacht segelt, warte ich darauf, in einer Woche von Ihrem Eintreffen in Falmouth zu hören.“ Aber die HERZOGIN CECILIE kam erst am 17. Februar 1923 an, und de Cloux beschrieb die Reise offenbar etwas verärgert wie folgt: „Liefen am 15. November aus und passierten das Hoorn am 12. Dezember. Hatten 27 Tage Flauten und Wind gegenan. Südlich der Falklands hatten wir östliche Winde und mußten sie im Osten lassen. Am Weihnachtsabend waren wir auf 30 Grad Süd, und dann bekamen wir Nordost und Stille, und erst nach 20 Tagen hatten wir den Südostpassat zu fassen. Für die Reise bis zur Linie brauchten wir insgesamt 68 Tage, und erst nach 83 Tagen mußten wir wegen Wind ein paar Segel wegnehmen.

Zwei Mann am Ruder, P. H. Grandberg und ein deutscher Seemann (P. H. Granberg)

Ohne Wind kann man keine schnelle Reise machen. Außerdem ist CECILIA (hier schreibt er den Namen, wie ihn die Åländer aussprechen) am Wind nicht gut; sie liegt nur da und jumpt auf und nieder; als Feuerschiff würde sie also sehr gut sein, weil sie die See so gut nimmt. Es ist daher grundverkehrt zu denken, sie sei auch nur entfernt so etwas wie eine Yacht."

Zwei Tage später fuhr er fort:

„Darf ich erst einmal sagen, daß die CECILIE, tief abgeladen, kein großartiger Segler ist. Die höchste in einer Wache erreichte Geschwindigkeit waren 52 Meilen, vergleichen Sie das mit den 48 der LAWHILL. Aber in Ballast segelt man schnell – bis zu 16 Knoten."

Hartes Segeln bei achterlichem Wind (Thieneman)

Leichter Wind, ein Mann am Ruder (Ålands Sjöfartsmuseum)

Das Großroyal wird unterschlagen (Sammlung Verner Öjst, Aufnahme von Alan Villiers?)

In seinem Brief vom 20. Januar 1923 kündigte Erikson die nächste Fracht an: Koks nach Chile zu 19, aber er wußte noch nicht, von wo und wohin. Die Rückfracht sollte Salpeter zu 28 Shilling 9 Pence werden. Erikson hielt diese zwei Frachten für nicht allzu schlecht, aber de Cloux dachte darüber etwas anders: „Wäre es Kohle gewesen, hätte ich gesagt, die Fracht ist gut, aber mit Koks ist das etwas anderes, weil man davon nicht soviel an Bord nehmen kann." Er war mit Erikson der Meinung, daß die Salpeterfracht für diese Zeit nicht schlecht sei.
Die HERZOGIN CECILIE erhielt Order, ihre Salpeterladung von 1923 in Ostende zu löschen. Dann sollte sie nach Grangemouth gehen, um Koks zu laden. Bei Grangemouth ist eine niedrige Brücke, daher mußten sie

die Bramstenge und die Bramrahen an Deck geben, um darunter durchzukommen. Der Kapitän fürchtete, daß dies teuer werden würde, weil das Rigg und die Beschläge stark waren und außerdem in der Takelage alles verrostet war.

Am 21. Februar 1923 schrieb Erikson an de Cloux nach Ostende und gab seiner Freude Ausdruck über die Ankunft der HERZOGIN CECILIE nach der Reise von 92 oder 94 Tagen (je nachdem, an welchem Tage sie von Chile abgesegelt sei, wie er schrieb). Nachdem er die üblichen Anweisungen über den billigsten Schlepp usw. gegeben hatte, verbreitete er sich über Segelschiffe, die er kaufen würde. In diesem Brief kommt seine Einschätzung der HERZOGIN CECILIE sehr klar zum Ausdruck:

„Wenn die POLA[5] gekauft wird, sind Sie (de Cloux) der richtige Mann, sie zu führen und sie für wenig Geld in Form zu bringen. Daher wünsche ich, daß Sie sie übernehmen. Aber dann ergibt sich die Frage, ob wir den Steuermann Grönlund oder M. A. Gustafsson als Kapitän auf die HERZOGIN CECILIE setzen. Wenn Gustafsson sie bekommt, soll Grönlund auf die GRACE HARWAR gesetzt werden – die Entscheidungen über all das überlasse ich Ihnen.

Da die HERZOGIN CECILIE gute Frachten nach Chile und zurück hat, und da sie auch eines meiner besten und wertvollsten Schiffe ist, ist es ein großes Risiko, dies alles einem Kapitän als seinem ersten Schiff anzuvertrauen" – eine im Licht der späteren Geschichte des Schiffes bedeutungsvolle Bemerkung.

De Cloux schrieb in seiner Antwort, daß er die POLA gesehen habe, daß er aber denke, es sei nicht möglich, ein solches Schiff für die Ålands zu kaufen – sie sei zu teuer und zu neu. Er versicherte Erikson, daß „ein Kauf wie die CECILIE nur einmal im Leben kommt", ein Satz, den Erikson später noch benutzen sollte. Am 23. März 1923 schrieb er in einem Brief an Kapitän E. A. Öfverström von der LAWHILL, „die CECILIE war ein guter Kauf, wie man ihn nur einmal im Leben haben kann, wenn sie sich als glückliches Schiff erweist".

Zu dieser Zeit gab es viele Veränderungen in der Crew. Als de Cloux am 7. März an Erikson schrieb, waren dreizehn Mann an Bord, und er brauchte bis zum 25. März noch elf. Es war kein Problem, willige Seeleute zu bekommen. Gustaf Erikson schrieb am 5. März an einen der Direktoren der Schiffahrtsbehörde, es gebe keine Fehlstellen auf der HERZOGIN CECILIE und 74 Mann aus verschiedenen Landesteilen hätten sich während des letzten Jahres um Stellen auf ihr beworben.

Ein alter Steward, der auf der Reise von Chile nach Ostende krank geworden war, starb in Ostende im Krankenhaus, und in seinen Briefen wegen möglicher Ersatzleute bezeichnete Erikson die CECILIE als „mein größtes und stolzestes Schiff". Der verstorbene Steward hatte seine Frau mit an Bord gehabt, und als er krank war, hatte sie seine Arbeit übernommen. De Cloux schrieb, sie habe ihre Sache gut gemacht; das einzige sei, daß sie kein Mann wäre und nicht richtig auf den Tisch hauen könne, wenn die Männer über das Essen meckerten.

5 Die POLA war eine frühere deutsche Viermastbark, die in Dünkirchen lag. 1916 erbaut, hatte sie nicht einmal ihre Jungfernreise zu Ende gebracht. Gustaf Erikson hatte mehrere Male für sie Angebote abgegeben, aber sie wurde ein französisches frachtfahrendes Schulschiff. 1926 ging sie in Baltimore durch eine Explosion und Feuer verloren.

Die HERZOGIN traf am 29. März 1923 in Schlepp in Grangemouth ein. Sie mußte warten, weil das Dock besetzt war. De Cloux hatte sich für das Eindocken in Grangemouth entschieden, weil sie Zeit hatten. Das Docken kostete 99 Pfund. Die Bramrahen waren an Deck genommen worden, und der Besanmast ging eben unter der Brücke über den Firth of Forth klar.

De Cloux schrieb Erikson, daß die Nettoeinnahme von der Salpeterladung 3600 Pfund betrage, nicht gerechnet der Kosten für den Schlepp nach Grangemouth, daß aber die Ausgaben in Grangemouth stiegen und er schätzte, daß das Schiff ungefähr 660 Pfund Schulden haben würde, wenn es nach Chile absegelte. Aber immerhin hätten sie Proviant und Vorräte für eine Rundreise, und da etwa die Hälfte der Fracht für den Koks für die in Chile anfallenden Kosten genügen würden, würde die ganze nächste Salpeterladung für Europa übrigbleiben.

Es erwies sich als schwierig, in Grangemouth eine volle Ladung zu bekommen. Am 30. April 1923 schrieb de Cloux, daß sie länger als einen Monat gewartet hätten. Er habe jede Hoffnung aufgegeben, weil sie auf einen Liegeplatz warten müßten, bevor sie anfangen könnten, die Ladung zu übernehmen, und offensichtlich würden die Dampfer bevorzugt. Er schrieb: „Dieses lange Warten macht mich nervös und krank. Ich möchte jetzt das Schiff verlassen, weil ich denke, das ist das Beste, denn alles steht gegen mich. Ich kann den Steuermann Grönlund als Kapitän empfehlen.“ Dieses Mal stieg er noch nicht aus. Vielleicht war das alles noch ein Versuchsballon, um Erikson zum Ankauf der POLA zu bringen, „das beste Schiff, das es gibt“, auf dem er dann Kapitän werden konnte. Erikson schrieb am 8. Mai, er wünsche, daß er noch für eine weitere Reise bleibe und daß der Steuermann Grönlund dann das Schiff übernehmen könne.

Inzwischen werde er sein Bestes tun, um die POLA zu kaufen (tatsächlich ist ihm das nicht gelungen). Sie konnten das Schiff voll beladen, und am 10. Mai schrieb de Cloux an Erikson, daß sie 3380t Koks an Bord hätten.[6]

Das Schiff ging am 12. Mai 1923 nach Chile in See. Erikson war offenbar mit der Größe der Ladung sehr zufrieden, denn er schrieb an de Cloux, das sei „großartig“.

Die HERZOGIN CECILIE traf am 22. August nach einer langen Reise von 102 Tagen in San Antonio ein. Sie hatte Gegenwinde und eine Flaute bei Kap Hoorn angetroffen. De Cloux hoffte zuversichtlich, daß sie nur kurze Zeit in Chile bleiben würden und rechnete damit, daß sie Mitte Oktober die Salpeterladung an Bord haben würden. Während des Löschens in San Antonio rissen vier Mann aus und weitere drei, als das Schiff in Caleta Buena beladen wurde. Obwohl diese Desertationen im Logbuch vermerkt waren, unterrichtete de Cloux Erikson darüber erst nach der Ankunft in Europa.

Die Ladezeit in Chile war bemerkenswert gut. Clarkson konnte es kaum glauben und meinte, sie sei sogar besser als die einer Dampferrundreise.

6 Nach dem Brief von Clarkson an Erikson vom 10. Mai 1923 waren es 3275¼t.

Die stählerne Viermastbark ARCHIBALD RUSSEL, *1905 bei Scott & Co in Greenock erbaut (Ålands Sjöfartsmuseum)*

De Cloux nahm auf den Frachtvertrag für die Salpeterladung keinerlei Vorschuß, was Clarkson beunruhigte. Sie schrieben an Gustaf Erikson, daß eine Ladung im Werte von ungefähr 6000 Pfund allein an ungesicherter Fracht anstehe. In Anbetracht der niedrigen Versicherungsraten, die zu bezahlen seien, hielten sie das für ein unnötiges Risiko von seiten Eriksons, da sie vermuteten, daß das Schiff selbst auch nicht versichert sei. Sie versuchten, ihn zu überreden, wenigstens einen Teil des Risikos zu decken und gingen so weit, ihm zu sagen, nach ihrer Meinung verdiente er, alles zu verlieren.

„Sie müssen entschuldigen, daß wir das schreiben, aber in unseren Augen ist es eine sehr kurzsichtige Handlungsweise, und sicher wird irgend etwas passieren. So laden Sie das Unglück ein, und das ist kein Geschäft, das ist reines Glücksspiel."

Clarksons Versicherungsabteilung verfaßte ein Memorandum darüber und sandte es im Mai 1924 an Erikson.[7] Dem Memorandum war eine Liste der Eriksonschen Schiffe und ihrer laufenden Bewertung, wie sie von Clarksons Versicherungsabteilung geschätzt wurde, beigefügt. Es waren zehn Schiffe mit 31 800 t Tragfähigkeit mit einem Wert von 46 100 Pfund, etwa zwei Millionen nach heutigem Wert. Die HERZOGIN CECILIE wurde mit 7000 Pfund bewertet, sie und die ARCHIBALD RUSSEL waren die wertvollsten Schiffe.

Die Reise von Chile nach Fayal auf den Azoren for orders dauerte 91 Tage, und de Cloux gab wiederum dem ruhigen Wetter die Schuld. In den Passaten waren sie drei Wochen lang anstatt der üblichen sieben Tage.

De Cloux hatte in Fayal den Kapitän eines englischen Tankers getroffen.

7 Da es ein Licht auf die Art wirft, wie Erikson seine Geschäfte führte, aber auch auf sein Verhältnis zu Clarkson, bringen wir das Memorandum mit Begleitschreiben in vollem Wortlaut im Anhang.

Auf Backbordbug bei bestem Segelwetter (Sammlung Verner Öjst)

Der Tankerkapitän hatte de Cloux angeboten, Post für ihn nach England mitzunehmen. „Nein danke", soll de Cloux geantwortet haben, „aber wenn Sie etwas in Falmouth schnell auf die Post geben möchten, geben Sie es mir bitte mit."

Für die Ausreißer heuerte de Cloux zwei deutsche Jungen an; damit war die Besatzung nur 22 Mann stark. Der Matrose Harald Lindfors, mit dem einer der Autoren 1975 sprach, gab einen Bericht über die Reise von den Azoren, der zeigt, was für ein Schiffsführer de Cloux war. Lindfors[8] berichtete:

„Wir schafften es gerade noch, auf Steuerbordbug von dem Land in Lee freizusegeln. Es muß der härteste Test gewesen sein, den wir jemals unserer HERZOGIN zugemutet haben. Aber ich bin sicher, daß de Cloux keinen Augenblick auch nur an Segelwegnehmen dachte. Er hatte nicht mal Zeit, seine Zigarette anzuzünden, er kaute auf Streichhölzern, was immer ein Zeichen dafür war, daß er einen Entschluß gefaßt hatte.

In der ersten Nacht brach eine Schot an einem der Untermarssegel. Bevor wir das Segel festmachen konnten, hatten die losen Enden der Schoten die Oberbramsegel in Fetzen geschlagen. Wir konnten nur noch die Reste von beiden Segeln abschlagen. In unserer Unschuld dachten wir, daß das Segelwechseln etwas für den nächsten Tag sein würde, aber wir kannten de Cloux noch nicht, wenn er herausgefordert war. Alle Mann wurden an Deck gepfiffen. Die Steuerbordwache schlug die zerrissenen Segel ab, und die Backbordwache ging mit dem Segelmacher neue holen. Und so ging es auf der ganzen Reise bis nach England. Im ganzen waren 13 Segel beschädigt, als wir in Falmouth ankamen. Die HERZOGIN CECILIE war vor dem englischen Tanker da."

Gustaf Erikson soll später einmal gesagt haben: „Ich habe einmal dreizehn Segel als Porto bezahlt, und das ist eine Menge Geld."[9]

8 Harald Lindfors schrieb auch ein Buch mit dem schwedischen Titel „Vinden drar", wo die gleiche Geschichte erscheint. Das Buch kam 1978 heraus, drei Jahre nach dem Gespräch.

9 Nach den Aufzeichnungen im Logbuch des Schiffes wurden nur zwei Segel beschädigt. Daraus kann man sehen, wie sehr Historiker sich in acht nehmen müssen, wenn sie Bücher oder Geschichten, die ihnen frühere Besatzungsmitglieder erzählen, als Quellen benutzen. In fast jedem Falle gibt es große Differenzen zwischen den Berichten in Büchern wie dem von Harald Lindfors oder Elis Karlsson oder den Geschichten, die frühere Besatzungsangehörige in Interviews von sich geben, und den in den Logbüchern eingetragenen Vorfällen, obwohl dann natürlich hier und da Dinge in ein günstiges Licht gestellt werden. Aber für die Schilderung der Stimmung und eine Bewertung des Lebens an Bord können die Erinnerungen von Besatzungsangehörigen als Quellenmaterial herangezogen werden.

Die stählerne Bark PENANG, *1905 bei Rickmers in Bremerhaven erbaut, beim Segelsetzen (Kapitän F. C. Poyser)*

Gustaf Erikson schrieb de Cloux einen Brief nach Fayal und berichtete ihm über seine Geschäftsangelegenheiten in der letzten Zeit. Er hatte die frühere deutsche Stahlbark PENANG und die stählerne Viermastbark CARRADALE gekauft, hatte es aber nicht geschafft, die POLA zu bekommen. Er versuchte de Cloux zu halten und schrieb:
„Dank Ihrem großen Glück und den schönen Ergebnissen mit der LAWHILL und mit der HERZOGIN CECILIE könnte man seine Flotte zu der größten – wenn die ARCHIBALD RUSSEL erst gekauft ist – in ganz Europa machen, die einem privaten Eigner gehört. Ich wünsche, daß Sie noch eine Reise machen und dann nach Hause kommen und eine Zeitlang ausruhen. Lassen Sie Ihre Frau zum Löschhafen kommen. Wenn der Steuermann Grönlund während des Löschens nach Hause kommen möchte, habe ich nichts dagegen, aber es wäre wahrscheinlich zweckdienlicher, wenn seine Frau zum Entladehafen käme."

HERZOGIN CECILIE *in der Flaute (Allan Green)*

Erikson hatte an sich nichts dagegen, daß de Cloux eine Zeitlang auszuspannen wünschte, aber „da Sie der Kapitän meines besten Schiffes sind und viel Glück bringen, wäre es ein großer Verlust, wenn Sie ausstiegen". Erikson schrieb weiter: „Wenn Sie gut im Löschhafen angekommen sind, will ich eine Summe von 5000 Mark auf Ihr Konto überweisen in Anerkennung der ausgezeichneten Reisen mit der HERZOGIN und der guten Ergebnisse, die niemand sonst erzielen kann."
Erikson schrieb auch über die Crew. Er meinte, die Leute würden für eine weitere Rundreise an Bord bleiben, wenn die Heuern für einen Vollmatrosen auf rund 700–750, für einen Decksjungen auf 300–400 Finnmark angehoben würden. Das würde eine Erhöhung von etwa 50 Finnmark/Monat für die verschiedenen Ränge ausmachen.
De Cloux brachte das Schiff in Schlepp nach Ostende, um zu löschen. Die Schleppfahrt lief nicht gut, der Schlepper war nicht stark genug, und die CECILIE berührte die Sandbank außerhalb des Hafens, zum Glück ohne Schaden. Um nicht noch einmal ins Dock zu müssen, hielt de Cloux es nicht für notwendig, den Vorfall an den Germanischen Lloyd zu melden, und Erikson stimmte ihm zu. Nach dem Entladen in Ostende ließ de Cloux das Schiff in den Händen seines Ersten Steuermannes Grönlund, der es Mitte März 1924 übernahm. Etwa zur gleichen Zeit überwies Clarkson das Guthaben für die HERZOGIN CECILIE von 1812 Pfund 19 Shilling 5 Pence auf Eriksons Privatkonto. Das Schiff trug sich. Clarkson bemühte sich um Fracht nach zwei südafrikanischen Häfen, aber Erikson nahm sie zu den gebotenen Raten nicht an. Clarkson versuchte zu erklären, warum die MOZART eine Auswärtsfracht zu 30 Shilling hatte bekommen können (Erikson wollte 32 Shilling haben, weil die MOZART kleiner war als die HERZOGIN). Das Ergebnis war, daß die HERZOGIN am 19. März 1924 in Ballast von Ostende absegelte. Es wurde eine

lange Reise – 112 Tage nach Taltal. Kapitän Grönlund berichtete, daß der Anfang gut gewesen wäre und sie die Linie nach nur 27 Tagen überschritten hätten, aber danach seien sie auf Flaute und ungünstigen Strom getroffen und mehrere Wochen lang regelrecht bekalmt gewesen. Vor wie hinter dem Hoorn geriet das Schiff in West- und Nordweststürme.
Sie kamen am 9. Juli an und mußten zwei Tage auf die Order für Mejillones warten, wo sie Salpeter nach Europa für eine Rate von 30 Shilling nehmen sollten. Der Ballast wurde von der Crew von Bord gegeben, aber die Ladung wurde mit Hilfe von Stauern übernommen.
Mejillones war ein billiger Hafen, und Erikson war erfreut über die niedrigen Kosten, im ganzen nur 986 Pfund. Am 29. Juli war so gut wie die gesamte Ladung an Bord, aber es kam Anweisung aus Valparaiso, daß das Schiff erst nach Ablauf der im Chartervertrag festgelegten Ladetage auslaufen durfte. Der Grund war, daß die Ladung noch nicht verkauft war und der Kaufmann mehr Zeit haben wollte. Obwohl das Schiff am 1. August 1924 klar zum Auslaufen war, mußte es bis zum 12. warten, bis es absegeln konnte. Am 7. August desertierten sechs Mann, unter ihnen der Koch, und der Kapitän heuerte in Mejillones neue Leute an.
Nur zwei Wochen nach dem Auslaufen hatten zwei der neuen Besatzungsangehörigen Streit miteinander, und der Leichtmatrose Jules Bocoque bekam von dem Kajütjungen George Fernandez einen Messerstich in den Magen. Bocoque war viele Wochen lang krank, und der Kajütjunge blieb eingesperrt, bis Bocoque am 12. November wiederhergestellt war. Abgesehen davon lief die Rückreise nach Dünkirchen gut. Der Kapitän schrieb in seinem Ankunftsbrief an Erikson, daß es eine schöne, aber langsame Reise gewesen sei. Erst während der letzten Reisetage kamen sie im Kanal in einen Sturm, hatten aber am Schiff keinen Schaden.
In Dünkirchen wurden zwölf von der Crew abgemustert. Einige von der alten Crew waren bereit zu bleiben, wenn sie 100 bis 200 Finnmark mehr bekämen. Am 29. November 1924 schrieb Erikson an Grönlund, daß de Cloux mit einem Koch und dem Rest der Crew einschließlich der Kadetten von Mariehamn abreisen würde; es war das erste Mal, daß von Kadetten für die HERZOGIN CECILIE die Rede war.
Die Sache mit den Kadetten war in der Tat ein geschickter Zug, um zu billigen Besatzungen zu kommen. So begann Gustaf Erikson Kadetten zu sehr anspruchsvollen Bedingungen, die in einem Dokument der Gesellschaft niedergelegt waren, auf seine Schiffe zu nehmen:
1. Der Bewerber sollte nicht jünger als 16 Jahre und von kräftigem Körperbau sein.
2. Dem Bewerbungsschreiben war beizufügen:
a) zwei ärztliche Zeugnisse, von denen in einem zu bescheinigen war, daß die Arbeit als Seemann für den Bewerber nicht schädlich wäre.
b) das Zeugnis eines Geistlichen
c) elterliche oder vormundschaftliche Erklärung, daß der Bewerber zur See gehen dürfe.
In dieser Bescheinigung mußte sich der Erziehungsberechtigte auch ver-

pflichten, dem Reeder sämtliche Auslagen zurückzuerstatten, die durch Desertion oder schlechtes Betragen seitens des Kadetten entstehen könnten.
Diese Bescheinigung mußte notariell oder durch einen Standesbeamten oder einem Beamten der Regierung bestätigt werden.
3. Das Lehrgeld für einen Kadetten betrug 50 Pfund (Sterling), wovon der Kadett ungefähr 100 Finnmark (etwa 10 Shilling) Monatslohn erhielt.
4. Die Lehrzeit dauerte ein Jahr oder eine Rundreise. In außereuropäischen Häfen wurden keinen Kadetten an Bord genommen.
5. Nach Beendigung der vollen Lehrzeit konnte der Kadett eine Stelle als Decksjunge oder Leichtmatrose antreten, und zwar zu der zur Zeit üblichen Heuer auf dem gleichen oder einem anderen Schiff der Reederei, vorausgesetzt, der Kapitän bescheinigte ihm in einem Zeugnis die Eignung für die Arbeit als Seemann. Er würde dann neu angeheuert werden, und anstelle der vorher gegebenen Garantiesummen mußte er eine Summe von 5000 Finnmark als Sicherung gegen den Fall der Desertion hinterlegen, wie es von jedem anderen Seemann im Dienste des Reeders ebenfalls verlangt und gegeben wurde. (Diese Passage stand nicht in den gedruckten „Bedingungen für die Einstellung von Kadetten“, sondern nur in einer mit Maschine geschriebenen Anmerkung von Clarkson).
6. Der Reeder verpflichtete sich zu keiner irgendwie gearteten Ausbildung außer in praktischer Seemannschaft, verlangte aber auch keinen besondern Schulabschluß.
7. Die Kadetten bezahlten ihre Anreise zum Schiff in einem europäischen Hafen selber, ebenso die Heimreise nach Ende des Dienstverhältnisses und auch, wenn sie das Schiff wegen schlechter Führung, oder weil sie an der Arbeit kein Interesse hatten, verließen.
8. Bei Antritt des Dienstes sollte der Kadett mit der notwendigen Seemannskleidung und anderen üblichen Ausrüstungsgegenständen versehen sein, d. h. mit Ölzeug, Seestiefeln, Kojenzeug und ähnlichem.
9. Im Falle vorzeitigen Ausscheidens aus dem Dienstverhältnis durch Tod oder Unfall zahlte der Reeder die hinterlegte Garantiesumme nach Maßgabe der bis zum Eintritt des Ereignisses verlaufenen Zeit zurück.
10. Im Falle von Krankheit, Unfall oder Arbeitsunfähigkeit waren die Besatzungsmitglieder nach finnischem Recht und Gebrauch geschützt, und sollte es notwendig sein, einen Mann aus einem dieser Gründe in einem ausländischen Hafen zurückzulassen, wurden die Kosten für die Krankenhausbehandlung und für die Heimreise nach finnischem Recht vom Reeder getragen.
11. Wenn der Kadett abmusterte, verpflichtete sich der Reeder, ihm durch den Kapitän ein offizielles Zeugnis ausstellen zu lassen, in dem die Länge des Dienstverhältnisses und die erreichte Stellung an Bord angegeben waren. Die Kosten für das Zeugnis hatte aber der Seemann selbst zu tragen.

Diese Bedingungen wurden von Gustaf Eriksons Agenten in den europäischen Ländern verbreitet, und die Kadetten, die auf seinen Schiffen anmusterten, kamen aus England, Deutschland, Holland, den baltischen Staaten und nördlichen Ländern – obwohl in Großbritannien damals schon für Schiffsoffiziere keine Fahrzeit auf Rahseglern mehr verlangt wurde, mit Ausnahme der Anwärter für die Lotsendienste auf der Themse und dem Humber, und diese leisteten ihre Fahrzeit meist auf Barkentinen im heimischen Verkehr ab. Das Lehrangebot führte Gustaf Erikson Besatzungsmitglieder zu, die für dieses Vorrecht auch noch zahlten. Die Sicherheitssumme, die der Bewerber zu zahlen hatte, gab einer Reihe von ausländischen Zeitungen Anlaß zu ziemlich negativen Kommentaren. Eine schwedische Zeitung bemerkte 1926, daß Erikson einen „Sklavendienst für Hungerlöhne" verlangte.

De Cloux meinte, es sei nicht ratsam, mehr als acht Kadetten auf der HERZOGIN CECILIE zu haben, da Erikson sich verpflichtet habe, ihnen zumindest eine gewisse Ausbildung zu geben, und ein Brief vom Oktober 1929 von Gustaf Erikson an den Nachfolger von de Cloux läßt durchblicken, daß die Forderung auf die Garantiesumme für die Reise von 1929/30 zurückgezogen worden war, und sicherlich wurde dieses Geld nicht immer verlangt. So brauchte es zum Beispiel für die Söhne von bei Erikson Beschäftigten nicht gezahlt werden. Die unterschiedlichen Berichte über Art und Umfang der Ausbildung, die den Kadetten zuteil wurde, weichen voneinander ab.

Gustaf Erikson war mit Kapitän Grönlund als Schiffsführer sehr zufrieden und bot ihm die freie Stelle als Kapitän der LAWHILL an, was Grönlund annahm. Danach führte er als Kapitän viele Jahre lang und sehr erfolgreich sieben Segelschiffe, Segelschiffe mit Hilfsmotor und zwei Dampfer, die alle Gustaf Erikson gehörten. Kapitän Ruben de Cloux sollte in Dünkirchen wieder auf sein altes Schiff zurückkehren.

Die HERZOGIN CECILIE sollte in Dünkirchen ins Dock gehen, und ein Brief von Gustaf Erikson an Kapitän Grönlund gibt ein typisches Beispiel für die bis ins einzelne gehenden Anweisungen, die er seinen Kapitänen zu geben pflegte. Die Antifoulingfarbe für den Bodenanstrich sollte Kapitän Grönlund bei der International Paint and Composition Company bestellen, mit der Erikson einen Vertrag auf Lieferung aller Farben für seine Schiffe abgeschlossen hatte. Er gab Grönlund sehr genaue Anweisungen, wie etwa:

„Das Schiff soll einen Fuß über der Wasserlinie bei vollem Ballast und mit der besten Farbe, die zu haben ist, gemalt werden – und achten Sie darauf, daß die Firma ständig einen Mann stellt, der, wie im Vertrag abgemacht, die Farbe anrührt, um zu vermeiden, daß nur das dünne Öl gestrichen wird und die wertvollen giftigen Bestandteile der Farbe in den Eimern bleiben."

Ruben de Cloux war im Dezember 1924 noch in Mariehamn, wohin ihm Erikson am 16. über Besatzungsangelegenheiten schrieb. Der Zweite und der Dritte Steuermann, die eine Gehaltserhöhung von ungefähr

200 Finnmark/Monat erbeten hatten, sollten 100 bis 150 Finnmark mehr bekommen. Er teilte ihm auch mit, daß alle Seeleute, die mit de Cloux herunterreisen sollten, die oben erwähnten 5000 Finnmark hinterlegt hätten, außer zweien, die ihr Wort gegeben hätten, nicht zu desertieren. Der Kapitän solle ihre Heuern einbehalten, bis sie 5000 Finnmark verdient hätten. Er wies de Cloux an, ein Buch über Seemannschaft für die Kadetten zu kaufen. Ein Buch würde genügen, weil Bücher so teuer seien, 19 bis 20 schwedische Kronen; die Kadetten sollten das Buch mit dem Geld, das sie am Ende der Reise noch hätten, bezahlen.

Clarkson hatte für die HERZOGIN CECILIE eine Ladung Weizen in Säcken von Südaustralien nach Falmouth for orders festgemacht. Die Ausreise wurde in Ballast gemacht. Schwere Stürme hielten das Schiff bis zum 15. Januar 1925 im Hafen fest. Auf der ganzen Reise herrschten südöstliche Winde vor, denen de Cloux die Schuld für die lange Reisedauer von 101 Tagen bis Albany gab. Sie mußten aus dem Kanal herauskreuzen, und dann trafen sie auf schwere Stürme aus Süd; Elis Karlsson, einer der Brüder von de Cloux' Frau, der aus einer hochbegabten Familie stammte, ein bereits auf Ostseeschonern erfahrener Seemann, wurde als Decksjunge angemustert und schrieb viele Jahre später in seinem Buch „Die See mein Leben"[10] sehr lebendig von dem schweren Wetter, das sie in der Biskaya antrafen:

„Am 12. Januar begann der Wind stark zu werden, Segel wurden geborgen, so daß wir am 13. nur noch die unteren Marssegel und die unteren Stagsegel führten. Es regnete die ganze Zeit schwer, der Wind röhrte in der Takelage, so daß man nichts außer ihm hörte. Wir fragten uns alle, wie lange die Segel das aushalten würden.

Etwa um Mittag wurde die Wache gerufen, und wir halsten.

Zuerst sah es aus, als wollte das Schiff nicht herumkommen, also wurde die Fock, die gerade geborgen worden war, wieder gesetzt. Da ging das Schiff langsam herum. Die Wellen waren sehr hoch. Als das Schiff sich auf den anderen Bug legte, und die Wellen fast von dwars kamen, sahen wir, während wir die Großbrassen in Lee dichtholten, wie plötzlich die Nock der Großrah im Schaum des Meeres verschwand. Ich glaubte zuerst, nicht richtig gesehen zu haben, aber die anderen bestätigten es mir später. Jetzt war es nicht leicht, die Brassen zu holen. Manchmal landeten wir alle in den leeseitigen Speigatten, und der Zweite Offizier brüllte ‚Festhalten'!

Während wir den Kreuzstopp braßten, sahen wir das Vorstengestagsegel in tausend Fetzen gehen. Bald danach ging das Besanstagsegel den gleichen Weg. Nur die Lieken zeigten noch an, wo die fast neuen Segel gewesen waren.

Nachdem wir alles festgemacht hatten, wurde die Wache nach unten geschickt, wo einige Laschungen im Vorratslager zum Teufel gegangen waren.

Dort bot sich ein überraschender Anblick! Etwa einen Fuß hoch war der Boden mit Mehl bedeckt, in dem Konservenbüchsen, Trauben, Reis und

Der Dampfer ARAGAN *und die stählerne Viermastbark* PONAPE *an der Pier in Port Lincoln. Links eine nicht identifizierte Viermastbark. (Eric Edgren)*

10 Elis Karlsson, Die See mein Leben, Bielefeld 1965, S. 87–88. Die Karlssons von Grunsunda auf Wårdö waren so begabt, daß sie dieses Buch und seine Fortsetzung, Pulley-Haul, wohl die besten Bücher über das Leben auf den Segelschiffen der Ålands in englischer Sprache, gleich in Englisch zu schreiben vermochten.

11 Das Problem der Desertion plagte zu dieser Zeit finnische und besonders åländische Schiffe. Die HERZOGIN CECILIE war besonders anfällig, weil sie keine Brasswinschen und ähnliche Dinge hatte, und das machte die Arbeit auf dem Schiff außerordentlich schwer. Zu dieser Zeit fuhr sie Besatzungen von 25 und 26 Mann. 1913 war sie mit sieben sehr erfahrenen Unteroffizieren, 39 Vollmatrosen, 22 Leichtmatrosen und 22 Kadetten gefahren. Sie war für eine fast unbegrenzte Zahl von Arbeitskräften entworfen und ausgestattet worden. Nach 1922 mußte sie mit weniger als einem Viertel der für sie zugrunde gelegten Besatzungsstärke auskommen.
Es gab allerdings noch viel tiefer liegende Gründe für die hohe Desertionsrate in dieser Zeit. Olavi Koivukangas führt dieses Phänomen in seiner Arbeit, Sea, Gold and Sugarcane – Finns in Australia, 1851–1947, (Institut für Auswanderung, Turku 1986) auf den niedrigen Lebensstandard in Finnland im Vergleich zu den viel höheren Löhnen in Australien zurück, besonders in der australischen Küstenschiffahrt und in der Zuckerrohrindustrie in Queensland. Er sieht die Desertion als eine Form überlegter Auswanderung an. Nach Koivukangas desertierten zwischen 1924 und 1929 123 Seeleute von Eriksonschen Schiffen in Australien, die meisten in Port Lincoln und Melbourne. Eine sehr menschliche Schilderung erfolgloser Desertionen gibt Alan Villiers in: Rund Kap Hoorn, Wiesbaden 1953, Kapitel 4.

anderes herumlagen. Ich arbeitete unten bis 4 Uhr morgens, dann gingen Jansson und ich an Deck, um die Leute am Ruder abzulösen.
Es regnete nicht mehr, aber der Sturm war ärger als zuvor, die Wellen kamen haushoch, das Meer verschwand in der Gischt. Der Himmel, gelbgrau, sah ganz unnatürlich aus.
Die See warf das Schiff auf die Leeseite, ich dachte manchmal, es würde nicht wieder hochkommen. Noch schlimmer kam es, als vier oder fünf schwere Wellen einander folgten und der Wind zu gleicher Zeit auffrischte, während das Schiff sich aufzurichten versuchte. Die Takelage orgelte, und das ganze Schiff bebte.
Ein Wunder, daß alles standhielt. Der Segelmacher sagte später, ein anderes, gewöhnliches Schiff wäre gesunken. Und das glaubte ich auch.
Das Logis war eine Wüste. Bänke, Seekisten, Bestecke, Eßwaren und Schuhe schwammen von Schott zu Schott, das Wasser rauschte auf die Luvseite, wenn das Schiff sich aufrichtete.
Der Sturm hatte sich erschöpft, als wir um Mitternacht wieder an Deck kamen. Die andere Wache hatte die Obermarssegel gesetzt. Wir fuhren mit der Arbeit fort, so daß wir um vier Uhr morgens unter vollen Segeln fuhren. Der Tag war ruhig, und es lief eine hohe Dünung."
Das Schiff wurde nach Port Lincoln im Spencer-Golf beordert, um zu laden, und de Cloux hatte bald ernste Probleme mit der Besatzung. Ganze 14 Mann rissen aus, und vier mußten auf Anordnung von Gustaf Erikson an die ARCHIBALD RUSSEL abgegeben werden. Von der ARCHIBALD RUSSEL waren in den Vereinigten Staaten elf Mann desertiert, die durch Seeleute ersetzt werden mußten, die amerikanische Heuern verlangten. Jetzt sollten sie durch möglichst viele Leute von der HERZOGIN CECILIE ersetzt werden. De Cloux brachte es fertig, dreizehn der Ausreißer wieder einzufangen, aber weil das Gefängnis in Port Lincoln nur klein war, gab es dort nicht genug Platz für alle, und sechs mußten an Bord eingesperrt werden.
Weil sie Helfer in der Crew hatten, war es ihnen ein leichtes, wieder auszureißen und an Land zu kommen, während das Schiff an der Pier lag.[11]
De Cloux klagte darüber, wie teuer das Liegen in Port Lincoln für die HERZOGIN CECILIE sei, da die Hafengebühren für die Brutto-, nicht für die Nettotonnage zu zahlen war. Sein letzter Brief aus Port Lincoln trägt kein Datum, aber das Schiff segelte am 2. Juli 1925 ab. Es hatte 4141 t netto Weizen geladen, die Bruttofracht nach Callao betrug 7245 Pfund. De Cloux schätzte, daß diese Fracht einen Nettogewinn abwerfen würde.
Nach Verstärkung der Besatzung durch Australier segelte das Schiff nach Callao, wo es nach 51 Tagen am 23. Juli eintraf. Die Reise verlief sehr gut, und nach de Cloux war das Wetter so schön, „daß wir zuviel davon hatten." Die Australier wurden abgemustert und durch andere Leute ersetzt. Am 9. September war das Schiff endlich beladen und klar, um nach Australien zurückzusegeln.

Am 4. Januar 1926 wurde mit der Übernahme der neuen Ladung begonnen, und am 1. Februar war man damit fertig; dieses Mal 4222 t brutto, und das Schiff lag tiefer als die Lademarken. Die Frachtrate betrug 38 Shilling 9 Pence/t.

Es gab wieder Ärger mit der Crew, und de Cloux entschloß sich, weiter draußen auf Reede vor Anker auf den Rest der Besatzung zu warten, damit die bereits an Bord befindlichen Leute keine Möglichkeit hatten, auszureißen. Er schrieb, wenn Erikson ihn weiter als Kapitän auf der CECILIE haben wollte – was de Cloux aber unwahrscheinlich fand –, würde er dann gerne seinen anderen Schwager, Karl Victor Karlsson, den älteren Bruder von Elis Karlsson, als Steuermann an Bord haben, denn er hielt ihn für einen guten und verläßlichen Mann.

1926 war Karlsson Kapitän auf dem großen in Amerika erbauten Schoner ATLAS, der einer Gruppe von Engländern und Åländern gehörte und an dem er einen Anteil von 5/100 hatte.[12]

Er fuhr später als Kapitän auf einer Reihe von Dampfern und Segelschiffen mit Hilfsmotor. Danach wurde er Lotse für die Inselgruppe der Ålands.

Die Order lautete auf Löschen in Hamburg; in der Elbmündung nahmen sie für den letzten Teil der Reise einen Schlepper an. Das Schiff mußte neu geklaßt werden, also ins Dock gehen. Eine neue Besatzung wurde in Hamburg angemustert, und zwar:

Erster Steuermann Ragnar Lindholm;
Zweiter Steuermann Harald Lindfors;
Dritter Steuermann Hugo Karlsson;
Zimmermann Hj Karlsson;
Segelmacher Karl Ekblom;
Steward R. G. Söderlund;
Koch W. J. Lindqvist;
Vollmatrosen: Elis Karlsson, Jarl Mattsson, Jouni Niska, R. Häggström, H. Malmgren, P. Rose;
Leichtmatrosen: Herbert Petren, Hans E. Persson, Sven Aulin, Bror Fröberg;
Kadetten: Björn Hallström, Lennart Johannsson, Nils G. Nyman, Erik Edgren.

Das waren im ganzen nur 21; de Cloux nahm vor dem Absegeln noch vier Deutsche an, wodurch die Gesamtbesatzungsstärke einschließlich de Cloux auf 26 kam. Sechs von der Crew, der Segelmacher und fünf Vollmatrosen, waren schon länger an Bord. Zu bemerken ist, daß keine Decksjungen eingestellt wurden, an ihre Stelle waren Kadetten getreten.

Erst am 18. August war klar, daß es eine Fracht von Südaustralien geben würde, Weizen zu 35 Shilling, 9 Pence/t, was de Cloux sehr schlecht fand. Die Vierjahresbesichtigung zum Erhalt der Klasse konnte anlaufen. Der Besichtiger fand das Schiff in sehr gutem Zustand, lediglich ein paar kleinere Reparaturen waren durchzuführen. Auch die Funkanlage, die die ganze Zeit über an Bord gewesen war, aber nie funktioniert hatte,

12 Siehe Greenhill/Hackman, The Grain Races, Kapitel 8 und Greenhill/Karlsson, The Life of an Åland Seafarer, London 1982.

Ein Obermarssegel wird festgemacht (Ruby Eriksson aus dem Nachlaß von Ruben de Cloux)

wurde für ziemlich viel Geld repariert, was Gustaf Erikson sehr mißfiel. Nach zwei Monaten in Hamburg war das Schiff am 9. September 1926 seeklar. De Cloux rechnete mit einer Reisedauer von 90 Tagen; sie brauchten dann aber doch 99 Tage. Elis Karlsson schrieb in seinem Buch:[13]

„Wir hatten in der Kalmenzone diesmal außerordentliches Wetter. Statt der üblichen böigen Flauten entwickelten sich Stürme mit schwerem, pausenlosem Regen. Das Schiff preschte durchs Wasser, die Leespeigatten Wache für Wache im Wasser, bis das Schiff eines Tages hinaussegelte in Sonne und glitzernde See. Ein leichter Südsüdost meldete sich als Vorbote der Passatzone."

Er kommt förmlich ins Schwärmen, wenn er über das Arbeiten oben im Rigg schreibt:

„Das war kalte Arbeit dort oben, aber sie hatte ihre Vorteile. Man war – beinahe – sein eigener Boß und genoß viel frische Luft, verglichen mit der Stickigkeit und Hitze in der Segellast oder den Laderäumen, wo die Männer Rost kratzten. Das Brassen der Rahen oder Bergen kleinerer Segel ignorierte man, nur ein besonderes Signal eines Offiziers brachte uns nach unten. Wenn ein Hagelschauer das Schiff traf, war man dort oben geschützt: rings um sich trommelharte Leinwand. Man beobachtete, wie das Schiff sich in Wind und Hagel weiterkämpfte, Bugwelle und Kielwasser weißer als die hagelgepeitschte See."

Am 21. Januar 1927 schrieb de Cloux an Erikson, daß sie 4173 t netto Weizen übernommen hatten. Vier Mann waren desertiert, und der Kapitän hatte sich gezwungen gesehen, der übrigen Besatzung höhere Löhne zu geben, um sie an Bord zu halten. Es war eine ziemlich schnelle Reise nach Queenstown, 98 Tage. Sie bekamen Order, wieder in Hamburg zu löschen, und am 16. Juli war das Schiff klar, um nach Nordschweden zur Übernahme einer Holzladung zu segeln. Die Besatzung war großenteils die gleiche wie auf der vorhergehenden Reise, und de Cloux hatte den Verdacht, daß viele von ihnen am Ende der Reise aus-

13 Elis Karlsson, Die See mein Leben, S. 109–112.

steigen würden, da die Vertragszeit von zwei Jahren in Australien abgelaufen sein würde.

In Hamburg wurde der Proviant von der englischen Firma Appleby & Sons in London gekauft, die verdeckte Anteile an einigen åländischen Schiffen, darunter auch der ATLAS von Karlsson, hatte, und neues Segeltuch von Francis Webster in Arbroath in Schottland.

De Cloux schickte von Hamburg die Abrechnungen über die dortigen Kosten, und auf der Rückseite dieses Briefbogens rechnete Gustaf Erikson einen Nettoverdienst für das Jahr 1927 von 1800 Pfund aus (heute ungefähr 72000 Pfund). Das Schiff fuhr den niedrigen Frachtraten zum Trotz gewinnbringend, und es ist kein Wunder, daß Erikson de Cloux nicht aussteigen lassen wollte. Doch auf dem Wege nach Sundsvall in Schweden, wo das Schiff die Holzladung übernehmen sollte, lief es am 18. Juli vor Vorupør in der Nähe von Hanstholm in Dänemark auf Grund. Kapitän de Cloux berichtete über den Vorfall:

„Wir segelten am 16. nachts von Hamburg ab, und alles ging gut mit einem schönen Südostwind, bis wir um 17.00 Uhr in ein Gewitter mit Regen und Nebel gerieten und die Segel wegnehmen mußten. Wir legten den Kurs so, daß wir Hanstholm in 20 Seemeilen Abstand passieren würden; ich hielt das für ausreichend, da der Wind von Steuerbord einkam und ich schätzte, daß die Abdrift und der Strom einander aufheben würden. Aus der Verklarung, die ich heute ablegte, können Sie ersehen, wie wir die Kurse gelegt hatten, daher will ich sie hier nicht noch einmal wiederholen. Das Auflaufen war durch starken Strom und dicken Nebel verursacht, so konnten wir nichts sehen, und da wir nach der Koppelrechnung 25 Seemeilen weit in See standen, dachte ich überhaupt nicht an Loten und fühlte mich sicher.

Es war nicht möglich, ohne Hilfe wieder abzukommen, da das Schiff drei Fuß tief im Sand lag, und so mußte ich einen Bergungsvertrag mit der Bergungsgesellschaft Svitzer abschließen, um das Schiff wieder flottzumachen."

Am nächsten Morgen schleppte der Bergungsschlepper GARM die CECILIE frei.

Elis Karlsson, der noch an Bord war, beschrieb ihre Bemühungen, freizukommen:

„Wir hatten begonnen, unsere 600 Tonnen Wasserballast herauszupumpen, und nach einer endlos scheinenden Zeit kam ein Schlepper und begann, uns an langer Trosse zu ziehen.

Wir waren alle sehr bedrückt. Alle Augen beobachteten, ob wieder Leben ins Schiff kam. Dieser Mann aus Eisen, der Kapitän, war sein gewohntes ruhiges Selbst, als er seine Befehle gab. Er wußte besser als irgendeiner von uns, daß das Schiff, wenn wir nicht flott wurden, ehe der Wind zur Küste hin drehte, für immer steckenbleiben mußte."[14]

Am 19. Juni 1927 morgens war die HERZOGIN CECILIE frei und wurde nach Frederikshavn geschleppt und von Tauchern untersucht. Nicht einmal die Bodenfarbe war stärker beschädigt, und nach Zahlung einer

HERZOGIN CECILIE *in Hamburg im Juni 1927. Die neu erbaute Viermastbark* PADUA *(heute die estnische* KRUZENSHTERN*; der Übersetzer), 1926 bei J. C. Tecklenborg, Bremerhaven, von Stapel, liegt – schwarzgemalt – in Höhe ihres Achterschiffs (Svendborg Museum)*

DIE HERZOGIN CECILIE *im Juni 1927, gestrandet vor Vorupør in Dänemark (Skibshistorisk Laboratorium, Roskilde)*

14 Elis Karlsson, Die See mein Leben, Seite 121.

Kaution von 20000 Dänenkronen wurde die Reise nach Sundsvall fortgesetzt. De Cloux fragte Erikson, ob er noch als Kapitän der HERZOGIN erwünscht sei. Erikson antwortete nicht selber, wies aber seinen Stab an: „Antworten Sie, daß es für mich keine Frage ist, daß der Kapitän weiterhin Schiffsführer der HERZOGIN CECILIE bleibt. Wenn wir uns persönlich wiedersehen, will ich mit ihm über den Strandungsfall sprechen."

Erikson hatte vor, nach Schweden zu reisen, um einen Blick auf sein Schiff zu werfen. Für de Cloux muß der Unfall ein harter Schlag gewesen sein – was er Erikson gegenüber zugab:

„Das Aufgrundlaufen vor Jütland ist mir eine Lehre fürs Leben, und ich schäme mich, obwohl ich weiß, daß ich nichts falsch gemacht habe."[15]

Harald Lindfors wurde zum Ersten Steuermann befördert, Verner Öjst war der neue Zweite. Die Besatzung wurde auf 31 Mann verstärkt. Dieses Mal waren acht Kadetten an Bord. Die komplette Ladung kam nach Ergänzung in Gävle auf 2000t oder 666 Standard Holzmasse und 629 Standard Schnittholz zu einer Rate von 92 Shilling 6 Pence/Standard. Kapitän de Cloux war mit der Reise, 50 Tage bis zur Linie und danach 46 bis Melbourne, im ganzen 96 Tage, sehr zufrieden.

Die HERZOGIN CECILIE war inzwischen so etwas wie ein internationales Wunderkind geworden. Das letzte große rahgetakelte stählerne Frachtsegelschiff in englischem Besitz, die WILLIAM MITCHELL, war 1926 abgewrackt worden, und wirklich große Segelschiffe wurden zu Seltenheiten. Die noch Überlebenden waren in der Mehrzahl deutsche oder åland-finnische.

Wir haben es schon klargestellt: Diese Schiffe waren keine Vertreter des gewöhnlichen typischen Frachtsegelschiffs, sondern lediglich die letzten großen Schiffe am Ende einer langen Tradition. Trotzdem wurden sie um 1927 zum Gegenstand starken Interesses der Öffentlichkeit und der Medien, und die HERZOGIN CECILIE als eines der schönsten und am besten gebauten dieser Schiffe zog die Aufmerksamkeit der Presse, des Rundfunks und der Wochenschauen in den Kinos überall auf sich, wo sie auch auftauchte.

Gleich vielen anderen aristokratischen „Flüchtlingen" des Ersten Weltkrieges hatte sie ihr Prestige und ihre Würde erhalten können, trotz der außerordentlichen Wandlung vom feudalen Kadettenschulschiff und Träger der kaiserlichen Flagge zu einem Handelsschiff, das, in einer ländlichen Region eines unterentwickelten Landes beheimatet, in den Randgebieten des Weltfrachtverkehrs sein Brot verdienen mußte.

Wie sehr diese åländischen Schiffe das Interesse auf sich zogen und wie sehr sie international geachtet wurden, erlebte einer der Verfasser noch 1937, als er den Vorzug hatte, auf der Eriksonschen stählernen Viermastbark VIKING eine Reise von einem Hafen an der Westküste Englands nach Kotka am Finnischen Meerbusen mitmachen zu dürfen: „Fast jedes Handelsschiff in Sichtweite des unbewaffneten Auges, und das waren sehr viele, dippte seine Flagge, so daß wir unterwegs einen

15 In Frederikshavn wurde eine Untersuchung eingeleitet, und der Seefahrtssachverständige des Untersuchungsausschusses konnte an dem abgesetzten Kurs keinen Fehler finden; er schob die Schuld einzig und allein auf die Strömungen und sprach damit de Cloux von jeder Schuld frei.

Die Offiziere der HERZOGIN CECILIE, *Ende 1927. Von links nach rechts: Bertel Jefrelius, Dritter Steuermann, Verner Öjst, Zweiter Steuermann, Vilho Savolainen, Zweiter Steuermann, Ruben de Cloux, Kapitän, Harald Lindfors, Erster Steuermann (Sammlung Verner Öjst, Aufnahme Alan Villiers?)*

Der hölzerne Viermastschoner ATLAS, *1908 in Bath/Maine erbaut und in den 1920er Jahren im Besitz einer anglo-äländischen Eignergruppe. Kapitän war Ruben de Cloux' Schwager, Karl V. Karlsson. Das Schiff lädt Schnittholz auf einer offenen Reede vor der finnischen Küste. Auch die* HERZOGIN CECILIE *lud so ihr Schnittholz (Gesellschaft der finnischen Sägemühlen-Besitzer)*

Mann an die Flaggleine stellen mußten, um alle diese Grüße zu erwidern."

Die nächste Reise der HERZOGIN CECILIE begründete ihren Ruhm für den Rest ihres Lebens. Sie lag bis zum 15. Dezember 1927 in Melbourne und ging am Morgen dieses Tages nach Port Lincoln in See, nur ein paar Stunden später als die schwedische Viermastbark BEATRICE. Die Bühne für ein Wettrennen der beiden Schiffe stand. Nach dem Einlaufen in Port Lincoln schrieb de Cloux an Erikson:

„Die Reise lief sehr gut, nachdem wir Cape Otway erreicht hatten. Von da brauchten wir nur 36 Stunden, da wir einen sehr starken südöstlichen Wind hatten. Wir segelten zusammen mit der schwedischen Bark BEA-

Die HERZOGIN CECILIE *löscht ihre Holzladung in Melbourne, 1927 (Statens Sjöhistoriska Museum, Stockholm)*

Die HERZOGIN CECILIE *1928 vor dem Absegeln nach England, vor Port Lincoln beigedreht liegend (Statens Sjöhistoriska Museum, Stockholm)*

TRICE, die ein guter Segler sein soll, aber wir waren eine Stunde vor ihr in Port Lincoln."

Zwischen den Zeilen steht ganz klar, daß es zwischen den Schiffen ein Race gegeben hatte, und de Cloux war stolz darauf, daß er dieses Mal der Schnellere gewesen war.

Die Fracht nach Europa brachte 6800 Pfund, und de Cloux schätzte, daß das Ergebnis dieser Rundreise nicht schlecht sein würde. In einem Brief an Erikson hoffte er wieder auf eine Holzfracht nach Australien und schrieb, er glaube, daß die HERZOGIN CECILIE nun so bekannt sei, daß sie gute Frachten bekommen müßte. Er rechnete damit, Anfang Mai wieder in Europa zu sein.

Über diese Reise haben Alan Villiers[16], ein erfahrener Seemann, später Journalist und bekannter Autor, der als Vollmatrose an Bord fuhr, nur um ein Buch über die Reise zu schreiben, und Harald Lindfors[17] in ihren Büchern berichtet.

Hier der Kurzbericht des Kapitäns über diese Reise:

Alan Villiers (links), Harald Lindfors am Außenbordmotor und der Vollmatrose Rolf Fougberg in einem Boot der HERZOGIN CECILIE. *Villiers und Lindfors schrieben Bücher über die Reise von Australien nach England 1928 (Eric Edgren)*

„Die Reise von Port Lincoln nach Falmouth verlief sehr gut, wenn Sie berücksichtigen, daß es Sommer war. Wir brauchten einen Tag, um aus dem Spencer-Golf zu kreuzen, und wir manövrierten die BEATRICE aus – jetzt kann sie nicht mehr angeben.
Wir hätten sie auch auf unserer Fahrt von Melbourne nach Port Lincoln aussegeln müssen, wenn das Schiff richtig getrimmt und voller Ballast an Bord gewesen wäre. Von Kangaroo Island bis Neuseeland hatten wir viel schlechtes Segeln, aber von dort bis zum Kap Hoorn brauchten wir nur 17 Tage, und alles lief gut, bis wir auf 40° Süd waren, wo Flauten anfingen und andauerten, bis wir den Südostpassat auf 20° bekamen.
Es dauerte vier Tage oder bis 4° Süd, als wir die C. B. PETERSEN in Sicht bekamen. Ihr Kapitän besuchte uns mit seinem Steuermann und einigen Leuten, und wir machten am Nachmittag einen Gegenbesuch. Dann bekamen wir in der Nacht etwas Wind und entfernten uns von ihr, konnten sie aber in der Flaute noch mehrere Tage sehen. Der Nordostpassat war bis 28° Nord stark, dann hatten wir wieder Flaute bis 35° Nord. Von da brauchten wir neun Tage bis Falmouth, und der Steuermann rechnete aus, daß wir eine Reise von 95 Tagen und zwei Stunden gehabt hatten.
Wir hatten das Pech, ein Mädchen aus Australien mitzubringen, das sich an Bord versteckt hatte, obwohl ich den Verdacht nicht loswerde, daß sie jemanden hatte, der ihr auf der Reede an Bord geholfen hatte. Ich gab dem Ersten Steuermann Anweisung, das Schiff zu durchsuchen, aber er tat es nicht, und so konnte das Mädchen sich wegstauen. Sie arbeitete dann als Stewardeß und machte ihre Sache gut. Ich hoffe, das wird dem Steuermann Lindfors eine Lehre sein, nicht wieder dummes Zeug mit Mädchen zu machen."
Die blinde Passagierin wurde am 20. Januar, einen Tag nach Auslaufen aus Port Lincoln, entdeckt. Im Logbuch steht darüber:
„Als das Schiff mit hartem Wind in die Bass-Straße fuhr, wurde bemerkt, daß ein Fremder an Bord war. Nach Befragen stellte sich heraus, daß die Person (nach eigener Angabe) Miss Jeanne Day war, geboren in Glenalg, SA, am 22. September 1904. Sie war mit Hilfe eines Fischers an Bord gekommen und hatte sich im Laderaum 5 versteckt. Wegen des böigen Windes und schwerer See war es nicht möglich, sie an Land zu setzen, und deshalb nahmen wir sie mit. Harald Lindfors bestätigt, daß es sich so abgespielt hat."
Der Absatz im Logbuch ist auch von A. J. Villiers, Vilho Savolainen, B. Jefrelius und Y. Fyhrqvist unterschrieben. 1975 erzählte Harald Lindors, der Erste Steuermann, einem der Verfasser die folgende Story über den blinden Passagier:
„Im Jahr zuvor war Kapitän de Cloux nach Adelaide gefahren, um Proviant für das Schiff einzukaufen. Als er zurückkam, brachte er fünf oder sechs Lehrerinnen von der High School in Adelaide mit, die ihren freien Tag in Port Lincoln verbringen wollten, und wir organisierten Tanz an Bord unseres Schiffes, zu dem die Lehrerinnen eingeladen wurden. Eine

16 Alan Villiers (1903–1982) war in Melbourne geboren, verlebte aber die meisten Jahre seines Lebens in England. Er ging 1919 als Schiffsjunge zur See und fuhr als Berufsseemann auf rahgetakelten Segelschiffen, darunter auch 1921 auf der LAWHILL unter Kapitän Gustafsson. Danach wurde er Journalist und spezialisierte sich später auf Schifffahrtsangelegenheiten, war Anteilseigner mit Ruben de Cloux und anderen an der PARMA und Alleineigner des eisernen Vollschiffs JOSEPH CONRAD, das er als privates Segelschulschiff betrieb. Auf diesem Schiff begründete er eine moderne, mehr auf das Erzieherische als auf die Vermittlung rein beruflicher Kenntnisse abgestellte Segelschiffsausbildung. Villiers zeichnete sich im Zweiten Weltkrieg in der Marine aus und wurde als Reiseschriftsteller und als Rundfunk- und Fernsehautor weltbekannt.
Sein Wissen um die Seefahrt gibt dem, was er schreibt, Leben und Farbe, und er ist ein großer Erzähler. Sein Bericht über die Segelreisen mit arabischen Händlern 1938/39 und mit portugiesischen Kabeljaufischern 1950 sind besonders wertvoll, ebenso wie sein Werk über die letzten großen englischen Rahsegler, Kap Hoorn, Edition Maritim, Hamburg 1988 sowie Falmouth for Orders, London 1929 und zahlreiche spätere Auflagen.

17 Harald Lindfors, Vinden drar, Ekenäs 1978.

Jeanne Day, die blinde Passagierin auf der HERZOGIN CECILIE, *1928, in einem der Boote; am Außenborder Harald Lindfors (Ruby Eriksson aus dem Nachlaß von Ruben de Cloux)*

Die HERZOGIN CECILIE *in der Flaute vom Boot aus aufgenommen (Sammlung Verner Öjst).*

von ihnen hatte dann de Cloux gefragt, wie sie wohl nach Europa kommen könne. Er hatte geantwortet, die einzige Möglichkeit sei, sich in der Ladung zu verstecken, da es uns nicht erlaubt sei, eine Frau mitzunehmen.

Wir segelten nach Europa, und als wir im nächsten Jahr wiederkamen und im Hafen luden, erzählte uns der Kapitän, daß Miss D. wieder da sei und die Absicht habe, nach Europa zu fahren. Der Hafenkapitän meinte, daß sie ihr Haar kurzgeschnitten und sich Männerkleidung besorgt hätte. Ich bat ihn, er möge ein Auge auf sie haben. Als wir dort waren, bemerkte ich eine komische Figur mit langen Hosen – damals trugen die Mädchen keine Hosen –, und ich erkannte Miss D., weil sie so ein breites Achtergestell hatte. So teilte ich ihr mit, daß sie auch dieses Mal nicht mit uns fahren könne. Da fing sie an zu weinen, und ich sagte ihr, das brächte nichts und sie sollte lieber an Land gehen, oder ich würde die Polizei holen. Dann luden wir fertig, und am Nachmittag brachten wir das Schiff von der Pier auf die Reede und machten es segelklar. Am

Jeanne Day am Ruder. Das Bild ist gestellt! Sie steht am hinteren Ruderrad, das normalerweise nicht eingekuppelt war; das Schiff wurde mit den Ruderrädern auf der Hütte gesteuert. Verner Öjst zeigt, wie es gemacht wird (Sammlung Verner Öjst, Aufnahme Alan Villiers?)

nächsten Morgen segelten wir ab. Die BEATRICE war schon ausgelaufen, und als wir an Boston Island vorbei waren, konnten wir eben noch die Segel der BEATRICE sehen. Einen oder zwei Tage nach dem Auslaufen kam der Dritte Steuermann Jefrelius und sagte dem Kapitän und mir, daß achtern eine Frau stehe. Was sollten wir tun? Es war diese Frau D.
Als wir in Cardiff ankamen, kamen die Polizei und Leute von der Gesundheitsbehörde an Bord. Sie dachten, wir hätten diese Frau D. shanghait. Nein, sagte ich ihnen, wir haben sie nicht shanghait, aber wie sie an Bord gekommen ist, wissen wir nicht. Sie selbst erzählt, daß ein Fischer ihr geholfen habe.
Zwei Ärztinnen wünschten, sich die Miss D. anzusehen, und ich ließ sie in meine Kammer. Als sie wiederkamen, lachten sie und sagten: ‚Ihr Leute aus Skandinavien seid komische Kerle. Drei Monate hattet ihr eine Frau an Bord, und sie ist noch Jungfrau.' Da sagte ich: ‚Gott sei Dank. Wie Sie wissen, hatten wir Deutsche, Engländer, Finnen und Schweden an Bord, da hätte sonst was passieren können.'"
Wie schon aus der Erzählung von Harald Lindfors hervorgeht, erregte die Tatsache, daß die HERZOGIN CECILIE bei ihrem Eintreffen in England eine blinde Passagierin an Bord hatte, große Aufmerksamkeit in der Öffentlichkeit. Alan Villiers widmete Miss D. und ihrer Story ein ganzes Zehntel seines vielgelesenen Buches. In den späten zwanziger Jahren war die Geschichte von einem Mädchen als blindem Passagier auf einem „Windjammer", wie Schiffe von der Art der HERZOGIN CECILIE damals genannt wurden, in der Tat eine Story, die die Medien ausschlachten konnten, und das taten sie auch mehr als gründlich. Miss D. trug beachtlich zu dem immer größer werdenden Ruhm der HERZOGIN bei. Von nun an war ihr Kommen und Gehen, wo sie sich auch zeigte, in den Nachrichten der Weltpresse und des Rundfunks. Alan Villiers schildert in seinem Buch[18] den Ansturm der Reporter, als das Schiff in Barry Roads ankam:
„Die ganze Nacht über steuerten wir hinter unserem Schlepper, unsere Segel zum letzten Mal festgemacht, am Morgen waren Schornsteine ringsumher und Eisenbahnzüge, und Beamte kamen an Bord und die Zeitungsreporter und betrübt aussehende Burschen mit Filmkameras, die sich den Teufel um das Schiff kümmerten, kaum daß sie gehört hatten, daß eine Frau als blinder Passagier an Bord war. Die Zeitungsreporter rasten umher und fuhren eine reiche Ernte ein, und in ihren Zeitungen an diesem Abend und am nächsten Tag erzählten sie einem Publikum, das noch weniger wußte als sie selber, Dinge über das Schiff, die wir nie gehört hatten und Dinge über die blinde Passagierin, die ihr völlig neu waren. Sie hatte ihnen ihren Namen nicht verraten, aber das störte sie nicht im geringsten. Sie verpaßten ihr einfach einen."
Auch Harald Lindfors sagte, daß das Interesse an ihr noch größer war als das an dem Schiff und seinem Race mit der BEATRICE.
Die Rückreise von Australien 1928 war ein Wettsegeln zwischen der BEATRICE und der HERZOGIN CECILIE. Die schwedische Farbfirma

18 Villiers, Falmouth for Orders, S. 224.

Das Großobermarssegel wird am Ende der Reise für den Hafen festgemacht (Statens Sjöhistoriska Museum, Stockholm)

Holzapfels, später International Paint Co., hatte für den Gewinner einen Preis ausgesetzt. Wie schon bemerkt, sagte de Cloux Gustaf Erikson, daß er eigentlich gar nicht bemerkt habe, daß da ein Race laufen würde. Aber zwischen den Zeilen seiner Briefe erkennt man, daß er genau wußte, was vor sich ging.

Nach Harald Lindfors verlief die Reise von Anfang an wie ein Race. Der Kapitän ließ sämtliche Segel setzen, und ohne seinen Befehl durfte nichts weggenommen werden. Villiers gibt eine Zusammenfassung:[19]

„Es war zu keiner Zeit eine leichte Reise. Es gab so gut wie nie einen guten, richtigen Segelwind. Alles, was wir schafften, mußten wir bitter erkämpfen: Flauten bis Neuseeland, Nebel, Starkwind und Sturm, ein richtiges Elend bis zum Hoorn – und sogar da unten Gegenwind und Flauten, dort, wo der Seemann großartige Segelwinde erwartet, und dann wieder Flauten im Südatlantik und leichter Gegenwind, und nur ein kurzes Blasen des Südostpassats unter der Linie; dann wieder Flauten und ein schlechter Nordostpassat, der uns in die Sargasso-See trieb, wieder Flauten und dann noch ein Puster in der Biskaya; verlorene Segel, die Decks unter Wasser und zu wenig Leute.

Trotzdem hatten wir uns gar nicht einmal schlecht geschlagen – 16 Tage bis Neuseeland, 33 zum Hoorn, 68 zur Linie, 89 bis zu den Azoren und 96 bis Falmouth. Wir segelten in 17 Tagen von Neuseeland nach Kap Hoorn."

Die BEATRICE ging über Kap Hoffnung nach Europa und brauchte 114 Tage. De Cloux hatte Order, nach Falmouth zu segeln. Als sie geankert hatten, kam ein Schlepper mit der Anweisung, in Cardiff zu löschen. Zum Auslaufen mußten sie einen Schlepper nehmen, weil es nicht möglich war, gegen den Wind zu segeln. Der Schlepper kostete 55 Pfund,

19 Villiers, Falmouth for Orders, S. 252.

Die BEATRICE *vor der Signalstation Walton Bay, Portishead, Somerset, 1929 (B. J. Greenhill)*

aber der Kapitän hielt das für tragbar, weil sie sonst einen Tag verloren hätten. Gustaf Erikson meinte, das Schleppen sei sehr teuer gewesen, und de Cloux schrieb, daß das Löschen der Ladung dort dreimal so teuer sei wie in Hamburg. Einige kleinere Reparaturen wurden in Cardiff von der Mountstuart Dry Docks Ltd. erledigt, die das niedrigste Angebot gemacht hatte. Am 2. Juni ging das Schiff schließlich unter Segel nach Mariehamn, zu seinem ersten Besuch im Heimathafen. Dort ankerte es am 11. Juni 1928, und der Reeder gab an Bord ein Fest.

Gegen Ende August musterte die neue Besatzung nach und nach an, darunter der Leichtmatrose Karl Gulin, der auf der letzten Reise als Kadett an Bord gewesen war und auf dem Schiff bleiben wollte. Auf seiner zweiten Reise führte er ein Tagebuch, in dem er über den Verlauf der Reise berichtet.

Das Schiff wartete in Mariehamn auf günstigen Wind. Es sollte in Ballast wie gewohnt von der Pier im Westhafen ablegen. Diese Art, ein Schiff zu fahren, in der Sommerzeit in den 1920er Jahren etwas ganz Alltägliches, kann man sich heute kaum noch vorstellen. Dieses Mal ging es daneben. Am 31. August 1928 wurde die Besatzung um 3.40 Uhr an Deck gerufen; der Wind war umgegangen, die Zeit zum Segeln war gekommen. Sie setzten ein paar Segel, der Anker wurde gelichtet, aber das Schiff fiel nicht ab, und sie mußten ganz schnell die Anker wieder fallenlassen. Drahttaue wurden an Land gebracht, und sie versuchten, das Schiff freizuwarpen. Die Drähte brachen, und das Schiff kam 5–6 m vom Ufer entfernt auf Grund. Ein erneuter Versuch wurde gemacht, dieses Mal glückte es ihnen, das Schiff flottzumachen, und sie verließen den Westhafen unter Segel.

De Cloux erwähnte nichts davon in seinem Brief aus Kopenhagen an Gustaf Erikson, wo das Schiff sich am 5. September 1928 verprovian-

HERZOGIN CECILIE *löscht nach Ende ihrer Reise von Australien nach England 1928 in Cardiff ihre Ladung (Welsh Industrial and Maritime Museum)*

Ein Teil der Besatzung nach Ankunft in Cardiff, 1928. Karl Gulin, der Tagebuchschreiber, ist der Dritte von links, stehend. Eric Edgren, von dem mehrere Aufnahmen in diesem Buch stammen, steht ganz rechts (Museovirasto, Helsinki, Historian Kuva-Arkisto)

HERZOGIN CECILIE *im Westhafen von Mariehamn (Statens Sjöhistoriska Museum, Stockholm)*

Im Juni 1928 kam die HERZOGIN CECILIE *sieben Jahre nach ihrem Ankauf zum ersten Mal in ihren Heimathafen Mariehamn. (Sammlung Verner Öjst)*

Die Party an Bord beim ersten Besuch der HERZOGIN CECILIE *in Mariehamn (Sammlung Verner Öjst)*

Die Vorkante der Hütte und der Großmast der HERZOGIN CECILIE, *aufgenommen aus dem Rigg der* ARCHIBALD RUSSEL, *1928 in der Ostsee (Ålands Sjöfartsmuseum)*

tierte. Das brauchte er auch nicht, denn ganz Mariehamn muß von der Sache gewußt haben. Auf dem Weg nach Kopenhagen segelten sie zusammen mit der ARCHIBALD RUSSEL (die Harald Lindfors später als Kapitän mit großem Erfolg führte). Eine Zeitlang lagen die Schiffe ganz dicht beieinander, nur ein paar Meter zwischen den Rahnocken, was in zahlreichen Fotografien festgehalten ist, und in einer Ostsee-Sommerflaute kamen die Offiziere der CECILIE auf die RUSSEL zum Abendessen. Von Kopenhagen aus gingen sie nördlich von Schottland in den Atlantik, um dem Gezeitenstrom und dem Verkehr im Kanal aus dem Weg zu gehen. Am 15. September kamen sie auf dem Nordatlantik in einen schweren Sturm mit Windstärken von 10–12 Bft. De Cloux gab in einem Brief an Gustaf Erikson nach dem Einlaufen in Port Lincoln den folgenden Bericht über die bösen Tage:

„Wir kamen am 4. Dezember nach einer Reise von 95 Tagen an, die schlechteste, die ich erlebt habe, seit ich zur See fahre. Am Sonnabend, dem 15. September, bekamen wir einen orkanartigen Sturm von Süden,

Die HERZOGIN CECILIE *in Kopenhagen (Svendborg Museum)*

der die Fock und die Marssegel fortblies und das Schiff so weit überlegte, daß das Hüttendeck überflutet wurde. Die Rettungsboote an Steuerbordseite wurden von der See mitgenommen, ein Davit wurde zerbrochen und der andere verbogen. Der Ballast ging über, so daß das Schiff auf der Seite liegenblieb und die Unterbramrahen in die See tauchten. Wir verloren 15 Segel und brauchten drei Tage, bis der Ballast geschiftet war, das Schiff auf ebenem Kiel lag und wir neue Segel untergeschlagen hatten. Zu der Zeit warten wir auf 60° Nord und 19° West."

Der Leichtmatrose Gulin schrieb in seinem Tagebuch:[20]

„Jetzt ist voller Sturm. Die ganze See ist weiß und wild. Wir sind alle naß bis auf die Knochen und frieren. Ich hatte Glück und zog mich um, war aber bald wieder naß, trotz des Ölzeugs. Diesen Sonnabend werden die anderen von der Crew und ich nicht vergessen, denn an diesem Tage und den drei Tagen danach waren wir in Lebensgefahr."

Er schilderte, wie der Ballast plötzlich überging, als sie versuchten, ein zu Fetzen zerrissenes Segel nach unten zu bringen, wie sich das Schiff nach der Steuerbordseite überlegte, und das Wasser anfing, durch die Ladeluken, die nicht richtig geschlossen waren, weil sie im Raum Rost geklopft hatten, in das Schiff zu strömen.

Im Schiffslogbuch findet sich der folgende Absatz:

„12.00 Uhr. Eine orkanartige Bö und schwerer Regen ließen das Schiff nach Lee überholen, bis die Leereling unter Wasser kam; der Ballast ging über. Die Schoten der Untermarssegel wurden gekappt, damit die Krängung nicht noch schlimmer wurde. Die Abdeckungen der Luke 2 wurden doppelt gesichert, weil zu befürchten war, daß die See sie zerschlagen und den vorderen Raum fluten würde. Alle Mann wurden in den Laderaum geschickt, um den Ballast zurückzutrimmen, damit das Schiff sich möglichst wieder aufrichtete. Nach einer Weile wurde festgestellt, daß Wasser in alle Kammern auf der Leeseite und in die Proviantträume unter dem Hüttendeck eingedrungen war. Das Schiff trieb auf der Seite liegend mit dem Wind gegen die Seen."

Der Kadett Gulin schrieb weiter:

„Dann befahl der Skipper: ‚Alle Mann zum Ballastschiften!' Das war eine sehr harte und gefährliche Arbeit. Wir alle waren nach dem Segelbergen müde, und nun mußten wir um unser Leben arbeiten. Wir bauten Trennwände aus starken Latten, und so arbeiteten wir uns allmählich zur Backbordseite hinüber. Die Arbeit wurde durch die Schlagseite und das Schlingern des Schiffes noch erschwert. 33 Stunden arbeiteten wir, ohne zu essen. Alles, was Beine hatte, war unten im Raum. Schließlich konnten wir nicht mehr und brauchten eine Pause. Wir bekamen vier Stunden zum Schlafen und schliefen auf der Stelle ein. Dann ging es wieder los, und es dauerte noch 24 Stunden.

Das Schiff bot einen traurigen Anblick: auf der Seite liegend, die Leeseite des Decks unter Wasser. Die Steuerbordreling war fort, eines der Rettungsboote auf dem Vordeck in Stücke zerschlagen. Brassen, Blöcke, Tauwerk und Drähte bildeten ein wildes Durcheinander von zerrissenen

20 Karl A. Gulin, Tagebuch; Vorlage im finnischen Seefahrtsmuseum, Helsinki.

„... und das Schiff so weit überlegte, daß das Hüttendeck überflutet wurde." (Eric Edgren)

und zerschlagenen Dingen. Sämtliche Segel waren in Fetzen. Selbst von den festgemachten Segeln waren nur noch die Liektaue übrig. Einige Rahen hingen lose und knallten gegen die Masten.
Auch unter Deck herrschte ein einziges Chaos. Unter der Back an Steuerbord stand das Wasser bis zur Decke. Das gleiche im Zwischendeck. Kartoffeln, Kohlköpfe, Segel, Bekleidung und Tauwerk schwammen herum. Das Ruder war festgesetzt, und das Schiff trieb mit ungefähr zwei Knoten nach Steuerbord."
Sie schätzten, daß sie etwa 80 Seemeilen von Island entfernt waren. Am Dienstag, dem 18. September, wurden ihre Anstrengungen belohnt; das Schiff richtete sich wieder auf. Der Wind war nach Nordwest herumgegangen, und nachdem sie ein paar Segel gesetzt hatten, gelang es ihnen, das Schiff zum Abfallen zu bringen, und das normale Leben kehrte wieder an Bord zurück.
Die Besatzung wollte, daß sie nach Island gingen, um Proviant zu neh-

„Sämtliche Segel waren in Fetzen. Selbst von den festgemachten Segeln waren nur noch die Liektaue übrig“ (Ruby Eriksson aus dem Nachlaß von Ruben de Cloux)

men, weil die Vorräte durch Seewasser verdorben waren und sie kein Petroleum mehr für die Lampen hatten, aber der Kapitän entschloß sich weiterzusegeln, und so segelten sie ohne Lichter.

Die Reise verlief bis 13° Nordbreite ohne weitere Vorkommnisse, und dann gerieten sie in einen Südweststurm, der ein paar von den Passatsegeln mitnahm. De Cloux schrieb an Erikson, daß sie 50 Tage von Mariehamn zum Äquator gebraucht hätten und von da 45 Tage bis Port Lincoln. In seinem Einlaufbrief fragte er, ob er von der LAWHILL und der PENANG Segeltuch bekommen könnte, um neue Segel zu machen. Am 9. Oktober schrieb der Kadett Gulin, daß sie im ganzen 58 Segel verloren hatten. De Cloux beabsichtigte, die übrigen Sturmschäden in Europa reparieren zu lassen. Als sie auf der Innenreede den Ballast vor Anker abgegeben hatten, verloren sie den Backbordanker, fanden ihn aber nach drei Tagen Suche wieder. Bei dieser schauderhaften Reise waren zwei Passagiere an Bord, die die Kosten der Überfahrt abarbeiteten. Es ist das erste Mal, daß Passagiere an Bord der HERZOGIN CECILIE in den Geschäftsunterlagen erwähnt werden.

Am 12. Januar 1929 war die Übernahme der Weizenladung annähernd beendet. Der Leichtmatrose Gulin berichtete, daß sie manchmal bis 23 oder 24 Uhr gearbeitet hätten. De Cloux schnorrte Segeltuch, wo er es erwischen konnte, und er bekam sogar etwas von der MOZART im Tausch gegen Latten. Am 18. Januar ging sie nach Europa in See. Die Weizenladung war um 1000 Sack größer als die des Vorjahres, und das Schiff lag drei Zoll unter der Lademarke. Der Kapitän hoffte daher, daß sie Order für den Kontinent bekommen würden, um eventuellem Ärger mit den englischen Behörden aus dem Wege zu gehen. Die Fracht, 39 Shilling 6 Pence/t, war gut.

In seinem Auslaufbrief vom 18. Januar 1929 bat de Cloux um Ablösung, wenn sie nach Europa zurückkämen. Er schrieb, er habe so starken

Nach dem großen Sturm im September 1928 werden die Segel an Deck repariert (Eric Edgren)

Rheumatismus, daß er sich kaum rühren könne. Er schrieb auch von Ärger mit der Crew und mit dem Konsul in Sydney. Die lange harte Reise hatte ihren Zoll gefordert, und dieses Mal meinte de Cloux wirklich, was er schrieb. Nach dem großen Sturm war er auf der weiteren Reise vorsichtig geworden und nahm Segel weg, sobald das Wetter bedrohlich wurde.

Auf der Heimreise 1929 gab es einige Probleme. Am 26. Januar machte die Ruderanlage Ärger. Die Besatzung riggte Taljen zum Ruder auf, so daß sie das Schiff damit und mit dem Spill auf Kurs halten konnten, bis die Ruderanlage wieder klar war. Die Kadetten bekamen Navigationsunterricht vom Zweiten Steuermann, Verner Öjst. Er war als guter Lehrer bekannt, aber da er den gleichen Stoff wie auf der letzten Reise durchnahm, meinten die Kadetten im zweiten Jahr, es lohne sich nicht, lange an diesem Unterricht teilzunehmen.

Einer von der Crew, der Vollmatrose und Zimmermann Karl Lundberg, baute ein 21-Fuß-Rettungsboot aus Holz, das sie von Mariehamn mitgenommen hatten. Dabei half ihm der Kapitän, der unter anderem die Nägel dafür schmiedete. Von dem übriggebliebenen Holz wurde noch ein 12-Fuß-„Öka“ gebaut, ein Boot mit Spiegel vorne und hinten, ein Bootstyp, der in England unter der Bezeichnung „Pram“ bekannt ist. Am 3. Mai 1929 lief das Schiff nach einer Reise von 106 Tagen Falmouth for orders an. Von der BEATRICE und der LAWHILL hatte man noch nichts gehört, die HERZOGIN hatte also wieder einmal das Race gewonnen. Sie mußte bis zum 9. Mai in Falmouth bleiben und wurde dann nach Liverpool beordert, wo sie am 12. Mai eintraf. Die gesamte Besatzung wollte an Bord bleiben, bis das Schiff in Fredrikstad in Norwegen ankam, wo es eine Holzladung für Melbourne an Bord nehmen sollte.

De Cloux, der nun aussteigen wollte, empfahl Sven Eriksson, den Ersten Steuermann, als Kapitän. Doch Gustaf Erikson hatte daran gedacht, ihn

HERZOGIN CECILIE *vor Falmouth, 1929 (Statens Sjöhisotiriska Museum, Stockholm)*

als Kapitän auf die Viermastbarkentine BALTIC zu setzen. Aber Sven Eriksson nahm das Angebot nicht an und bat statt dessen, mit einer Gehaltserhöhung als Erster Steuermann auf der HERZOGIN CECILIE bleiben zu dürfen. Ein Grund dafür, daß Gustaf Erikson zögerte, Sven Eriksson die HERZOGIN zu geben, lag darin, daß auf der letzten Heimreise Unstimmigkeiten mit der Crew entstanden waren. Diese Gerüchte werden im Tagebuch des Leichtmatrosen Gulin bestätigt, der schrieb:
„Am 10. Oktober 1928 haben Nyman und der Erste Steuermann wieder Streit. Er nennt Nyman einen Idioten, und Nyman bleibt die Antwort nicht schuldig. Der Erste Steuermann kann es nicht vertragen, daß jemand von der Crew ihm widerspricht, auch wenn er im Unrecht ist."
Bis zum 16. Mai 1929 hatte die HERZOGIN CECILIE 3490t ihrer Ladung abgegeben. De Cloux meinte, daß das Löschen am darauffolgenden Tag beendet sein würde, und er hatte recht. Netto waren 4184t gelöscht worden.
Das Schiff sollte in Liverpool ins Dock gehen, und de Cloux erwartete, am 25. Mai seeklar zu sein. Er teilte Gustaf Erikson auch mit, daß der Erste Steuermann in Norwegen aussteigen wollte. Acht Tage später kam das Schiff in Fredrikstad an.
Gustaf Erikson versuchte, de Cloux zu überreden, als Kapitän zu bleiben, der aber lehnte ab. Sven Eriksson nahm dann ein Angebot an, für 3000 Finnmark das Kommando über die HERZOGIN CECILIE zu über-

nehmen. De Cloux willigte ein, an Bord zu bleiben, bis das Schiff seeklar war, und dem neuen Kapitän jede Hilfe zu geben. Am 12. Juni schrieb de Cloux seinen letzten Brief an den Reeder der HERZOGIN CECILIE. Das Schiff war klar zur Übernahme der Ladung in Norwegen, und de Cloux reiste nach Mariehamn ab. Aus seinem Haus in Amnäs schickte er eine Schlußabrechnung an Gustaf Erikson, aus der hervorgeht, daß er ein Gehalt von 5000 Finnmark/Monat bekam, viel mehr als jeder andere in der Eriksonschen Flotte.

So endete die Ära von Ruben de Cloux als Kapitän der HERZOGIN CECILIE, eine Ära, die das Schiff, seinen Kapitän und den Reeder weltweit berühmt gemacht hatte. Fraglos hatten de Cloux und die HERZOGIN das Ansehen von Gustaf Erikson und das der Reederei in diesen Jahren gemehrt, so daß es bis zum Ausbruch des Zweiten Weltkrieges leichter war, Frachten und Passagiere für das Schiff zu finden. Im Augenblick zählte mehr, was die HERZOGIN in den Jahren unter Ruben de Cloux netto verdient hatte.

Bleistiftnotizen auf einem Aktenbogen in den Archiven der Firma Erikson weisen für die Jahre 1923–1929 einen Nettoverdienst von 14 194 Pfund aus – wahrscheinlich ohne die Verwaltungskosten, die jedoch sehr gering waren (Näheres im Anhang). Die gesamten Kosten für den Ankauf und die Ausrüstung des Schiffes hatten 6017 Pfund betragen. Der Nettoverdienst in diesen sechs Jahren, auch nach Abschreibung der Kosten des Schiffes nur für diese Zeit (ohne die ersten 18 Monate zu berücksichtigen, während der das Schiff Erikson schon gehört hatte) lag mithin bei 8177 Pfund = 1363 Pfund im Jahr, das sind 22,7 Prozent des investierten Kapitals jährlich. Was immer Gustaf Erikson auch seinen Kapitänen und anderen geschrieben haben mag – mit den åländischen Segelschiffen ließ sich in den 1920er Jahren noch gut Geld verdienen.

Wenn wir wieder den von uns angenommenen Faktor von 40 auf diese Zahlen anwenden, können wir dem Leser von heute einen Begriff von den Werten geben, die in diesen Geschäften steckten. Danach lägen die Kosten für die HERZOGIN CECILIE 1990 bei 250 000 Pfund Sterling. Ihr Nettoverdienst über sechs Jahre betrug 328 000 Pfund, d.h. 54 666 Pfund im Jahr. Gustaf Erikson hielt zu dieser Zeit ungefähr zehn Schiffe in Fahrt, mithin brachte sein Unternehmen mit alten Segelschiffen, bei denen 98 Prozent des investierten Kapitals im Familienbesitz waren, Jahr für Jahr etwa 500 000 Pfund ein, bei der Annahme, daß alle Schiffe gleich rentabel fuhren.

DAS FLAGGSCHIFF DER FLOTTE

Ich danke Ihnen für das Angebot, weiter als Kapitän auf der HERZOGIN CECILIE zu bleiben. Aber ich habe mich entschlossen, das Schiff zu verlassen und eine Zeitlang zu Hause zu bleiben. Es wird für mich ein großer Verlust sein, die CECILIE zu verlassen. In den Jahren, die ich sie führte, ist sie ein Teil von mir geworden."

Mit diesen Worten gab Ruben de Cloux seinen Entschluß bekannt, sein Kommando abzugeben. Der von ihm benannte Grund, „eine Zeitlang zu Hause zu bleiben", war nur ein Teil der Wahrheit. Seine Tochter, Ruby Eriksson, mit der einer der Autoren dieses Buches sprach, berichtete, er habe versucht, Gustaf Erikson dazu zu bringen, ihn Anteile an seinen Schiffen erwerben zu lassen, doch ohne Erfolg. Gustaf Erikson hielt die Anteile in seiner Familie, und de Cloux wußte, daß er bei Erikson nicht mehr als einer der Kapitäne werden konnte. So ging er an Land, nachdem er die kurz zuvor angekaufte stählerne Viermastbark VIKING von Kopenhagen nach Mariehamn gebracht hatte. Für eine kurze Zeit war er auch Kapitän der eisernen Bark PLUS, die Hugo Lundqvist gehörte, bevor er Ende 1931 eine anglo-finnische Anteilseigner-Gruppe zusammenbrachte und die stählerne Viermastbark PARMA kaufte, die er selbst als Kapitän übernahm.[1]

De Cloux blieb auf der HERZOGIN CECILIE, bis sie klar zum Absegeln von ihrem Ladehafen, Fredrikstad in Norwegen, war. Nachdem sie ihre Getreideladung in Liverpool abgegeben hatte, 4184 t netto, segelte sie nach Norwegen. Die Reise nach Fredrikstad war schwierig, man traf auf Gegenwind und Oststurm, und de Cloux berichtete Gustaf Erikson, daß er einmal geglaubt habe, sie würden wieder auf den Atlantik zurückgeblasen werden.

Dann segelten sie im Nebel durch den Kanal und halfen sich dabei mit dem Rundfunkempfänger – wahrscheinlich einem frühen Funkpeilverfahren. Wie de Cloux berichtet, mußte die POMMERN, die keinen Empfänger zur Funkpeilung hatte, das Ende des Nebels vor Anker abwarten. Nach einer Reisedauer von acht Tagen kamen sie am 5. Juni 1929 in Fredrikstad an.

In Fredrikstad übernahm Sven Eriksson inoffiziell das Kommando über

1 Die PARMA war ein großer finanzieller Erfolg, siehe Greenhill/Hackman, The Grain Races, Kapitel 8. Sie wurde später verkauft, und de Cloux erwarb Anteile an dem Dampfer BODIA, den er führte und 1936 an der norwegischen Küste verlor. Drei Jahre später übernahm er den Dampfer PARMA als Kapitän. Er hielt Anteile an diesem Schiff, das ebenfalls ein großer Erfolg wurde. Im September 1949 starb er in seinem Haus auf den Ålands.

Die VIKING *geht hinter den Schleppern* NETHERGARTH *und* ISELGARTH *auf dem Bristol Avon unter Brunels Hängebrücke durch. Gustaf Erikson hatte die* VIKING *1929 gekauft (Bristol Museum)*

die HERZOGIN CECILIE. Er hatte sein Kapitänspatent von der Seefahrtsschule in Mariehamn noch nicht erhalten, obwohl er das Examen am 5. Mai 1928 bestanden hatte. Daher wurde Hugo Karlsson pro forma als Kapitän in der Musterrolle, die am 19. Juli 1929 in Mariehamn aufgestellt wurde, geführt. Hugo Karlsson war schon auf der CECILIE gefahren. 1926 hatte er als Dritter Steuermann angemustert, und nun war er der Flaggkapitän, bis das Büro von Gustaf Erikson Sven Eriksson mitteilte, daß sie das Kapitänspatent von der Seefahrtsschule bekommen hatten. Hugo Karlsson führte später die stählerne Viermastbark PONAPE von Gustaf Erikson.

Der junge Kapitän Sven Eriksson hatte noch nicht sehr viel Erfahrung gesammelt. Er war auf dem Bauernhof Pellas im Dorf Granboda auf der Hauptinsel der Gemeinde Lemland geboren. 1919 fuhr er als Deckjunge auf der stählernen Bark PROMPT 27 Monate lang zum ersten Mal zur See. Sein nächstes Schiff war der Dreimastschoner mit Hilfsmotor JENOLIN, auf dem er ungefähr sechs Monate als Steuermann fuhr. Dann folgte eine Zeit auf der stählernen Bark KILLORAN als Steuermann und auf der hölzernen Viermastbarkentine BALTIC, ebenfalls als Steuermann. Dann

Die stählerne Viermastbark PARMA, *1902 bei A. Rogers & Co. in Glasgow erbaut, im Westhafen von Mariehamn (Åbo Akademi)*

war er nacheinander Erster Steuermann auf dem hölzernen Dreimastschoner OSTROBOTNIA, der eisernen Bark MONTROSA, dem hölzernen Viermast-Motorschoner ODINE, dem hölzernen Dreimastschoner ESTONIA und 1927 wieder auf der BALTIC, bevor er 1928 Erster Steuermann auf der HERZOGIN CECILIE wurde. Es war ein etwas ungewöhnlicher Schritt, das Kommando über die weltberühmte HERZOGIN CECILIE einem Kapitän ohne vorherige Erfahrung als Schiffsführer zu geben. Gustaf Erikson hatte früher einmal Zweifel an der Klugheit einer solchen Besetzung zum Ausdruck gebracht (siehe Seite 125), und Sven Erikssons Vater riet ihm ab, das Kommando zu übernehmen. Die Erklärung liegt wahrscheinlich wieder einmal in der großen Stärke des Netzwerks åländischer Familienbeziehungen: Sven Eriksson war mit Gustaf Erikson

Die hölzerne Viermastbarkentine BALTIC, *erbaut in Västeränga auf Lemland/Åland und 1919 von Stapel gelaufen, auf der Sven Eriksson Erster Steuermann war (Ålands Sjöfartsmuseum)*

weitläufig verwandt; er war auch ein Enkel des ersten Mathias Lundqvist.

Gustaf Erikson wies Sven Eriksson an, einige Leute seiner Besatzung nach Oslo zu schicken, um auf der POMMERN bei der Ladungsübernahme zu helfen, da die HERZOGIN durch Stauer beladen wurde. Am 4. Juli antwortete Sven Eriksson auf diesen Brief von seinem Reeder, sein erster Brief als Kapitän. Er schrieb, daß er fünf seiner besten Leute zur POMMERN geschickt habe. Er habe auch ein gebrauchtes Motorbeiboot für die CECILIE für 500 norwegische Kronen gekauft.

Einige Männer der Crew wurden am 19. Juli in Mariehamn angemustert. Gustaf Erikson war selbst in das Büro der Behörde für Handelsschiffahrt gekommen, wo die Anmusterung vor sich ging. Helge Heikkinen, der als Decksjunge anmusterte, schrieb in einem Buch[2] über die Reise, daß der Reeder jedem gute Ratschläge mitgab, bevor sie an Bord gingen. Der Rest der Besatzung wurde am 26. Juli vom finnischen Konsul in Fredrikstad angemustert und in die Besatzungsliste eingetragen. Die Crew war damit 30 Mann stark, einer zuviel, aber Sven Eriksson entschuldigte das damit, daß die billigsten Leute, die er in Norwegen

2 Helge Heikkinen, Runt Kap Hoorn med HERZOGIN CECILIE, Ekenäs 1967

Pellas in Granboda, das Haus (rechts) der Familie von Sven Eriksson (Ålands Museum)

Sven Eriksson (der größte in der hinteren Reihe) als junger Mann mit seiner Familie in der Küche von Pellas (Hilding Lundqvist)

Sven Eriksson als Kapitän der HERZOGIN CECILIE *mit seinem Hund Paik; aufgenommen am 30. Juni 1932 (Lars Grönstrand)*

eingestellt hatte, nur 350 Finnmark monatlich bekamen. Das war sogar weniger als ein Leichtmatrose bekam, nämlich 450 Mark im Monat. Obwohl Hugo Karlsson in Mariehamn als Kapitän der HERZOGIN CECILIE eingetragen worden war, geht aus den Akten hervor, daß Sven Eriksson von Anfang als Kapitän tätig war. Am 30. Juli schrieb er seinen ersten Auslaufbrief an den Reeder, das Auslaufen war auf den gleichen Tag festgesetzt. In Fredrikstad hatten sie 1385 Standard Schnittholz zu einer Rate von 76 Shilling 3 Pence pro Standard an Bord genommen. Dazu hatten sie jeden freien Raum ausgenutzt, sogar den Platz, an dem normalerweise der Segelmacher im Laderaum 5 arbeitete. Er mußte auf dieser Reise an Deck arbeiten. Der Zimmermann verletzte sich an der Hand, aber Sven Eriksson erwähnte nichts von dem Unfall im Logbuch. Gustaf Erikson forderte einen Auszug aus dem Logbuch für die Versicherung an, aber als er ihn bekam, bemerkte er mit Bleistift auf dem Brief: „Der Auszug ist mager".

Die Reise begann mit gutem Wetter von Lizard bis zum Äquator. Am 22. September 1929 ging das Schiff mit der üblichen Äquatortaufe über die Linie. Helge Heikkinen schrieb darüber in seinem Buch:

„Gleich nach dem Abendbrot wurden die Glocken angeschlagen, und eine zum Fürchten anzusehende Gang enterte das Deck und griff sich jeden, der die Linie noch nicht passiert hatte. Einen nach dem anderen schleiften sie vor König Neptun und seine Frau, das waren Storm Peter mit einer Krone auf dem Kopf und der Koch, der sich einen Rock aus zwei Schürzen gemacht hatte und sich sein dickstes Kissen unter seine Bluse gestopft hatte (Storm Peter war der Zweite Steuermann, Fritz Pettersson, und der Koch war John Österman). Die Inquisitoren wählten Lennart (Lennart Söderström, einen Kadetten aus Helsingfors, 16 Jahre alt) zu ihrem ersten Opfer. Lennart war nicht nur der Jüngste, er war auch der Kleinste an Bord. Es gelang ihm zu entwischen, und er enterte ins Rigg. Schnell hatten sie ihn wieder geschnappt, und als sie ihn nackt ausgezogen hatten, wurde er auf Befehl des Gottes der See den Doktoren zur Behandlung übergeben."

Heikkinen erzählt weiter, wie der Doktor das Opfer mit Teer, Rizinusöl, Pfeffer und Schweinemist behandelte. Nach dem „Doktor" nahm sich der „Barbier" seiner an. Der Barbier war Hugo Karlsson, der jetzt Erster Steuermann war. Schließlich wurde das Opfer in ein Becken getunkt, das aus Persennings und ein paar Latten aufgebaut worden war. Nach der „Feier" gab es Kaffee und Whisky für alle Mann.

Am 9. Oktober hatten sie den ersten Passat, der aber nicht anhielt, und Sven Eriksson schrieb dem Reeder, daß sie nur zwei Tage lang Nordostpassat gehabt hätten. Auf der ganzen Reise hatten sie nur dreimal die Bramsegel wegnehmen müssen. Nach einer Reise von 114 Tagen kam das Schiff am 20. November in Melbourne an. Sven Eriksson berichtete, daß es eine gute Reise ohne Ärger in der Besatzung gewesen sei. Unterwegs machten sie die üblichen Instandhaltungsarbeiten, Rost klopfen, Malerarbeiten am Rumpf und im Rigg, auch die Ankerkette kratzten sie ab.

Der Zimmermann baute ein kleines Boot und arbeitete am Rettungsboot. Gustaf Erikson schrieb am 24. Oktober an Sven Eriksson auch über den Unfall des Zimmermanns und meinte, man sollte lieber zuviel als zuwenig ins Logbuch schreiben. Er hoffe, daß Sven Eriksson sich in Zukunft danach richten werde.

In Melbourne wurde eine Party an Bord für den finnischen Konsul und andere Leute an Land wie den Chefstauer und den Schiffshändler gegeben. Solche Parties gab es auf den Eriksonschen Schiffen ziemlich oft, und sie waren bei den Gästen sehr beliebt. Wenn mehrere Schiffe in einem Hafen lagen, wechselten sie sich mit dem Ausrichten der Parties ab.

Wenn mehrere Schiffe von Erikson gleichzeitig in einem Hafen lagen, kam es nicht selten vor, daß er einen Kapitän anwies, Seeleute und auch Vorräte an Schiffe abzugeben, die sie nötig hatten. In Melbourne ließ Sven Eriksson Farbe für die POMMERN und Garnierhölzer für die stählerne Viermastbark MELBOURNE zurück.

Gustaf Erikson hatte versucht, eine Rückfracht von Australien zu bekommen, aber es sah schlecht aus; es war der Beginn der großen Depression von 1929 bis 1936, und er schrieb, daß die HERZOGIN in Australien möglicherweise noch lange liegen bleiben könnte. Er wollte nicht auf die angebotenen Raten, 20 Shilling/t für Sackweizen nach Westeuropa eingehen. Jedenfalls gab es keine Ladung von Melbourne, und das Schiff mußte in Ballast nach Wallaroo am Spencer-Golf segeln. Nach dem Entladen nahmen sie 500 t Ballast an Bord. Sven Eriksson schrieb, daß 500 t eine Menge Ballast seien, daß aber das Schiff höher aus dem Wasser zu liegen scheine als das letzte Mal beim Auslaufen aus Liverpool in Ballast. Er habe sich beschwert, daß sie zuwenig Ballast hätten, aber da sie das gleiche Material bekommen hätten, wie die POMMERN und die MELBOURNE, und es mit den gleichen Körben geladen worden sei, meinte er, es sei letzten Endes doch in Ordnung gewesen, weil auf den beiden anderen Schiffen die Ballastmenge geprüft und für in Ordnung befunden worden sei.

Auf der HERZOGIN CECILIE konnten sie die übernommene Menge nicht an den Lademarken kontrollieren, weil sie den Ballast schon übernahmen, während sie noch ihre Ladung löschten. Zu Hause in dem kleinen Büro in Mariehamn gefiel das Gustaf Erikson nicht, und er schrieb seine üblichen Randbemerkungen auf den Brief: „Wieviel Ballast im ganzen? Warum keine Vergleiche mit früheren Übernahmen in Melbourne und Port Lincoln?“

Sven Eriksson versuchte, den Hafen von Melbourne unter Segel zu verlassen, mußte aber einen Schlepper nehmen, weil zu viele Schiffe auf der Reede vor Anker lagen. Nachdem er 15 Seemeilen gesegelt war, mußte er wieder ankern, weil der Wind auf Südwest herumging. Nach kurzer Schleppfahrt gingen sie wieder unter Segel, und am Weihnachtsabend hatten sie die POMMERN und die MELBOURNE in Sicht, die beide 36 Stunden früher ausgelaufen waren. Am 27. Dezember 1929 waren sie in Wallaroo, die POMMERN und die MELBOURNE waren noch nicht da.

Als Eriksons Flotte am größten war... Dieses Foto hing in den 1930er Jahren im Salon eines jeden Erikson-Schiffs (Sammlung Verner Öjst)

Die HERZOGIN ankerte sechs Seemeilen vor der Küste und warf dort ihren Ballast über Bord.

Schließlich und endlich gelang es Gustaf Erikson, eine Ladung zu bekommen, und das Längsseitsbringen des ersten Teils der Ladung war für den 3. Januar 1930 zugesichert worden. Am 21. Januar teilte Sven Eriksson dem Reeder mit, daß die ganzen 4218 t Weizen übernommen waren. Die Rate von 22 Shilling 6 Pence war sehr niedrig. Es war in der Tat die niedrigste Fracht für australischen Weizen, die das Schiff während seiner gesamten Fahrtzeit bekam. Sven Eriksson klagte darüber, daß er nicht mehr laden konnte, weil der Hafenmeister auf der Pier stand und die

Lademarke kontrollierte. Dieses Mal kam die Summe aller Ausgaben in Australien auf 1712 Pfund 17 Shilling 6 Pence. Gustaf Erikson meinte, daß sie auf dieser Reise gut auf sparsames Wirtschaften geachtet hätten, aber er machte auch seine üblichen Bleistiftbemerkungen auf dem Brief des Kapitäns. Er war nicht damit einverstanden, daß sie Kohle in Wallaroo statt in Melbourne eingekauft hätten. Er bemängelte auch, wie er seine Telegramme aufsetzte. Clarkson hatte darüber geklagt, daß Sven Eriksson zuviele Worte machte. Gustaf Erikson befahl ihm nun, daß sie nicht länger als drei Worte sein dürften.

Am 25. Januar 1930 gingen sie nach Falmouth for orders in See. Wieder wurde es eine lange Reise, auf der man nicht von der Stelle kam, und der Kapitän beklagte sich wie gewöhnlich über Winde gegenan, Flauten und Nebel. Vier Tage nach dem Auslaufen aus Wallaroo bekamen sie morgens die HOUGOMONT in Sicht, und als es am folgenden Tage immer noch flau war, fuhren der Kapitän und ein paar Leute von der Crew zu Besuch hinüber. Am 25. Februar umrundeten sie Kap Hoorn. Der Kapitän berichtete, daß sie nur zweimal die Bramsegel für ein paar Stunden hatten wegnehmen müssen. Am 13. Mai waren sie vor Lizard und ankerten nach einer Reise von 109 Tagen in Falmouth. Am 23. Mai kam Order, in Birkenhead zu löschen. Sven Eriksson meinte, sie würden dazu eine Woche brauchen.

Auf der Überfahrt von Australien hatte die Crew einen Teil der Decksplankung erneuert, 1600 Fuß auf der Backbordseite; 1000 Fuß an Steuerbord waren noch erneuerungsbedürftig. Auf der HERZOGIN war laufend etwas instandzusetzen. In Wallaroo hatten sie beim Rostklopfen ein regelrechtes Loch in eine der Bugplatten geschlagen. In seinem Ankunftsbrief an Gustaf Erikson fragte der Kapitän, ob das Schiff in diesem Jahr zur Klasse anstände; und was sollten sie mit dem Flicken machen, den sie auf das Loch am Vorschiff gesetzt hatten? Gustaf Erikson notierte auf dem Brief, sie sollten es dabei belassen, wenn der Besichtiger es nicht bemerkte.

Das Schiff mußte zum Erhalt der Klasse durch den Germanischen Lloyd ins Dock, und Gustaf Erikson schrieb, daß dies im Ladehafen geschehen solle, falls vom Bristolkanal eine Kohleladung nach Tasmanien oder Australien zu haben sei. Anderenfalls solle die HERZOGIN in Ballast nach Mariehamn segeln, der Rumpf solle in Helsingør in Dänemark besichtigt werden und die übrige Besichtigung in Mariehamn folgen. In diesem Fall könne es eine Holzladung von Skandinavien nach Südafrika oder Australien geben. Eine dritte Möglichkeit, schrieb er, sei, im August in Ballast nach Australien zu segeln und eine vierte, das Schiff überhaupt aufzulegen. Schließlich entschied er, das Schiff in seinen Heimathafen Mariehamn zu bringen. Gustaf Erikson wies den Kapitän an, keine neuen Vorräte an Bord zu nehmen. Sie sollten mit dem auskommen, was sie an Bord hätten. Die einzige Ausnahme waren Farbe und Öl. Er wies den Kapitän auch an, die Besatzung soweit wie irgend möglich zu verringern, und er schrieb, 18–20 Mann müßten für die Reise von Birkenhead zu den Ålands im Sommer genügen.

Die HERZOGIN CECILIE *1930 in der Ostsee (Slg. Dr. Jürgen Meyer)*

Gustaf Erikson und seine Segelschiffe, inzwischen weltberühmt, waren oft Gegenstand der Beachtung in den Medien, wo immer sie sich zeigten. Er selbst hatte nichts gegen das Image eines irgendwie gefühlsbestimmten Mannes mit einem unbestimmten Schönheitsbegriff, der alles tat, um seine Schiffe in Fahrt zu halten, auch wenn sie nur geringen Ertrag brachten, und ihm der Wind ständig ins Gesicht blies. Bei einem Gespräch während der Depression Anfang der 1930er Jahre gestattete er Alan Villiers seine Worte wie folgt wiederzugeben:[3]

„Ich liebe diese Schiffe; mein ganzes Leben habe ich auf ihnen verbracht und war für sie da, und das will ich weitermachen. Wenn ich einmal davongehe, gehen auch sie; aber solange ich da bin, sind auch sie da... Ich werde nie ein Dampfschiffsreeder sein. Es mag sein, daß ich ein paar von meinen Schiffen verkaufen oder sie aufgeben muß, aber ich werde, solange ich lebe, so viele behalten, wie ich kann."

Doch hinter diesem romantischen Image in der Öffentlichkeit stand, wie konnte es anders sein, ein höchst fähiger, wenn auch gelegentlich irgendwie aus dem Rahmen fallender Reeder und Geschäftsmann. Vier Jahre zuvor hatte Gustaf Erikson zustimmend auf eine Einladung von Hugo Lundqvist reagiert, in eine gemeinsame Aktiengesellschaft zum Ankauf von Dampfschiffstonnage zu investieren, und er schrieb: „Ich bin an Ihrer Dampfschiffsgesellschaft sehr interessiert und will mitmachen. Es ist ganz klar, daß wir früher oder später mit Dampfern anfangen müssen, weil keine Segelschiffe mehr zum Verkauf stehen."[4]

Er steckte 100 000 Finnmark in die neue Gesellschaft, die großen Erfolg hatte. 1929 hatte er 45 Prozent Anteile an dem hölzernen Motorschiff TORBORG aus Mariehamn gekauft, und 1933 sollte er die Motorschiffe SWEDEN und VERA erwerben. Tatsächlich war, wie wir bereits an anderer Stelle[5] zum Ausdruck gebracht haben, die Frachtschiffahrt mit Segelschiffen auf den Ålands in den 20er und 30er Jahren ein ganz nüchternes

3 Villiers, Sea Dogs of Today, London 1932, S. 154

4 Greenhill/Hackman, The Grain Races, S. 92

5 Greenhill/Hackman, The Grain Races, Kapitel 6

und gewinnbringendes Geschäft. In seinen Briefen ebenso wie in seinen Gesprächen suchte Gustaf Erikson die Einträglichkeit seiner Flotte herunterzuspielen. Doch zeigen die Geschäftsunterlagen der HERZOGIN CECILIE deutlicher, als es aus früheren Unterlagen hervorgeht, daß die åländische Segelschiffahrt ein lukratives Geschäft war, das die Fundamente für den heutigen Wohlstand der Gemeinschaft legte.
Es ist interessant nachzurechnen, was die HERZOGIN CECILIE 1929/30 auf dem Höhepunkt der großen Depression wirklich an Nettoverdiensten einbrachte. Die Holzladung von Fredrikstad nach Melbourne – 76 Shilling 3 Pence / Standard – brachte 5280 Pfund ein, die Fracht von Wallaroo nach Birkenhead 22 Shilling 6 Pence / t; für 4218 t gleich 4744 Pfund. Die Gesamtausgaben in Fredrikstad beliefen sich auf 231 Pfund und die in Melbourne und Wallaroo auf annähernd 1712 Pfund. Über den Daumen gerechnet kamen die Heuern eines vollen Jahres für die gesamte Besatzung auf 25000 Finnmark oder 1355 Pfund Sterling, dazu kam der noch in Liverpool an Bord genommene Ballast zu 130 Pfund.

	Pfund
Hafenkosten	1944
Heuern	1335
Ballast	130
Ausgaben gesamt	3409
Frachten	
Norwegen–Australien	5280
Australien–England	4744
Gesamteinnahmen	10 024

Das stählerne Vollschiff GRACE HARWAR, *1889 bei W. Hamilton & Co in Port Glasgow erbaut, und die* HERZOGIN CECILIE *im Westhafen von Mariehamn (Åbo Akademi)*

Die Kosten für den Ankauf des Schiffes waren bereits zur Zeit von Kapitän de Cloux abbezahlt worden, so daß keine Abschreibungen mehr vorgenommen werden mußten. Der Reedereibetrieb lief mit minimalen Verwaltungskosten, ohne Kosten für Versicherungen, so blieb trotz der Auslagen in Liverpool für Vorräte noch ein durchaus zu Buche schlagender Nettoprofit übrig. Sven Eriksson schickte 1000 Pfund aus Liverpool an Clarkson, und als sämtliche Rechnungen bezahlt waren, überwies er den Rest der Bruttoeinkünfte. Kein Zweifel, das Schiff verdiente immer noch gut, selbst in der tiefsten Depression im Schiffahrtsgeschäft. Heutzutage würde das Nettoeinkommen von 10024 Pfund einer Summe von 400000 Pfund entsprechen – sehr viel Geld für einen kleinen Familienkonzern. Kein Wunder, daß Gustaf Erikson sehr zufrieden mit Sven Eriksson war nach seiner ersten Rundreise nach Australien als Schiffsführer.
Am 7. Juni 1930 segelte die HERZOGIN CECILIE von Liverpool nach Mariehamn ab. Sie hatte 650 t Ballast übernommen, 70 Tonnen weniger als 1929. Nach einer langen Reise – 19 Tage – traf sie am 26. Juni in

Mariehamn ein. Gustaf Erikson wollte eine Party an Bord geben. Er gab dem Kapitän Anweisung, aus England zwei Kisten Whisky, zwei Kisten holländischen Genever, eine Kiste Portwein, eine Kiste Cognac – Martell oder Hennessy – und eine Kiste Aquavit mitzubringen. Die Party stieg an einem Sonntag abend. Das Schiff war mit Flaggen und kleinen Birken und der Raum auf dem Zwischendeck, wo die Party stattfand, mit Papiergirlanden und Signalflaggen geschmückt. In der kurzen Juninacht wurde das Schiff von Glühlampen beleuchtet, die ihren Strom vom Generator bekamen, den ein paar Mann von der Wache in Gang hielten.
Die Besichtigung zum Klassenerhalt lief in Mariehamn an. Besichtiger war ein Kapitän Tengström, dem Gustaf Erikson und Kapitän Frederiksson vom Reedereibüro ein Essen gaben. Die Kosten für dieses Essen, 135 Finnmark, gingen zu Lasten der Schiffskasse. Weitere Ausgaben während des Aufenthalts in Mariehamn waren: 233 Finnmark an einen Koch, 100 Finnmark an einen Segelmacher für Segelreparaturen und 22956 Finnmark für Rostklopfen durch Arbeiter von Land. Außerdem erscheint noch eine kleine Summe von 20 Finnmark für Autofahrten des Kapitäns Tengström in Mariehamn. Alles zusammen entsprach einer Summe von ungefähr 122 Pfund Sterling.

Am 9. September lief die HERZOGIN CECILIE nach Kopenhagen aus, um dort für die Klassifizierung ins Dock zu gehen. Die Besichtigung verlief ohne Beanstandungen. Der Kapitän schrieb dem Reeder, der Besichtiger sei „ein netter Mann", der das Schiff durchgelassen habe, obwohl die Ankerkette etwas zu kurz sei. Eine neue Funkanlage wurde eingebaut und die alte an die ARCHIBALD RUSSEL abgegeben. Am 18. September dockten sie aus, und am 20. September ging die HERZOGIN CECILIE in See, nachdem sie Kohle, Vorräte und in England gekauftes Segeltuch an Bord genommen hatte.

Vor dem Absegeln von Mariehamn hatte Sven Eriksson um eine Gehaltserhöhung gebeten, aber Gustaf Erikson lehnte das ab „wegen der schlechten Zeiten" wie er in einem Brief schrieb. Am 6. November 1930 schrieb er an Sven Eriksson und erklärte ihm, warum er sein Gehalt nicht heraufsetzen konnte. Mit seinen Worten: „Auf dem Schiff liegen noch von der letzten Reise her Schulden in Höhe von 1914 Pfund 17 Shilling 3 Pence (wir erinnern uns; just ein paar Monate vorher hatte er das Ergebnis von Sven Eriksson erster Rundreise gut genannt) und wegen der Kosten für die Klassifizierung in Kopenhagen."

Er schrieb auch, daß bei den anderen Schiffen ähnliche Verluste eingetreten seien. Die MELBOURNE, sagte er, habe einen Verlust von 2060 Pfund 7 Shilling 8 Pence und die ARCHIBALD RUSSEL einen von 1297 Pfund 17 Shilling 2 Pence. Außerdem seien die Weizenfrachten auf 25–26 Shilling und für Dampfer auf 30 Shilling gefallen.

Aus der Gewinnkalkulation für die Rundreise 1929/30 geht ganz klar hervor, daß Gustaf Erikson für die Verweigerung einer Gehaltsverbesserung für Kapitän Sven Eriksson nach einer Ausrede suchte. Die Frachtraten lagen immer noch über den kümmerlichen 22 Shilling 6 Pence, die die HERZOGIN CECILIE zu Beginn des Jahres bekommen hatte. Ein Fehlbetrag von 17958 Finnmark in Sven Erikssons Abrechnung für die Zeit in Mariehamn mag einer der Gründe dafür gewesen sein, warum Gustaf Erikson das Gehalt so gar nicht heraufsetzen wollte. Auf die Abrechnung des Kapitäns über den Aufenthalt in Mariehamn notierte er: „Wieso 17958 Finnmark Schulden, ohne auch nur ein Wort darüber, warum und wofür?"

In den „Verlusten", von denen Gustaf Erikson hier sprach, waren wahrscheinlich auch die Beträge für die Auslagen in Mariehamn, das Eindocken und die Vorräte für die nächste Rundreise, vielleicht sogar einschließlich der Heuern der Crew enthalten, doch ist dabei zu bedenken, daß die Einnahmen aus der Fracht der nächsten Reise diesen Auslagen gegenüberstehen würden.

Gustaf Erikson schloß seinen Brief vom 6. November mit dem Versprechen, daß Sven Eriksson eine Prämie zuerkannt werden sollte, wenn die nächste Reise gut sein würde. Um aber diese Prämie zu verdienen, müßten sämtliche Schulden bezahlt und 1000 Pfund Gewinn übrig sein. Im gleichen Brief gab Gustaf Erikson eine Übersicht über seine finanzielle Lage. Für die Jahre 1929 und 1930 betrugen seine Schulden 18000

Pfund, „...dazu noch Schulden zu Hause und die Tatsache, daß von Clarkson keine Schecks gekommen waren und die Klassifizierung der Schiffe und das Eindocken usw. usw.“ Daß Gustaf Erikson bei Clarkson wirklich verschuldet war, geht aus einem Brief hervor, den er am 30. April 1931 an Sven Eriksson schrieb, als das Schiff klar zum Absegeln nach Mariehamn in Barry Docks lag:

„Halte die Crew für die Heimreise so klein es irgend geht. Ihr dürft nichts Unnötiges kaufen. Aber die Heuern müssen gezahlt werden, oder so viel Geld nach Mariehamn geschickt werden, wie Ihr für die Auslagen für die Besatzung braucht, sonst nimmt Clarkson sich das ganze Geld.“

Für die Verschuldung von Gustaf Erikson gab es sehr gute Gründe, aber die hatten mit Verlusten, die die Schiffe eingefahren haben sollten, nichts zu tun. Im Gegenteil, denn er hatte 1929 drei weitere Schiffe gekauft, die MELBOURNE, die VIKING und die PONAPE und dafür 16000 Pfund ausgegeben. Dazu kamen noch 3000 Pfund, um die VIKING fahrbereit zu machen. Diese Ankäufe überdehnten selbstverständlich Eriksons Kredit bei Clarkson. Sie hatten den Wunsch geäußert, daß Erikson einen englischen Trampdampfer für 35000 Pfund kaufte und ihm dafür ein Darlehen von 16000 Pfund versprochen, waren aber nicht bereit, noch mehr Geld in Segelschiffe zu stecken. Sie taten es aber trotzdem, und so wurde der Ankauf dieser zusätzlichen Einheiten der Flotte wieder zu einem anglo-åländischen Gemeinschaftsgeschäft.

Gustaf Erikson meinte, die HERZOGIN würde dieses Mal eine schnelle Reise machen. Die ARCHIBALD RUSSEL und die MELBOURNE hatten beide schnelle Reisen gemeldet. Er rechnete mit ungefähr 80 Tagen. Er ordnete an, daß die Ballasttanks entrostet würden, was in Mariehamn wegen des noch an Bord befindlichen Ballastes nicht möglich gewesen war (weil sie wegen des im Schiff liegenden festen Ballastes nicht an die Ballasttanks herankommen konnten; der Übersetzer). Als er in Mariehamn sein „Flaggschiff“ besichtigte, hatte er gesehen, daß es entrostet und das Vorschiff gemalt werden mußte, eine Arbeit, die aber auch ebensogut in Australien erledigt werden konnte.

Am 12. Dezember 1930 traf die HERZOGIN nach einer schnellen Reise von 83 Tagen in Port Lincoln ein. Sven Eriksson war über den oben erwähnten Brief vom 6. November äußerst verärgert. In seiner Antwort fragte er, wie denn der Reeder eine schnelle Reise erwarten könne, wo er ihn doch selber gebeten habe, vorsichtig zu sein und rechtzeitig Segel zu kürzen, selbst wenn das eine längere Reise bedeutete. Gustaf Erikson hatte sich auch über die Kosten für Vorräte und Proviant ausgelassen, weil sie für die HERZOGIN CECILIE höher waren als für seine anderen Schiffe. Der Kapitän erwiderte, daß die HERZOGIN ein Schiff wäre, das mehr Farbe brauche und wegen der Größe der Crew auch mehr Proviant. Sven Eriksson ließ sich auch wegen des Rostpickens im Vorschiff aus – das sei nicht möglich, weil die schlechten Platten unter der Wasserlinie lägen. Er schrieb weiter, daß er mit der Besatzung durchaus nicht zufrieden sei, es wären die schlechtesten Leute, die er je gehabt habe.

Am 22. Januar 1931 hatten sie in Wallaroo, wohin das Schiff verlegt hatte, 4197 t Weizen in 51 501 Säcken übernommen, 20 t weniger als im Vorjahr. In diesem Jahr lag die Frachtrate für die HERZOGIN CECILIE bei 32 Shilling 6 Pence, viel besser als die armseligen 22 Shilling 6 Pence im Jahr zuvor. Es gab einen Unfall: Ein Mann fiel in einen der Laderäume, wurde aber nur leicht verletzt. Der Kapitän schickte einen Bericht an Gustaf Erikson, der es eigenartig fand, daß für eine Röntgenaufnahme in Australien keine Rechnung beilag und auch kein Auszug aus dem Logbuch. Er beanstandete auch, daß der Kapitän den Bericht nicht unterschrieben hatte.

Helge Heikkinen, der für diese Reise nach Falmouth angemustert hatte, erzählte darüber in seinem Buch.[6] Auf dieser Reise gewann die HERZOGIN das Weizenrennen von 1931:

„Um 11.00 Uhr wurde Anker gelichtet und alle Segel gesetzt. Schon bei der Abfahrt kam der Wind vorn und war stark, so mußten nach kurzer Zeit Segel weggenommen werden. Wir brauchten vier Tage, um aus dem Spencer-Golf herauszukreuzen. Als wir draußen waren, wurden wieder alle Segel gesetzt, und das Schiff nahm Fahrt auf, von 8 auf 11 Knoten. Es war schwer für den Rudergänger, den Kurs zu halten, das Schiff schlingerte so stark. Zuerst war nur ein Mann am Ruder, aber nachdem ein Kadett über das Ruderrad geschleudert worden war, wurden zwei Mann daran gestellt. Das Schiff flog über das Wasser, und schaumbedeckte Riesenseen wuschen von Zeit zu Zeit über das Vorschiff. Dann war vom Vordeck nichts zu sehen, es war im Wasser begraben."

Am 5. Februar 1931 gingen sie über die Datumslinie. Sie hatten vier Tage gutes Wetter, danach brach ein Sturm los, und sie mußten sämtliche Rahsegel wegnehmen. Von da an wurde die Reise zum Alptraum. Heikkinen schrieb am 4. März, daß sie in der Nacht das Kap Hoorn mit 12 Knoten rundeten. Die Strecke über den Pazifik hatte 38 Tage gedauert, und sie dachten, daß ihre Chancen im Weizenrennen vorbei wären. Die Stimmung an Bord war miserabel, und es war gefährlich, dem Kapitän nahe zu kommen. Nach einem weiteren Sturm vor Feuerland ließ der Wind allmählich nach, und günstige Winde brachten das Schiff am 30. März über den Äquator. Nachdem sie die Ladung, die bei den Stürmen übergegangen war, getrimmt hatten, brachten sie das Schiff wieder auf 12 Knoten. Darüber freute sich der Kapitän, und er spendierte der Crew zu Ostern mehrere Flaschen Whisky. Am 16. April kamen die Azoren in Sicht. Sven Eriksson versuchte, zwischen den Insel hindurchzusegeln, aber der Wind machte nicht mit, sie mußten kreuzen und die Inseln im Osten lassen. Nach einem weiteren Sturm passierte das Schiff am 25. April Lizard. Am 26. April kamen sie in Falmouth an. Die Reise hatte 92 Tage gedauert; eine Zeit, die in diesem Jahr nicht unterboten wurde. Sven Erikssons Reisebericht an seinen Reeder war sehr kurz:

„Erreichten Falmouth um 4.00 Uhr am 26. April nach einer schönen Reise. Wir brauchten 40 Tage zum Hoorn, 26 zur Linie und 18 zu einer Position 200 Seemeilen nördlich der Azoren, wo wir vier Tage Flauten-

Wegekarte der HERZOGIN CECILIE *von der Reise Belfast – Port Lincoln – Falmouth – Belfast – Nystad, 1934/35 (Ålands Sjöfartsmuseum)*

6 Heikkinen, Runt Kap Horn med HERZOGIN CECILIE, Ekenäs 1967

wetter hatten und wir eine andere Viermastbark sichteten, aber wir standen so weit von ihr entfernt, daß wir nicht sehen konnten, wer sie war. Wir haben Rost geklopft, gemalt, neue Segel genäht und das Rettungsboot zu Ende gebaut."

Kein Wort über die Sturmschäden und kein Wort darüber, daß die Ladung übergegangen war.

Gustaf Erikson schrieb am 18. April einen Brief nach Falmouth, bevor das Schiff ankam, und gab Anweisung, keinerlei unnötigen Proviant einzukaufen und schrieb dem Kapitän, daß er mit John Marshall & Co. in Barry Dock abgemacht habe, Fleisch und Proviant für seine Schiffe bei ihm zu kaufen. Er teilte dem Kapitän auch mit, daß er an alle seine Schiffe Wegekarten geschickt hatte. Die Kapitäne müßten darin ihre Reisewege eintragen und die Karten an das Büro in Mariehamn zurückgeben.[7]

Die HERZOGIN CECILIE war am 1. Mai in Barry Dock. Sie hatte einen Schlepper angenommen, konnte mit dem Löschen aber erst am 7. Mai beginnen. Dann sollte noch ein weiterer Verzug eintreten, weil ein Dampfer für zwei Tage an den Liegeplatz ging. Dampfer hatten immer Vorrang. Die Order für die HERZOGIN CECILIE lautete, in Ballast nach Mariehamn zu segeln und für eine Zeitlang aufzulegen.

Am 21. Mai segelte sie von Barry Dock ab. Auf dieser Heimreise machte sie am 2. Juni, so steht es in ihrem Logbuch, einen der schnellsten „Ritte" der Segelschiffahrt, als sie die Strecke Skagen Feuerschiff – Laesø, 25

7 Sie liegen jetzt vollzählig im Ålands Sjöfartsmuseum.

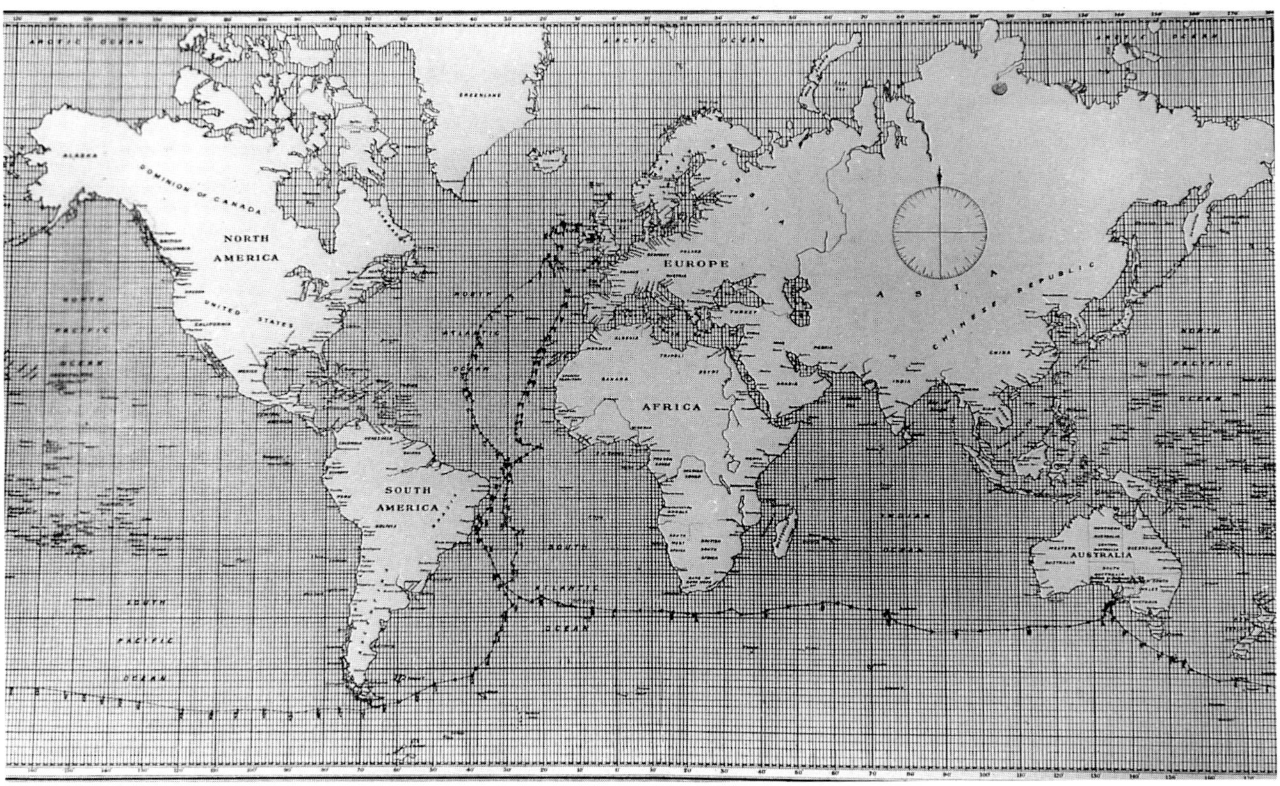

Hartes Segeln auf Backbordbug (von Pamela Eriksson an Sir David Gibson weitergegeben)

Seemeilen, in 1 1/4 Stunden absegelte. Auch nach Abzug eines möglichen Mitstroms muß ihre Fahrt über Grund bei 20 Knoten gelegen haben. Es wehte mit 8 Windstärken aus Westsüdwest.[8]

Am 6. Juni 1931 ankerte das Schiff in Mariehamn. Eine ausgehende Holzfracht vom Ostteil des Finnenbusens nach Lourenço Marques und Beira war abgeschlossen worden, so wurde es nur ein kurzer Aufenthalt in Mariehamn. Am 28. Juni segelte die HERZOGIN CECILIE nach Koivusaari in der Nähe von Viborg ab. Sie hatte im Westhafen von Mariehamn vor Anker gelegen und ging beim Aussegeln beinahe auf Grund. Kapitän Fredriksson vom Büro Erikson sah, was passierte, und schrieb an Sven Eriksson nach Kotka: „Du hast es eben noch geschafft."

8 Besser noch als diese Episode zeigte die PARMA unter Karl V. Karlsson, dem Schwager von Ruben de Cloux, was eine stählerne Viermastbark zu leisten imstande war. Sie lief im Verlauf einer hervorragenden 73-Tage-Reise von Barry nach Port Victoria vom 1. Januar 1936 mittags bis zum 2. Januar mittags 324 Seemeilen ab. Das entspricht einer Durchschnittsgeschwindigkeit von 13,5 Knoten. (W.H. Potts, Wind from the East, London 1940, S. 50)

Dennoch brachte Sven Eriksson sein Schiff ohne weitere Schwierigkeiten direkt nach Koivusaari, die ganze Strecke unter Segel, ohne Schlepp, was er in seinem Ankunftsbrief an Gustaf Erikson betonte. Nachdem sie eine Zeitlang mit der Dampfwinde geladen hatten, platzte ein Rohr im Kessel, und sie mußten mit nur einer Gang und der Motorwinde weiterladen.
Nach Übernahme der Holzladung in Koivusaari verholten sie das Schiff zum nahe gelegenen Kotka, um den Rest der Ladung zu übernehmen. In Kotka wurde der Rest der Crew, darunter ein Mann namens Thomas Melin, angemustert. Thomas Melin, der für zwei Rundreisen an Bord blieb, lebte noch in Mariehamn, als dieses Buch geschrieben wurde, und einer der Autoren hat mit ihm über seine Erlebnisse auf dem Schiff gesprochen.
Sven Eriksson stellte nur ein paar Leute der Crew zur Unterstützung der Stauer bei Beladen des Schiffes in Koivusaari ab. Das gefiel Gustaf Erikson durchaus nicht. Und auch nicht, daß Sven Eriksson nicht die Hälfte der Fracht als Vorschuß genommen hatte, wie es im Chartervertrag abgemacht war. Er gab ihm zu verstehen, daß die Zinsen für einen nicht abgehobenen Vorschuß nicht mehr als 6 Prozent brächten, die Bankzinsen aber 9 bis 10 Prozent. Man solle Vorschuß nehmen, wo man könne, um in den Genuß der höheren Zinsen zu kommen.
Er schrieb einen langen Brief mit Instruktionen an den Kapitän nach Kotka, in dem er sich u.a. über die Mitnahme von Passagieren ausließ. Passagiere waren inzwischen zu einer nicht gerade üppigen, aber doch wachsenden Einnahmequelle geworden. Durch Einbau eines Schotts in den Funkraum war ein Rauchsalon für die männlichen Passagiere geschaffen worden. Passagiere konnten eine Kurzreise über die Ostsee nach Kopenhagen oder von England nach Kopenhagen oder einen anderen Ostseehafen buchen, aber auch eine Langreise von Europa nach Südafrika oder Australien oder auch eine Rundreise waren möglich. 1935 lag der Preis für eine Kurzreise bei mindestens 9 Pfund für zwölf Tage oder weniger an Bord und für jeden weiteren Tag 12 Shilling 6 Pence. Die Langreisen kosteten 10 Shilling am Tag.
Für die Passagiere waren keine besonderen Leistungen vorgesehen. Sie bekamen eine Koje und die gleiche Verpflegung wie die Offiziere. Die Mahlzeiten wurden zu folgenden Zeiten gereicht:

Morgenkaffee	8.00 Uhr
Frühstück	10.00 Uhr
Lunch	13.00 Uhr
Nachmittagskaffee	16.00 Uhr
Abendessen	19.00 Uhr

Thomas Melin, dessen Mutter während der zwei Jahre, die er auf der HERZOGIN CECILIE fuhr, an Bord war, berichtete, daß sie regelrecht als Stewardeß für die Passagiere beschäftigt wurde, die als Besatzungsmitglieder in der Musterrolle eingetragen waren. So machte z.B. 1932 die

Baroneß Eva Gyllenstierna, eine Schwedin, eine Rundreise von Kopenhagen nach Australien und zurück. Sie war als „Sekretärin" angemustert worden. Wie andere Passagiere und Besatzungsmitglieder schrieb sie ein Buch über ihre Erlebnisse an Bord.[9]
Von den Passagieren wurde nicht erwartet, daß sie an Bord mitarbeiteten, wenn sie es nicht wünschten und wenn, dann auf eigene Gefahr. Sie mußten einen Revers unterschreiben, daß sie unter keinerlei Umständen Ansprüche an Gustaf Erikson stellen und auch keine möglicherweise anfallende Entschädigung verlangen würden. Sie mußten auch einen Bürgen benennen, der den Reeder von jedem Anspruch seitens des Passagiers oder dessen Verwandten freistellte und ihn dagegen versicherte.
Allmählich nahm die Zahl der Passagiere auf der HERZOGIN CECILIE zu. 1933 konnte sie nur neun aufnehmen, aber es wurden weitere Passagierkabinen eingebaut, und 1935 fuhren auf der Reise von Nystad nach Belfast 19 Passagiere in neun Kabinen mit.
Gustaf Erikson schärfte dem Kapitän ein, daß die Passagiere die gleiche einfache Verpflegung bekommen sollten wie die Offiziere. Bier war nicht dabei, doch konnte der Kapitän es für sie besorgen und mit 10 Prozent Aufschlag auf den Einkaufspreis weiterverkaufen; das war genau der Zinssatz, den der Reeder für seine Bankschulden zahlte, die er sich mit den Investitionen in weitere Schiffe aufgeladen hatte. Sven Eriksson hatte Ärger mit einigen Passagieren, die den Service eines First-class-Hotels mit frischem Essen auf der ganzen Reise erwarteten. Es kam sogar vor, daß sie von ihm verlangten, einen Hafen anzulaufen, um Frischproviant zu nehmen.
Am 29. Juli 1931 war die Beladung in Kotka beendet, im ganzen 1195065 Standard zu einer Rate von 60 Shilling 6 Pence. Am 30. Juli wurde die HERZOGIN nach See geschleppt und segelte mit einer Besatzung von im ganzen 30 Mann, dazu drei Passagieren, nach Kopenhagen, wo die letzten Vorräte an Bord genommen wurden. Sie ging nördlich von Schottland in den Atlantik und brauchte 35 Tage zum Äquator. Thomas Melin berichtete, daß die Stimmung der Crew sehr gut war und die ausländischen Seeleute an Bord den Schwedisch-Finnen und Finnen auf dem Schiff keinen Ärger machten. Zur Besatzung gehörten 13 Åländer, sechs Finnen vom Festland, drei Deutsche, zwei Schweden und zwei Balten. Thomas Melin sagte wie alle anderen Seeleute, die wir über ihre Zeit auf der HERZOGIN befragten, daß sie sehr schwer zu bearbeiten war, weil sie keine Brasswinschen hatte, daß sie aber sehr leicht durch den Wind zu bringen gewesen sei.
Am 1. November lief sie in Lourenço Marques ein, wo ein Brief von Gustaf Erikson für sie lag, in dem er dem Kapitän mitteilte, daß er für alle seine Schiffe mit Ausnahme der GRACE HARWAR eine Charter für australischen Weizen nach Europa zwischen 30 und 31 Shilling 6 Pence bekommen habe. Clarkson hätte die Fracht festgemacht und würde die Charterpartie an ihn abschicken. Der Kapitän solle bei seinen Geschäften sehr vorsichtig sein, es gebe eine weltweite Krise. England habe den

9 Gyllenstierna, På världsomsegling med HERZOGIN CECILIE, Stockholm 1938

Goldstandard verlassen, und es sei noch offen, wie das Pfund darauf reagieren würde. In einem Brief nach Port Lincoln vom 17. Dezember kam Gustaf Erikson auf das gleiche Thema zurück. „Die englische Währung hat nur noch 80 Prozent ihres früheren Wertes. Das ist freilich gut für Finnland, da der Wechselkurs auf 245 Finnmark gestiegen ist, aber es ist nur ein kleiner Betrag des Frachtgeldes, der zurückfließt." Das zeigt, daß Erikson noch dabei war, das Geld für seine Investitionen in neue Tonnage zurückzuzahlen.

Ein Teil der Holzladung wurde in Lourenço Marques gelöscht, der Rest in Beira. Nach Abzug aller Auslagen in Südafrika wurden etwa 900 Pfund an Clarkson überwiesen. Das freute Gustaf Erikson sehr. Am 11. Dezember war die Entladung in Beira beendet, und am 12. ging das Schiff in See. Sie hatten kein Glück mit dem Wind und kreuzten zwei Tage lang dicht unter der Küste gegen entgegenstehenden Gezeitenstrom und ankerten schließlich, wie der Kapitän annahm, vier Seemeilen von einer Sandbank entfernt. Als sie loteten, hatten sie achtern nur 20 Fuß Wasser. Nach der Karte hätten es, wie der Kapitän später schrieb, 11 Faden sein müssen (20 m; der Übersetzer). Sie versuchten, das Schiff in tieferes Wasser zu warpen, aber damit kamen sie nur langsam weiter, und bei ablaufendem Wasser kam das Schiff auf Grund. Mit der nächsten Flut warpten sie sich nach See zu frei und setzten wieder Segel.

HERZOGIN CECILIE kam nach 36 Tagen am 18. Januar 1932 in Port Lincoln an und wurde zum Beladen nach Port Augusta, einem „miserablen Platz", beordert. Sven Eriksson mußte in Australien Vorräte ergänzen. Er hatte für eine Rundreise mit 28 Mann gerechnet, aber es waren, wie er Gustaf Erikson schrieb, 36 nach Südafrika, einschließlich der Passagiere, und jetzt würden sie auf der Reise nach Europa 32 an Bord sein. Er versuchte, wie sonst üblich, etwas von den anderen Schiffen zu bekommen, aber der australische Zoll verweigerte ihm die Erlaubnis, gepökeltes Schweinefleisch von der POMMERN zu holen.

Am 9. Februar 1932 war das Schiff segelklar. Es hatte 4172 t Weizen in 53 174 Säcken zu einer Frachtrate von 31 Shilling 6 Pence geladen. Am 18. März rundeten sie Kap Hoorn und gingen am 22. April über die Linie. Am 26. Mai 1932 traf die HERZOGIN CECILIE nach 106 Tagen in Falmouth ein. Während der Reise war ein Leck aufgesprungen. W. L. Leclercq schrieb in seinem Buch[10] über diese Reise, man vermutete, daß einige Nieten bei der Grundberührung vor Beira abgeschoren waren. Das Schiff wurde mit Einsatz der Donkey-Maschine lenz gehalten. Der Kapitän unterrichtete Gustaf Erikson vom Löschhafen Birkenhead aus über das Leck. Das Wasser hatte 5 t von der Ladung verdorben, und Clarkson meinte, das Schiff würde für diesen Schaden aufkommen müssen. Nach Abzug der Vorauszahlung für die Fracht, 1945 Pfund, der Kosten für die Entschädigung für den verdorbenen Weizen und für ein paar Kleinigkeiten blieben 4551 Pfund 9 Shilling 8 Pence übrig. Nach Abzug der Hafenkosten und aller sonstigen Auslagen in Liverpool und Birkenhead blieb noch ein Nettoüberschuß von ungefähr 2500 Pfund.

10 W. L. Leclercq, Wind in de Zeilen, Amsterdam 1933

Viele Leute in England wollten als Passagiere einsteigen, und Sven Eriksson schrieb, daß sie jede Summe für eine Chance zum Mitfahren auf der HERZOGIN CECILIE bezahlen würden. Seine Plätze waren schon belegt, und er mußte sie darauf verweisen, es mit der VIKING und der LAWHILL zu versuchen, die in kurzer Zeit in Liverpool erwartet wurden.[11]
Da es im Augenblick keine ausgehende Fracht gab, wurde die HERZOGIN nach Mariehamn beordert. Vor der Heimreise ging das Schiff ins Dock und bekam einen Bodenanstrich. Der Kapitän sollte das niedrigste Angebot annehmen, wenn mehr als eine Firma Kostenanschläge abgäbe. Die Farbe sollte wie gewöhnlich bei International Paints gekauft werden; Draht- und Fasertauwerk usw. waren von Messrs. Ro Hood Haggie & Son Ltd. in Newcastle-upon-Tyne und Segeltuch von Francis Webster & Sons in Arbroath in Schottland zu beziehen. Mit diesen Firmen hatte Gustaf Erikson abgemacht, daß die Rechnungen erst das Datum des Tages bekommen sollten, an dem die Schiffe auf der Ausreise den Sund passierten. Auch hier zeigt sich wieder deutlich, wie sehr die Engländer an dem Betrieb der Schiffe beteiligt waren.
Nach dem Ausdocken segelte Sven Eriksson am 14. Juni mit der HERZOGIN von Liverpool ab und erreichte Mariehamn am 28. Juni 1932. Thomas Melin blieb an Bord. Nach einigen Wochen Urlaub wurde er während des Aufenthalts in Mariehamn weiterbeschäftigt. Er wurde zum Vollmatrosen befördert, und seine Mutter als „Bedienung für weibliche Passagiere" angemustert. Am 1. September kam die neue Besatzung. Erster Steuermann war Linus Lindvall, Zweiter Paul Palm und Dritter Boris Lindholm, alle drei Åländer. Im ganzen waren sie 31 an Bord, in der gewöhnlichen Mischung von Åländern, Schwedisch-Finnen vom Festland, Finnen, anderen Skandinaviern und weiteren Ausländern. Am 6. September

11 Ab 1932 ist zu erkennen, daß die Korrespondenz mit den Kapitänen von den in Gustaf Eriksons Büro tätigen Kapitänen K.A. Fredriksson, dem Geschäftsführer, von Hilding Kåhre und ab 1935 von Edgar Erikson, Gustaf Eriksons ältestem Sohn, übernommen worden war; sie entwarfen die Briefe und zeichneten sie gegen. Die Briefe von den Schiffen nach Mariehamn waren nach wie vor an den „Sjöfartsrådet" Gustaf Erikson adressiert, und es ist ganz klar, daß er über ihren Inhalt gut informiert war, denn er unterschrieb immer noch sämtliche ausgehenden Briefe und diktierte wohl auch die wichtigeren.

Äquatortaufe 1932, ganz links Sven Eriksson, neben ihm Baroneß Eva Gyllenstierna; die Frau am Tischende ist Maria Melin (Sammlung Verner Öjst)

HERZOGIN CECILIE *nimmt Ausrüstung und Gerät von der entmasteten* HOUGOMONT *an Bord (Holger Hjelt)*

setzten sie Segel zu einer mit allerlei Ärger verbundenen Reise nach Kopenhagen. Die Crew war unerfahren. Um 8.00 Uhr am 8. September kam der Leichtmatrose Pierre Norrlin, ein Schwede, der im zweiten Jahr an Bord war, von oben aus dem Rigg, als er ein Segel festmachen wollte und verunglückte tödlich. Seine Mutter war als Passagier an Bord. Der Tote wurde in Visby an Land gebracht. Vor diesem Unfall war ein Kadett in den Kohlenbunker gefallen und hatte sich verletzt. Er mußte in Kopenhagen aussteigen. Am 18. September kamen sie in Kopenhagen an und versorgten sich wie gewöhnlich bei der Firma Julius F. Schierbeck. Hier stiegen noch Passagiere zu, acht für die Reise nach Australien, darunter die Baroneß Eva Gyllenstierna. Zwischen ihr und Sven Eriksson entspann sich ein Verhältnis, das jedenfalls berichtet Christian Buss.

In seinem Ankunftsbrief an Gustaf Erikson vom 29. Dezember 1932 aus Adelaide, wo sie am 16. eingelaufen waren, schrieb Sven Eriksson, daß die Reise hätte besser sein können, aber Wind und Wetter hätten nicht mitgespielt. Alles sei gutgegangen, bis sie den Südatlantik erreicht hätten, aber dann seien sie auf Gegenwind, Flauten und Stürme getroffen. Am 11. Dezember brach im Indischen Ozean ein Block in der Ruderanlage. Bevor sie Zeit gehabt hätten, das hintere Ruderrad einzukuppeln, wären die Segel fast backgeschlagen.

Thomas Melin erinnerte sich an den Vorfall und wie der Zweite Steuermann nach vorn stürzte, um die Segel des Fockmastes rundbrassen zu lassen. Trotzdem gingen fünf Segel verloren, eines davon wurde vollständig aus den Lieken geblasen. Sie versuchten, einen neuen Bolzen in den Block zu setzen, aber auch der brach. Er berichtete, daß sie dann das Schiff mit Drahtleinen über dem Spill auf Kurs hielten, bis das Mittschiffsruder wieder klar war. Drei Stunden lang steuerten sie mit dem Spill, dann hatte der Donkeymann den Schaden behoben.

Die HERZOGIN CECILIE bekam Order, alle noch brauchbare Ausrüstung und Geräte von der HOUGOMONT nach Mariehamn mitzubringen.[12] Die Schiffe wurden längsseit voneinander mit dazwischengelegten Holzfendern vor Anker gelegt, aber in dem herrschenden Schwell lagen sie unruhig. Die Drahtfestmacher brachen, und die HERZOGIN hatte Schaden an der Verschanzung. Ein paar Mann von der HOUGOMONT-Crew stiegen auf die HERZOGIN CECILIE über.

Durch die von der HOUGOMONT übernommene Ausrüstung verringerte sich die Getreideladung auf 4072 t netto. Die Fracht brachte 27 Shilling 3 Pence, aber die Gesamtausgaben in Port Adelaide beliefen sich auf 1721 Pfund, weniger als im Vorjahr, worüber Gustaf Erikson erfreut war.

Am 25. Januar 1933 segelte das Schiff von Adelaide ab. Es wurde eine lange Reise, 115 Tage. Thomas Melin erzählte uns, daß sie auf dem Wege nach Kap Hoorn verschiedentlich auf Eisberge trafen. Wegen des Eises waren ständig sechs Mann auf Ausguck. Die Wassertemperatur wurde laufend gemessen, und immer wenn sie sank, „fing der Steuermann an zu singen, und der Ausguck wurde noch schärfer". Sven Eriksson schrieb, daß sie auf der Reise 15 Eisberge gesehen hätten.

12 Die stählerne Viermastbark HOUGOMONT hatte sieben Monate zuvor in einem Orkan ihre Masten verloren. Es war ihr gelungen, unter einem Notrigg ohne Hilfe nach Adelaide zu segeln, wo sie kondemniert wurde.

Gustaf Erikson, zweiter von rechts, an seinem rechten Arm Hilda Erikson (Gerhard Sjögren)

Die HERZOGIN CECILIE traf am 20. Mai 1933 in Falmouth ein und bekam Order, in Millwall Docks in London zu löschen. Dort kam sie am 29. Mai, fünf Tage von Falmouth, an. Als das Schiff 1932 in England war, war ein Besuch des Prince of Wales vorgesehen, der aber nicht stattfinden konnte, weil das Ankunftsdatum des Schiffes zu unsicher war. 1933 war er zur gleichen Zeit wie die HERZOGIN in Falmouth, aber sein bereits festgelegtes Programm ließ den Besuch nicht zu, den er gern gemacht hätte. Aber immerhin konnte der Herzog von Westminster das Schiff in Falmouth besuchen. Eva Gyllenstierna schrieb, daß er dem Kapitän eine Handvoll Pfundnoten für die Crew gab, was Sven Eriksson aber in seinen Briefen nicht erwähnte.

Am 13. Mai teilte Hilding Kåhre dem Schiff aus Mariehamn mit, daß sie wieder eine Holzladung von der östlichen Ostsee (Trångsund) nach Lourenço Marques und Beira abgeschlossen hätten. Vor dem Absegeln in die Ostsee sollte die HERZOGIN in London ins Dock gehen. Am 8. Juni traf ein kurzer Brief von Hilding Kåhre aus Mariehamn ein, der sich mit Vorräten und anderen Routineangelegenheiten befaßte.

In einem langen Nachsatz schrieb Gustaf Erikson: „Ich bin sehr beschäftigt gewesen mit vielen neu angekauften Motor- und Segelschiffen und der Werft in Nystad und dem Schlepper JANHUA I[13] und alle diese Schiffe mußten ganz schnell in Betrieb genommen werden, daher hatte ich keine Zeit, Dir zu schreiben und Dich willkommen zu heißen. Wie Du weißt, soll das Schiff in Kotka laden und ab 15. Juli die Ladung in Trångsund vervollständigen. Es ist keine Zeit zu verlieren, wenn das Schiff bis dahin fertig sein soll. In Mariehamn werden es bloß wenige Tage sein, um die Sachen von der HOUGOMONT an der alten ‚Pakusbron'[14] von Bord zu geben. Das Schiff soll so nahe wie möglich heransegeln, aber vermeiden, was der OLIVEBANK vor zwei Jahren passierte, als sie nach dem Ankern mit dem Heck und dem Ruder ans Land stieß. Deshalb mußt Du nach Westen hin weit draußen ankern, damit so etwas nicht wieder vorkommt."

Außerdem gab Gustaf Erikson dem Kapitän den Auftrag, Schokolade und

13 In JOHANNA umgetauft

14 Eine Pier im Westhafen

HERZOGIN CECILIE *in London im Trockendock, 1933 (Sammlung Verner Öjst)*

Medizin für seine kranke Tochter mitzubringen. Mr. Appleby, ein Londoner Schiffsmakler, der Anteile an mehreren åländischen Schiffen hielt, hatte ihm die Medizin empfohlen.[15] Erikson bat ihn auch, eine Kiste Madeira und eine Kiste Tischwein von Appleby mitzubringen. Wahrscheinlich wollte er den Wein für den Besuch des Präsidenten von Finnland haben, den er erwartete, wenn die HERZOGIN CECILIE in Mariehamn lag. Sven Erikssons Frau kam in London an Bord, und Gustaf Erikson war damit einverstanden, daß sie zu den Ålands oder auch zum Verladehafen mitsegeln konnte, denn, wie er es ausdrückte, „Der Kapitän hat immer sein Bestes für mich gegeben, so kostet es nichts, vorausgesetzt, daß sie die normale Verpflegung bekommt". Nachdem sie einen Monat an Bord

15 Greenhill/Hackman, The Grain Races, S. 122, 143

war, kamen einige weitere Passagiere, darunter W. L. A. Derby, der später seinen Klassiker „The Tall Ships Pass" schreiben sollte. In diesem Buch beschreibt er die Lebensgeschichte der HERZOGIN CECILIE so vollständig, wie das ohne den Zugang zu der Korrespondenz des Reeders überhaupt möglich war.

Am 14. Juli war das Schiff in Mariehamn, am 16. besuchte es der finnische Präsident Pehr Evind Svinhufvud, und am 17. gab Gustaf Erikson einen Empfang. Am 20. Juli lief die HERZOGIN CECILIE nach Kotka aus. Am 18. Juli wurde eine neue Besatzung angeheuert, Elis Karlsson als Erster, Boris Lindholm als Zweiter und Algot Leman als Dritter Steuermann. Steward war F. Henriksson, mit ihm kam seine Frau, die als Reinemachfrau angemustert wurde. Einer der Kadetten war Christian Buss.[16]

Die Ladung wurde in Kotka von Besatzungsangehörigen zusammen mit Stauern übernommen. Sie war am 17. August vollständig an Bord, und das Schiff lief aus. Es wurde eine lange Reise nach Südafrika. Südlich von Norwegen geriet das Schiff in eine Flaute und wurde vom Strom auf das Land zu versetzt. Um es durch den Wind zu bringen, mußten sie den Bug mit dem Motorboot und zwei Rettungsbooten herumziehen. Nördlich von Schottland waren sie wieder acht Tage lang bekalmt. Dann bekamen sie Wind von vorn, und im Nordostpassat gab es so gut wie keinen Wind – so brauchten sie 55 Tage bis zur Linie. Gelegentlich hatten sie Stürme. Am 18. November wurden um 5.30 Uhr alle Mann an Deck gerufen und konnten erst nach 18,5 Stunden wieder eintörnen. Das Schiff holte stark über, und „die Seen brachen darüber wie Rauch", schrieb Buss. Um 6.30 Uhr durften sie in die Messe kommen und bekamen einen „Sup", ein Glas Schnaps, vom Kapitän selber eingeschenkt.

Die HERZOGIN CECILIE traf am 5. Dezember 1933 in Lourenço Marques ein. Dort wartete ein Brief vom 17. Oktober aus dem Büro in Mariehamn auf sie mit der Nachricht, daß es für das Schiff noch keine Rückfracht gebe und daß bis zum Eintreffen des Schiffes nichts festgelegt werden würde. Das Büro teilte auch mit, daß ein Passagier von Australien bereits gebucht habe – „eine Miss Pamela Bourne".[17]

Das Löschen der Ladung durch die Besatzung begann am 6. Dezember, dem finnischen Unabhängigkeitstag, normalerweise ein Feiertag an Bord. Der Crew war dafür für später ein freier Tag versprochen worden. Sie arbeiteten, so schnell sie konnten, aber es war nicht möglich, noch vor Weihnachten in See zu gehen; so verloren sie ein paar Tage.

Die Reise nach Australien, Port Lincoln und Wallaroo, war wieder lang – 44 Tage bis Port Lincoln. Wieder waren Gegenwind und Flauten der Grund, aber der Schiffskörper war inzwischen auch sehr stark bewachsen. In seinem Ankunftsbrief berichtete der Kapitän, daß sie Schraper mit langen Stielen angefertigt hätten, um den Rumpf abzukratzen. Die Weizenfracht sei wieder sehr niedrig, 24 Shilling 9 Pence, aber der Kapitän äußerte die Hoffnung, daß der Nettoüberschuß von der Holzladung, ungefähr 800 Pfund, das ausgleichen würde. Das Büro in Mariehamn schrieb, daß die PAMIR nur 24 Shilling 6 Pence bekommen habe.

16 Christian Buss führte auf der Reise ein Tagebuch, das nun im Archiv des Sjöhistoriska Museet der Universität Åbo liegt.

17 Pamela Bourne wird hier zum ersten Mal im Zusammenhang mit der HERZOGIN CECILIE erwähnt.

KURS AUF SOAR MILL COVE

Am 4. April 1934 ging die HERZOGIN CECILIE mit einer größeren Crew als gewöhnlich und zwei Passagieren, Miss Pamela Bourne und einem Mr. Hanline, in See. Über diese Reise sind drei Bücher geschrieben worden: „Out of the World", 1935, und „The Duchess", 1958, von Pamela Bourne sowie „Mother Sea" von Elis Karlsson, dem Ersten Steuermann, 1964; außerdem liegt das unveröffentlichte Tagebuch von Christian Buss vor.

Während der ersten Wochen der Reise traf das Schiff auf leichte Winde und kam nur langsam vorwärts. Am 22. April erreichte die HERZOGIN CECILIE 150° Westlänge und 49° Südbreite. Man war sich aber ihres Standorts nicht sicher, weil das Log, wie der Kapitän berichtete, nicht sauber arbeitete, und die beiden Chronometer unterschiedliche Zeiten anzeigten. (Es fällt auf, daß sie nur zwei Chronometer gehabt haben sollen; zur Ausrüstung gehören drei. Dann wäre diese Unsicherheit nicht aufgetreten; der Übersetzer.)

Der Kapitän wünschte für seine Buchführung eine Hilfe und bat Christian Buss, ihm dabei zu helfen. Buss begann die Arbeit mit dem Versuch, alle Abrechnungen von 1928/1929 an zusammenzustellen. Dann machte er alle Hafenabrechnungen für das Schiff. Er schrieb in seinem Tagebuch, daß der Kapitän Fehler gemacht und sich verrechnet habe. Bei der Arbeit an den Abrechnungsbüchern hatte er öfter die Gelegenheit, das Verhalten der Offiziere zu beobachten. Er schrieb in seinem Tagebuch, daß Pamela Bourne vom 27. April an mit der Backbordwache arbeitete, und daß sie „sich in den Ersten Steuermann und der Kapitän sich in sie verliebt hätte".

In seinem Einlaufbrief schrieb der Kapitän an Gustaf Erikson am 11. August 1934 aus Belfast:

„Wir hatten eine lange Reise hier herauf, das hatte ich erwartet, weil der Boden des Schiffes so stark bewachsen ist. Die 74 Tage bis zur Linie waren nicht so schlecht, wenn man bedenkt, daß wir 14 Tage vor der australischen Küste in der Flaute lagen. Im Stillen Ozean hatten wir dreimal Sturm. Bei dem einen war das Wetter so schlecht, daß die Seen über das Hüttendeck schlugen, und es ging einiges von der Ladung über.

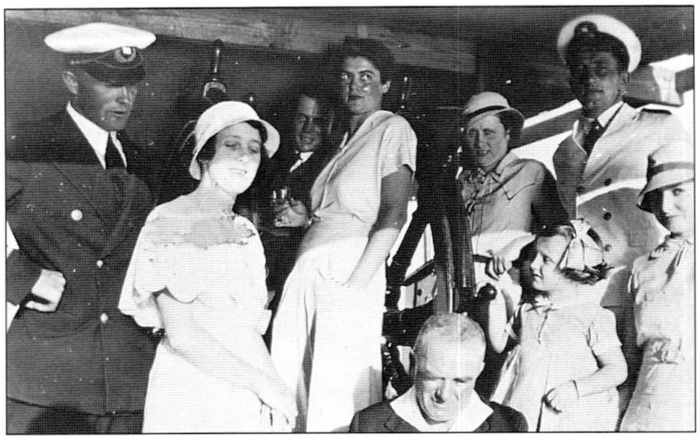

Übernahme von Sackweizen in Wallaroo (P. H. Granberg)

Segelbergen bei schlechtem Wetter. Die Segel der HERZOGIN CECILIE *sind bis zu den Marssegeln weggenommen worden; die Royals von Groß- und Achtermast werden mit Zeisingen festgemacht. Das Großoberbramsegel scheint aus den Lieken geflogen zu sein, die Fetzen des Segels sind noch am Jackstag fest. Zwei Mann kämpfen darum, das schwer beschädigte Großuntermarssegel festzumachen (Viscount Head/Ålands Sjöfartsmuseum)*

Bei einer Party unter einem Sonnensegel auf der Hütte der HERZOGIN CECILIE *im April 1934 in Wallaroo. Einige der abgebildeten Personen von rechts nach links: der Erste Steuermann Elis Karlsson, Frau Dita Gunter, Sten Lille, Pamela Bourne, die spätere Frau von Sven Eriksson, eine australische Dame und Kapitän Sven Eriksson (Sten Lille)*

Wir verloren das steuerbordachtere Rettungsboot; ein neues Vorsegel, das wir zum ersten Mal gesetzt hatten, wurde beschädigt, aber es ging kein Segeltuch verloren.“

Das Wetter war wirklich schlecht. Wie Christian Buss berichtete, schlugen die Segel zweimal back, das Rigg vereiste, Segel flogen aus den Lieken; zwei Niedergänge zur Hütte gingen verloren, und ein Kompaß wurde beschädigt. Sie hatten am Mitschiffsruder drei Mann, und sogar der Kapitän und der Erste Steuermann gingen Ruderwache.

Danach ging das Leben an Bord wieder seinen gewohnten Gang. Am 16. Mai 1934 sprach es sich an Bord herum, daß sie in der nächsten Nacht Kap Hoorn runden würden. Christian Buss berichtete, daß man sich offenbar über den Schiffsort sehr im unklaren war, und er schrieb, daß der Schiffsort des Vortages nach Koppelrechnung 87° West und 55° 18' Süd hätte sein müssen, aber im Logbuch stehe ein anderer, sehr schwach mit Bleistift eingetragener Ort. Nach Buss soll der Erste Steuermann gesagt haben, daß sie seit 15 Tagen keinen richtig beobachteten Schiffsort mehr gehabt hätten.

Am 28. Mai schrieb Buss in sein Tagebuch, daß er gehört habe, wie „Miss Paloma“ mit dem Ersten Steuermann über Fehler gesprochen hätte, die ihr bei den Berechnungen des Schiffsortes unterlaufen seien. Dazu bemerkte Buss, es sei kein Wunder, daß niemand wisse, wo das Schiff sei, wenn man ihr die Navigation überlassen hätte. Am 9. Juni passierte das Schiff eine Gruppe von kleinen Inseln. Erst dachte man, es sei South Trinidad (Ilha da Trinidade), aber dann fanden sie heraus, daß es ein paar kleinere Inseln vor South Trinidad (die Martín-Vaz-Inseln) waren, die sie gesichtet hatten. Elis Karlsson, der Erste Steuermann, war sehr beunruhigt, als er hörte, daß Land in Sicht war – das paßte nicht zu seinem berechneten Schiffsort.

In der Nacht zum 13. Juli wurde ein Dampfer gemeldet, und die Steuerbord- und Backbord-Seitenlaternen der HERZOGIN wurden angezündet. Das Petroleum für die Lampen war knapp geworden, und auch sonst gingen die Vorräte dem Ende zu. Am 14. Juli wurde angeordnet, daß die Crew nur noch die Hälfte der ihr zustehenden Margarineration bekommen sollte. Es gab keine Kartoffeln, keinen Fisch, kein Corned beef, Zucker, Milch oder Marmelade mehr; nur Gemüse und Fleisch für eine Woche waren noch vorhanden. Der Koch buk Pfannkuchen aus Weizen von der Ladung. Nach Buss sollten die Vorräte für 120 Tage reichen, sie wurden aber schon nach 100 Tagen knapp.

Am 29. Juli bekamen sie wieder einen Sturm ab. Buss berichtete, daß das Schiff sehr schwer zu steuern war, obwohl zwei Mann am Ruder standen. Segel gingen an diesem Tage verloren, und neue wurden untergeschlagen. Der Kapitän wollte nicht mit alten und schäbigen Segeln in England ankommen. Am Abend des 1. August fiel der Anker in Falmouth, aber es dauerte bis spät in die Nacht, bis die Crew an Deck aufgeklart, im Rigg alles für den Hafen hingetrimmt hatte und eintörnen konnte.

Am nächsten Tag ging der Kapitän mit Pamela Bourne an Land und kam

Als Sven Eriksson Kapitän war, wurden manchmal über dem Großroyal der HERZOGIN CECILIE *noch dreieckige Skysails gesetzt (Helge Aaltonen)*

mit einigem Proviant, Petroleum für die Lampen und der sehr willkommenen Post für die Besatzung an Bord zurück. Und bald kam der Hafenoffizier an Bord mit der Order, Belfast als Löschhafen anzulaufen. Sie segelten bei schlechtem Wetter. Es trieben viele Netze im Wasser, und sie überliefen ein paar Treibnetze, aber darüber machte der Kapitän nur seine Witze. Wegen der Fischerboote, aber auch wegen des dichten Nebels mußten sie scharfen Ausguck halten. Buss wurde wieder zur Buchführung abgestellt. Die Crew mußte abgemustert werden, und ihre Abrechnungen waren abzuschließen.

Am 9. August machte das Schiff in Belfast im Spencer Dock fest. Die abgemusterten Besatzungsangehörigen sollten auf der ARCHIBALD RUSSEL nach Mariehamn heimfahren. Auch Christian Buss musterte ab und schloß sein Tagebuch mit folgenden Worten: „Schön wäre es gewesen, noch für eine Reise an Bord zu bleiben, aber niemals mit Offizieren wie diesen."

Die Länge der Reise hatte Gustaf Erikson ungeduldig gemacht. Am 31. Juli schrieb er von Mariehamn nach Falmouth, daß er Tag für Tag darauf wartete zu hören, daß die HERZOGIN angekommen sei. Auch seine anderen Schiffe waren alle verspätet. Die HERZOGIN CECILIE war zu einer Besichtigung „dran", aber das Büro versuchte, ein Jahr „Gnadenfrist" für sie zu bekommen, weil sie dann 1935 in Mariehamn besichtigt werden konnte. Im gleichen Brief teilte das Eriksonsche Büro Sven Eriksson mit, daß sein Scheidungsverfahren vor dem Obersten Gerichtshof beendet sei; ihm seien die Verfahrenskosten auferlegt worden, und er sei unterhaltspflichtig. Außer diesen Kosten, schrieb das Büro dem Kapitän, sei die Einkommenssteuer überfällig, und der Steuereinnehmer am Ort habe das Büro gebeten, die Sache weiterzuverfolgen. Sie fragten, ob sie zahlen sollten, oder ob er die Sache selbst erledigen wolle? Sven Eriksson

antwortete, das Büro möge das besorgen und entschuldigte sich für die Umstände, die er ihnen machte.
Der Germanische Lloyd war mit der Verschiebung der Besichtigung um ein Jahr einverstanden, vorausgesetzt, das Schiff habe keinen Bodenschaden. Die Reederei ordnete an, daß das Schiff für einen Bodenanstrich in Belfast ins Dock ginge und dann nach Port Lincoln oder Port Victoria auslaufe.
Gleichzeitig wurden die Passagierkammern verbessert und vergrößert. Ein Salon wurde eingerichtet, und der Kapitän berichtete, daß der Komfort für die Passagiere durch die Änderungen sehr viel besser geworden sei.
Am 23. August 1934 hatten sie 3110t Weizen gelöscht, und Sven Eriksson dachte, daß sie in vier bis fünf Tagen fertig und um den 1. September klar zum Auslaufen sein würden. 14 Mann der Besatzung waren ausgestiegen und mit der ARCHIBALD RUSSEL nach Hause gefahren, die HERZOGIN hatte dafür fünf Mann von der RUSSEL an Bord genommen. Sie segelte am 7. September 1934 mit 28 Mann Besatzung und drei Passagieren von Belfast ab. Beim Rostklopfen im Dock in Belfast hatten sie einige Bodenplatten durchstoßen, die sie erneuern lassen mußten. Gustaf Erikson bemerkte dazu in einem Brief nach Port Lincoln vom 13. November 1934:
„Es sieht in diesem Jahr mit dem Abschließen von Frachten schlechter aus als gewöhnlich. Ich habe noch keine einzige Fracht für die Heimreise für meine Schiffe bekommen können, und für die neue Ernte sind noch keine Frachten abgeschlossen worden. Nach den Frachten zu urteilen, die für alten Weizen abgeschlossen wurden, sieht es nicht so aus, als ob es dieses Jahr auch nur etwas besser wird, eher umgekehrt. Wenn man bedenkt, daß selbst die HERZOGIN CECILIE im letzten Jahr keinen Gewinn nach Hause bringen konnte (wahrscheinlich meinte er das Jahr 1934), muß man sagen, daß die Lage mehr als schwierig ist. Ich hoffe daher, daß die Auslagen auf einem Minimum gehalten werden."
Am 7. Dezember 1934 schickte Sven Eriksson sein Einlauftelegramm aus Port Lincoln, und eine Woche darauf schrieb er seinen Einlaufbrief. Danach lief die Reise wie gewöhnlich, und es war nicht viel zu berichten. In der Zwischenzeit hatten sie in Mariehamn die Abrechnungen des Schiffes geprüft und sie schlecht in Ordnung gefunden. K. A. Fredriksson schrieb an Sven Eriksson:
„Die Überprüfung ist noch nicht beendet, aber es wurde doch schon vieles gefunden. Obwohl Sie das höchste Gehalt beziehen und Sie ungewöhnlich hohe Summen für Auslagen und Hafengelder mit zusätzlich großen Zuschlägen bekommen haben, schulden Sie der Reederei immer noch sehr große Summen Geld. Ihre Abrechnungen sind nicht sauber aufgestellt, und es wurden darin große Fehler gefunden. Daher muß ich Ihnen mit größtem Nachdruck nahelegen, mit Ihrem und dem Geld des Schiffes sorgsamer umzugehen. Wenn die große HERZOGIN CECILIE in ihren Nettoverdiensten mit der kleinen GRACE HARWAR nicht konkur-

rieren kann, dann muß etwas an der Art und Weise, wie sie betrieben wird, nicht stimmen."

Sven Eriksson erhielt diesen Brief unmittelbar bevor die HERZOGIN von Port Lincoln absegelte. In seinem Auslaufbrief vom 17. Januar 1935 antwortete er, daß er immer sein Bestes für das Schiff getan habe, und wenn seine eigenen Angelegenheiten nicht in Ordnung zu sein schienen, und er der Reederei viel Geld schulde, dann müsse er etwas dagegen tun. Das Schiff nahm 51 469 Säcke Weizen, gleich 4262 t, an Bord, 30 t weniger als 1934. Drei Kadetten waren desertiert, dafür waren neue Leute an Bord genommen worden, zwei Engländer, zwei Australier und zwei Finnen. Das gefiel Gustaf Erikson nicht, er meinte, sie seien überflüssig und wahrscheinlich nicht zu gebrauchen. Die HERZOGIN CECILIE verließ Port Lincoln am 31. Januar 1935 zu einer wiederum langen und vom Pech verfolgten Reise. Der Kapitän schreibt darüber:

„Leider muß ich sagen, daß die Reise wieder furchtbar lang wurde. Wir brauchten 35 Tage zum Hoorn; nur schönes, ruhiges Wetter und Gegenwind nach Auckland; es kostete uns 17 Tage, bis wir da waren. Danach hatten wir mehrere Tage gutes Segeln, mehr als 300 Seemeilen am Tag; das größte Etmal 327 Seemeilen, das beste, das ich mit der HERZOGIN CECILIE gemacht habe, wenn sie abgeladen ist. Danach nur schönes Wetter und Gegenwind, kein Südostpassat, und der Nordostpassat so schwach, daß er kaum die Segel füllte. An dem Tage, an dem wir Lizard in Sicht bekamen, fing der Wind an, auf Südwest herumzugehen und aufzufrischen. Es gab Hagelstürme, aber das Barometer stand immer hoch. Um 11.00 Uhr kam eine stürmische Hagelbö, die sehr dunkel aussah, und ich befahl Stand-by für alle Mann. Unmittelbar bevor die Bö über uns kam, nahmen wir die Obersegel weg. Der Wind war so stark, daß in der Bö sechs Segel aus den Lieken flogen. Nach der ersten Bö kam eine nach der anderen, und jedesmal wurden sie härter. Wir bargen so viele Segel, wie wir konnten, aber bevor wir damit fertig waren, waren 18 Segel fortgeblasen worden."

Während der Reise hatten sie auch wieder die Unterbringung für die Passagiere umgebaut. Sie verlegten den Speiseraum und bauten dort Kammern ein, wo der alte Salon gewesen war. Der neue Speiseraum stand an der Backbordseite der Luke Nr. 5.

Sven Eriksson schrieb dies alles in seinem Einlaufbrief vom 1. Juni, als das Schiff schon in Belfast lag. Die HERZOGIN war am 18. Mai in Falmouth eingelaufen, aber der Kapitän war nicht zum Schreiben gekommen, weil er ein Treffen mit dem Premierminister von Südaustralien in London hatte. Der Minister organisierte ein Race nach Südaustralien anläßlich der Feier der Silberhochzeit von König Georg V. und der Königin Mary. Daß der Bericht so spät kam und die 18 weggeblasenen Segel – das alles gefiel Gustaf Erikson ganz und gar nicht. Aus dem Büro in Mariehamn schrieb Kapitän K. A. Fredriksson einen ärgerlichen Brief:

„Lassen Sie mich als erstes sagen, daß es sehr merkwürdig aussieht, wenn Sie Zeit haben, durch halb England zu reisen, aber keine Zeit, aus dem ersten Einlaufhafen über die Reise zu berichten. Die Reederei sollte Vorrang haben vor Ministern oder anderen feinen Bekanntschaften. Der Reisebericht, der dann endlich kam, macht einen reichlich verworrenen Eindruck; wahrscheinlich ließ Sie die Landluft die Einzelheiten der Reise vergessen. 18 verlorene Segel sind nichts, worüber man so einfach hinweggehen kann."

Die Order lautete, von Falmouth nach Belfast zum Löschen zu gehen. In Belfast ereignete sich ein schweres Unglück, bei dem zwei Mann der Crew ums Leben kamen: Der Donkey-Kessel explodierte beim Löschen der Ladung. Sven Eriksson telefonierte mit Gustaf Erikson, der auf seiner Werft in Uusakaupunki (Nystad) war, über den Unfall; am nächsten Tag berichtete er in einem Brief über den Hergang und beschrieb die Schäden am Schiff. Mehrere Rahen waren verbogen und beinahe gebrochen, und auch vieles vom laufenden und stehenden Gut. Der Donkey-Kessel war aus seinem Fundament gerissen worden, und Leute an Land hatten ihn fünfmal so hoch wie die Masten durch die Luft fliegen sehen.

„Mehrere Rahen waren verbogen und beinahe gebrochen, auch vieles vom stehenden und laufenden Gut": die Schäden am Großmast der HERZOGIN CECILIE *nach der Kesselexplosion in Belfast, 1935 (Ålands Sjöfartsmuseum)*

Beim Niederfallen beschädigte er einen Kaischuppen. Der Kesselraum und seine Einrichtung waren schwer beschädigt. Auch in der Kombüse hatte es schweren Schaden gegeben.

Gustaf Erikson schrieb zurück: „Ich bin über den Unfall mit dem Kessel betrübt, und vor allem über den Verlust von zwei Menschenleben. Aber ihre Zeit war gekommen – wir werden nie wissen, wann die unsere gekommen ist.“ Des weiteren ließ er sich über Alternativen für einen neuen Kessel aus. Er sei ein richtiger Fachmann für Kessel geworden, schrieb er, weil verschiedene seiner Schiffe, die PONAPE, die OLIVEBANK, die POMMERN und die PENANG in den letzten zwei Jahren neue Kessel bekommen hätten, und mitten in das Kesselthema schrieb er: „Die Begräbniskosten übernimmt die Reederei.“ Er ordnete an, daß die HERZOGIN nach Nystad zur Reparatur segeln sollte, nachdem die dringendsten Instandsetzungen in Belfast vorgenommen seien. Um aus der Reise nach Nystad möglichst viel herauszuholen, sollte Sven Eriksson so viele Passagiere mitnehmen wie er konnte – bis zu 20, falls er die bekäme.

Die Ursache der Explosion ist nie geklärt worden. K.A. Fredriksson schrieb am 20. Juni 1935 aus dem Büro, es erscheine ihm eigenartig, daß sich der ganze Kessel von seinen Befestigungen losgerissen habe. Gustaf Erikson fragte in einem Brief vom 22. Juni den Kapitän nach seiner Meinung über die Sache. Er wollte wissen, ob das Sicherheitsventil verrostet gewesen, und ob es überhaupt auf der letzten Reise geprüft worden sei. Wenn nicht, betrachte er das als eine grobe Nachlässigkeit, und er riet dem Kapitän, zu keinem Menschen darüber zu sprechen; er würde sonst eine Anklage riskieren.

In Belfast wurden einige Reparaturen von Harland & Wolff durchgeführt. Sie kosteten insgesamt 1089 Pfund. Am 11. Juni ging die HERZOGIN CECILIE nach Uusakaupunki in See, wo die Reparaturen auf der Eriksonschen Werft zu Ende gebracht werden sollten. 19 Passagiere fuhren mit, und die Offiziere mußten zu mehreren in einer Kammer zusammenziehen, um Platz zu schaffen; ein Passagier schlief im Kapitänsbüro.

Die HERZOGIN kam am 29. Juni 1935 in Uusakaupunki an. Gustaf Erikson hatte gewünscht, daß sie bis ganz in den Hafen hineinsegelte. Aber Sven Eriksson meinte, daß das Schiff in den engen Fahrwassern zu schwer zu manövrieren sei und forderte einen Schlepp an. Die Arbeiten wurden sofort begonnen, waren aber noch nicht beendet, als die neue Crew Anfang September 1935 allmählich eintraf.

Am 24. September schrieb Gustaf Erikson einen Brief mit Instruktionen an Sven Eriksson, der von bemerkenswertem Interesse ist, weil er einen Einblick in das bis in die Einzelheiten reichende Management des Schiffes gibt:

„*Die Besatzung*: Melde sofort, ob die ganze Besatzung eingetroffen ist, und wenn nicht, wer noch fehlt, damit sie noch vor dem nächsten Sonnabend, wenn das Schiff seeklar sein muß und sämtliche Überprüfungen und Abmeldeformalitäten erledigt sein müssen, nach dort geschickt werden können.

Die HERZOGIN CECILIE *bei der Instandsetzung auf der Eriksonschen Werft in Uusakaupunki (Nystad). Am Großmast fehlen die Bram- und Royalrahen (Åbo Akademi)*

Proviant von Westergren & Linden (Lieferanten am Ort): Nimm nur das, was ich im folgenden aufzähle, weil die Firma bei der Bestellung nur drei Monate Ziel gibt und nicht zwölf wie Schierbeck in Kopenhagen, nämlich Kaffee zu 12,- Finnmark pro kg, was billiger ist als in Kopenhagen, und Du mußt entscheiden, ob ungeröstet, oder ob die Hälfte geröstet werden soll. Zucker zu 2,- Finnmark pro kg ist billiger als in Dänemark. Nimm genug an Bord, sofern nicht noch alte Bestände da sind. Kaufe 250 kg weichgekochte Erbsen und 50 kg grüne Erbsen für Zusammengekochtes, 150 kg getrocknetes Roggenbrot und 3 t Kartoffeln zu 50 Pennies je kg oder ungefähr 45 Finnmark pro Barrel (= 163,332 Liter). Nimm genug ‚Schnapps' zu 5,75 je Halbliterflasche, das ist billiges Zeug, um einen ‚Geschäftspartner zu ölen'. Und nimm King's Liquor Whisky, der 12 Finnmark billiger ist als die anderen und ebensogut, und dann nimm versuchsweise eine Kiste dortigen Cognac, der auch billiger sein soll als andere Branntweine.
In diesem Jahr müssen wir bis ins kleinste sparen, oder ich muß im nächsten Herbst ein Drittel oder die Hälfte meiner Flotte verkaufen, besonders, wenn die Frachten so schlecht sind, nur 16 Shilling 6 Pence... und nicht einmal die größeren Schiffe die Unkosten herausfahren können.
Die Australienfahrt hat in diesem Jahr nur 5000 Pfund netto gebracht und konnte meine Auslagen zu Hause nicht decken, so sind meine Schulden um den gleichen Betrag gestiegen. PONAPE, PAMIR und L'AVENIR sind alle mit Defizit gefahren, und die HERZOGIN CECILIE hat mit ihrer Explosion noch größere Verluste. Da mehrere der Schiffe große Kosten von bis zu 200 000 Finnmark pro Schiff haben, mußt Du verstehen, daß es notwendig ist, beim Schiff an allen Ecken und Kanten zu sparen und die Kosten hier zu Hause und im Ausland zu vergleichen. Ich habe Dir schon die Ergebnisse der HERZOGIN CECILIE für die letzten Jahre gezeigt, wo z.B. 1934 nur 600 Pfund herauskamen, also weniger als bei WINTERHUDE, PENANG, KILLORAN, GRACE HARWAR, und alle diese Schiffe laden 1000 t weniger als die HERZOGIN CECILIE, und das trotz der Einnahmen, die Du durch die Kadetten hast. Ich wiederhole noch mal, daß die Segel rechtzeitig und solange sie noch heil sind, weggenom-

men, aber wieder gesetzt werden müssen, wenn der Wind nachgelassen hat. Es ist keine gute Seemannschaft, Segel zu Schaden kommen zu lassen, es ist Dummheit. Besser längere Reisen machen.

Butter gibt es an Bord nur für die Passagiere; in kalten Gegenden sollte Margarine ebensogut für sie sein, besonders die dänische von Schierbeck, die man unmöglich von Butter unterscheiden kann. Und keine teuren Konserven! Für die Reise nach Australien werden zwei oder drei männliche Passagiere in Kopenhagen zusteigen. Tu, was Du kannst, um bis zur nächsten Besichtigung – oder bis zum nächsten Eindocken, wenn die Frachtraten sich erholt haben sollten – eine Erneuerung der Platten zu verschieben. Halte den Mund über die verrosteten Platten.

Preiselbeeren sind billig in Nystad, kauf' also eine Kiste und laß sie einmachen. Sage Kapitän Söderlund von der LAWHILL, daß er dasselbe tun soll. Kaufe auch Blut-Brot, wenn es zu haben ist, oder laß welches backen. Kaufe Blut und Mehl, bezahle aber für das Backen nicht mehr als 1 Mark pro kg, einschließlich Feuerholz und Hefe. Mit gebratenem Schweinefleisch ist es billig, und die Passagiere sollten es mögen. Schweine sind nicht mit nach Australien zu nehmen. Nicht aus Nystad und auch nicht aus Kopenhagen, sie sind gegen kaltes Wetter empfindlich, wachsen dann nicht, und sie sterben oft unterwegs. Sage das auch der LAWHILL.

Schweinefleisch soll in Nystad für acht – höchstens neun – Mark pro kg eingekauft werden, da ist es ungefähr zwei Mark billiger als in Kopenhagen. Laß deshalb für jedes Schiff ein paar Fässer einpökeln. Weil aber bereits gepökeltes Rindfleisch in Kopenhagen genauso billig ist, soll nur ein Ochse oder 200–300 kg für jedes Schiff gekauft werden."

Weiter gab Gustaf Erikson Anweisungen, welche Zigarettenmarken und wie viele an Bord genommen werden sollten. Zum Schluß schrieb er dem Kapitän, daß die Besatzung der LAWHILL 25 oder 26 Mann stark sein sollte und die der HERZOGIN CECILIE 28 oder 29, auch 30, wenn er mehr Kadetten bekäme.

Mit diesen Ratschlägen schickte Gustaf Erikson sein Flaggschiff auf die Reise, die seine letzte Rundreise nach Australien werden sollte. Obgleich Sven Eriksson das Schiff nicht so führte, wie der Reeder es gewünscht hätte, behielt er das Kommando. K. A. Fredriksson und Hilding Kåhre im Büro in Mariehamn hatten an seiner Eignung als Kapitän größere Zweifel.

Die Reparaturarbeiten waren noch nicht beendet, als die HERZOGIN CECILIE am 20. September 1935 Nystad verließ. Am Tage zuvor hatte Kapitän Sven Eriksson die Journalistin Pamela Bourne im Bürgermeisteramt von Nystad geheiratet. Sie hatte 1934 die Reise von Australien mitgemacht und begleitete nun ihren Mann auf der Hin- und Rückreise nach Australien.

Sie waren gerade aus Nystad ausgelaufen, als das erste der vielen Mißgeschicke auf dieser Reise eintrat. Die HERZOGIN war in Schlepp des Schleppdampfers VULCAN, als der Wind von vorn kommend auffrischte und die Kraft des Schleppers nicht ausreichte, dagegen anzuschleppen. Beide Anker wurden fallengelassen, sie hielten aber nicht, und das Schiff hatte eine leichte Grundberührung auf weichem Grund. Nach der Meldung des Kapitäns hatte es keinen Schaden gegeben. Sie versuchten es mit einem anderen Fahrwasser durch die Inselgruppe. Aber der Schlepper schaffte es wieder nicht, und sie mußten wieder ankern. Dieses Mal vermieden sie um Haaresbreite eine weitere Grundberührung. Gustaf Erikson schickte seinen eigenen Schlepper, die JOHANNA, und am Tage darauf setzte die HERZOGIN CECILIE die Reise nach Kopenhagen fort, die Royalrahen noch an Deck. Sven Eriksson war mit der Arbeit der Werft in Nystad sehr unzufrieden und beschwerte sich, daß die dort überholten Winschen in schlechterem Zustand seien als vorher. Er beklagte sich beim Reeder auch über die Besatzung und schrieb, die Leute würden von Jahr zu Jahr schlechter.

In Kopenhagen ging das Schiff ins Dock und bekam einen Bodenanstrich. Es bestand auch anstandslos eine Besichtigung durch den Germanischen Lloyd, der Besichtiger beanstandete nur (wieder einmal), daß die Ankerkette ein wenig zu kurz sei. Er ließ das Schiff wieder bis zum nächsten Jahr durch. Auf Empfehlung des Besichtigers wurde zwischen den beiden untersten Ruderbolzen und dem Rumpf eine Metallplatte am Ruder angesetzt, um das Steuerverhalten des Schiffes zu verbessern. Die Crew wurde durch dänische Offiziersanwärter von der Reederei Lauritzen aufgefüllt.

Am 17. Oktober 1935 lief das Schiff von Kopenhagen nach Port Lincoln aus. Die Mißgeschicke ließen nicht auf sich warten. Nach Ankunft in Port Lincoln sagte Sven Eriksson in seiner Verklarung vor einem öffentlichen Notar aus, daß „wir am 17. Oktober 1935 von der Reede von Kopenhagen aus in Ballast nach Port Lincoln in See gingen. Das Schiff war in seefähigem Zustand und voll bemannt. In der gleichen Nacht sichteten wir zwischen Helsingør und Helsingborg einen Dampfer, dessen Kurs den unseren kreuzte, was mit einiger Wahrscheinlichkeit zu einer Gefahrensituation führen konnte. Daher brannten wir Blaufeuer ab, gaben Signale mit der Morselampe und bliesen mit Bootsmannspfeifen. Als der Dampfer unseren Kurs kreuzte, trafen wir ihn mit unserem Vorschiff an seinem Heck. Wegen der großen Enge des Fahrwassers und des starken Windes konnten wir nichts tun, um die Kollision zu vermeiden. Wir setzten unsere Reise fort, da er keine Notsignale zeigte, und wir unter den gegebenen Umständen auch nichts weiter hätten tun können. In der gleichen Nacht beobachteten wir um Mitternacht recht voraus ein Licht, das weiterhin recht voraus blieb. Um 1.20 Uhr legten wir Ruder, um besagtes Licht in Lee zu passieren. Als wir unser Schiff um 2 Strich abgedreht hatten, peilte besagtes Licht, das wir für das Hecklicht eines mitlaufenden Dampfers hielten, immer noch recht voraus. Der Dampfer mußte ebenfalls Kurs geändert haben, wie es auch unser Ausguck bestätigte. Aber nun war es zu spät, wieder Kurs zu ändern, daher legten wir hart Ruder, um die Kollision, die nun kommen mußte, abzumildern. 10

Minuten nach dem Befehl zur Kursänderung trafen wir den Dampfer mit der Backbordseite unseres Vorschiffs schräg von hinten an Steuerbord. Wir fragten, ob sie all right seien, bekamen aber keine Antwort. Wir beobachteten sie, solange wir das Licht sehen konnten, sahen aber keine Notsignale. Da noch viele weitere Dampferlichter rings um uns her zu sehen waren und der harte Wind, die Enge des Fahrwassers und die Nähe einer Untiefe unsere Lage gefährlich machten, setzten wir unseren Weg fort.
Auf unserem Schiff stellten wir vorn leichte Schäden fest, die wir behelfsmäßig reparieren konnten. Auf der weiteren Reise nach Port Lincoln gab es keine weiteren Vorkommnisse. Ich erkläre mich, meine Besatzung und den Reeder für frei von jeder Schuld an den oben erwähnten beiden Kollisionen."
Die beiden Unfälle und seine eigene sowie die schlechte finanzielle Situation des Schiffes müssen Kapitän Sven Eriksson sehr zugesetzt haben, und die Stimmung an Bord auf dieser Reise war nicht die beste. Das kam bei Interviews, die einer der Verfasser mit noch lebenden Personen aus dieser letzten Crew hatte, klar zum Ausdruck. Auch Pamela Erikssons Angewohnheit, hinter dem Kartenhaus, aber in Sicht der Männer, die auf dem Achtermast arbeiteten, nackt Sonnenbäder zu nehmen, wurde von der Crew übel vermerkt. Hinzu kamen mehrere Fälle, in denen Besatzungsangehörige von Offizieren geschlagen wurden. In Port Lincoln beschwerten sie sich beim finnischen Konsul in Sydney, und es gab an Bord des Schiffes ein Verhör. Der Konsul kam aber nicht, um ihre Aussagen aufzunehmen, und die Angelegenheit fand mit dem Verlesen einer Notiz, die Kapitän Eriksson an das Konsulat schicken mußte, ihren Abschluß. Doch verschlechterte sich die Atmosphäre nur noch mehr.
Gustaf Erikson hatte von den beiden Unfällen gehört, bevor er den Bericht des Kapitäns bekam. Die dänischen Zeitungen brachten den Unfall mit der Fähre, und ein Besatzungsangehöriger hatte bei Beginn der Reise einen Brief geschickt, in dem er den zweiten Unfall schilderte. Gustaf Erikson schrieb einen sehr besorgten Brief nach Port Lincoln und fragte: „Stimmt es, daß HERZOGIN CECILIE von Kopenhagen kommend mit der dänischen Motorfähre DAN vor Helsingør fast kollidierte? Das berichten die Zeitungen, und daß eine Viermastbark im Kattegat recht von achtern in das Heck des deutschen Trawlers RASTEDE segelte. Der Trawler wäre mit allen Mann gesunken, hätte nicht sein achteres Kollisionsschott gehalten... RASTEDE wurde von einem vorbeikommenden Dampfer nach Helsingør eingeschleppt. Der Trawler lag im Augenblick der Kollision ohne Fahrt, aber auch wenn die roten Lichter nicht gesetzt waren, ist ein Segelschiff nicht berechtigt, einen Fischer, der weißes Licht zeigt, zu übersegeln."
Etwas später schrieb Kapitän K. A. Fredriksson am 17. Dezember 1935 aus dem Eriksonschen Büro. Dieser Brief ist in einem noch verärgerteren Ton gehalten als der von Gustaf Erikson. Fredriksson schrieb, daß er von der Fähre nichts gehört habe, daß aber der Trawler achtern schwer be-

schädigt worden sei. Er habe einen Besichtiger geschickt, der bei der Anhörung des Berichts des Trawlers anwesend sein sollte. Offenbar wüßten sie nicht, welches Schiff sie übersegelt habe, nur daß es ein weiß gemaltes Segelschiff gewesen sei. Fredriksson war sehr ärgerlich darüber, daß einer von der Besatzung von der Nordsee aus einen Brief hatte abschicken können und machte dem Kapitän den Vorwurf, daß er das nicht auch getan habe. Denn er hätte, meinte Fredriksson, Zeit gehabt, etwas zu unternehmen, wenn er mehr über den Unfall gewußt hätte. Der Schaden am Trawler sei mit 28 900 Dänenkronen geschätzt worden (tatsächlich lag er noch höher), und der englische Dampfer, BRITISH PLUCK, verlangte 1500 Dänenkronen für den Schlepp. Fredriksson schrieb weiter, falls es sich herausstellte, daß die HERZOGIN für den Unfall verantwortlich sei, würde das in Anbetracht der schlechten finanziellen Lage des Schiffes eine Katastrophe bedeuten.

Gustaf Erikson schrieb auch selbst, wie schlecht es mit dem Schiff und seinem Kapitän stände: „Jetzt, da Du bald ankommst, will ich Dir privat schreiben (vom Büro werden sie Dir den Rest erzählen) und Dir in ein paar Zeilen darstellen, wie es finanziell um das Schiff steht, nämlich alles andere als gut. Deine Schulden sind von 23 950 Finnmark auf 34 699,40 gestiegen, d. h. um 10 749 Finnmark, und das Schiff zeigt einschließlich des neuen Kessels 170 000 Mark Schulden, und wenn man den Kessel mit ungefähr 70 000 davon abzieht, dann bleibt noch ein Verlust von etwa 100 000. Die Bordverpflegung auf der letzten Reise beläuft sich auf 17,63 Finnmark pro Mann und Tag, das muß weniger werden."

Gustaf Erikson fand, das sollte man auf die Hälfte oder ein Drittel bringen. Weiter teilte er dem Kapitän mit, daß die Geldsummen, die er in den Häfen ausgebe, ebenfalls alle dafür geltenden Grenzen überstiegen. In fünf Jahren habe er im ganzen 23 600 Finnmark ausgegeben. Und auf der letzten Reise, 1934/1935, habe Sven Eriksson etwa 50 Pfund für Kosten in den Häfen ausgegeben, was nicht hingenommen werden könnte.

„Als ich vier Jahre lang Kapitän der LOCHEE von Nystad war, war das Geld für Ausgaben im Hafen für den Kapitän auf vier Pfund für jeden Hafen festgesetzt, egal, ob der Aufenthalt dort einen oder zwei Monate dauerte."

Und er schloß: „Wenn wir die Ausgaben von den Einnahmen der Tiefseeschiffe für 1934 abziehen, kommen wir auf ein Defizit von 170 000 Finnmark bei Frachtraten von 25 Shilling für alle außer der PAMIR und PONAPE mit 19 Shilling 6 Pence. Das Defizit wäre doppelt so groß, nämlich 340 000 Finnmark gewesen, hätten nicht die Passagiere und Kadetten 170 000 Finnmark gebracht."

Gustaf Erikson erklärte, daß seine ganze Existenz von seinen Kapitänen abhänge.

Sieben schwere Unglücksfälle hatten im vergangenen Herbst die Flotte heimgesucht; das schwerste war der Verlust des Dampfers GERD bei einer Kollision mit der Bark LINGARD gewesen. Dadurch kam es zu einem Gerichtsverfahren wegen einer Entschädigung für die Besatzung

Die stählerne Bark LINGARD, *1893 in Arendal bei der Ferigs Jernskibsbygervi gebaut, nimmt nach Annahme des Schleppers die Segel ein. Man beachte die Holzladung an Deck (Ålands Sjöfartsmuseum)*

des Dampfers, die dabei umgekommen war, und zum Verkauf der LINGARD. Zu dem Elend kamen noch die niedrigen Frachtraten für die nächste Saison. Die schwedische Bark ABRAHAM RYDBERG von 3000t hatte Fracht zu 26 Shilling genommen, was für die größeren Schiffe wahrscheinlich 3–6 Pence weniger bedeuten würde (für die HERZOGIN CECILIE lag die Rate 1934 und 1935 bei 24 Shilling 9 Pence).

Die schlechten wirtschaftlichen Aussichten Ende 1935, besonders für einige Einheiten seiner Flotte und das mögliche finanzielle Desaster, das die Folge einer Kollision sein konnte, wie die Tragödie mit der GERD gezeigt hatte, war wahrscheinlich einer der Gründe, die Gustaf Erikson zu einer Umstellung seines Geschäfts veranlaßten. Er bildete für jedes Schiff eine eigene Aktiengesellschaft und löste damit das hergebrachte System der Gemeinschaft von Anteilseignern auf, bei dem er jeweils der größte Anteilseigner gewesen war.

Am 19. Dezember 1935 wurden die neuen Gesellschaften bei einem Meeting in Mariehamn gegründet. Gustaf Erikson nahm von jeder Gesellschaft 98 Prozent Anteile, und Karl August Fredriksson und Hilding Kåhre je 1 Prozent.[1] Das Aktienkapital der einzelnen Gesellschaften war unterschiedlich. Für die kleineren Schiffe lag es bei 200000 – 250000 Finnmark und für die größeren, wie PASSAT, MOSHULU, VIKING und HERZOGIN CECILIE bei 300000 Finnmark. Wahrscheinlich sollte diese Regelung Gustaf Erikson vor einem vollständigen persönlichen Bankrott bewahren, wenn es sich zeigte, daß eines seiner Schiffe mit einem ständigen Defizit fuhr. Die Verluste würden auf diese eine Gesellschaft beschränkt bleiben; so könnten weder sein Privatvermögen noch die anderen Schiffe in Anspruch genommen werden.

1 K. A. Fredriksson und Hilding Kåhre investierten in Wirklichkeit nicht und bekamen auch keine Dividende. Ihre Anteile standen aus juristischen Gründen nur dem Namen nach auf dem Papier (mündliche Mitteilung von Kapitän Karl Kåhre, dem jüngeren Bruder von Hilding Kåhre).

SOAR MILL COVE

In Port Lincoln erhielt Sven Eriksson die Anweisung, gleich nach seiner Ankunft am 5. Januar 1936 nach einer schnellen Ausreise mit dem Laden zu beginnen. Doch kam das Laden erst am 14. Januar in Gang. Sven Eriksson ließ sich in seinem Auslaufbrief vom 23. Januar nicht weiter über die Briefe vom Reeder und aus dem Büro aus, die ihn bei seiner Ankunft erwartet hatten. Er meldete, daß er damit rechne, in der gleichen Nacht die Ladung zu beenden und auszuklarieren. 4295 t Weizen hatten sie geladen, die größte Ladung, die die HERZOGIN CECILIE je in Australien an Bord genommen hatte. Die Fracht betrug 25 Shilling 6 Pence pro Tonne. In Port Lincoln bekam der Dritte Steuermann, Lennart Trey, eine Blinddarmentzündung und mußte im Krankenhaus zurückbleiben. Er wurde durch den Dritten Steuermann von der VIKING ersetzt.

Am 27. Januar 1936 lief die HERZOGIN CECILIE nach Falmouth aus. Sven Eriksson wählte einen Kurs weiter im Süden als gewöhnlich, wahrscheinlich um eine bessere Zeit herauszuholen; er wollte die stärkeren Winde der hohen Breiten ausnutzen und näher am Großkreis segeln. Obwohl sie eine Zeitlang starke günstige Winde hatten, entschied er sich für einen nördlicheren Kurs, nachdem sie in die Nähe von Eisbergen gekommen waren. Die Finnisch sprechenden Mitglieder der Crew, Helge Aaltonen und Erkki Koskivaara, mit denen einer der Verfasser sprach, erinnerten sich noch deutlich an das Eis. Sie wurden durch die Pfeifen des wachhabenden Offiziers geweckt, und als sie an Deck kamen, lag an Steuerbordseite ein riesiger Eisberg. Später wurden auch an Backbord Eisberge gesichtet.

Auf dem Südatlantik trafen sie sehr günstige Bedingungen an. Der Südostpassat war stark, und sie segelten mehrere Tage lang mit 15 Knoten. Helge Aaltonen erinnerte sich deutlich daran und sagte, daß die Luke 2 zwei Wochen lang vom Wasser überspült worden sei. Nach dem Südostpassat trafen sie in den Mallungen auf keine Stillen und bekamen im Atlantik einen guten Westwind, der sie ganz bis hin nach Falmouth blies. Nach einer sehr guten Reise von 86 Tagen ankerte die HERZOGIN CECILIE am 23. April um 11.40 Uhr in Falmouth. Das Schiff wurde wegen der Kollision mit der RASTEDE an die Kette gelegt, und Clarkson mußte eine Kaution bzw. Garantiesumme von 2500 Pfund hinterlegen, um sie für die Reise zum Bestimmungshafen Ipswich freizubekommen. Gustaf Erikson hatte gehofft, das Verfahren nach Finnland ziehen zu können, was ihm aber nicht gelang; es fand später in London vor dem High Court of Justice, Admiralty Division, statt.[1]

Am Freitag, den 24. April 1936, wurde die HERZOGIN CECILIE freigegeben, und der Kapitän telegrafierte um 15.39 Uhr an Clarkson, daß er so schnell wie möglich nach Ipswich wolle. Am Abend ging die HERZOGIN CECILIE zum letzten Mal in See.

Helge Aaltonen erinnerte sich an ihre letzten Tage: „Alle waren wir froh, als wir Falmouth erreichten, aber keiner ging an Land außer ein paar von den Offizieren zusammen mit dem Kapitän. Sie kamen früh am Abend wieder, und wir dachten, wir würden die Nacht über in Falmouth bleiben und am nächsten Morgen auslaufen. Es war für uns eine Überraschung, daß wir am gleichen Abend segeln sollten. Ich war bis Mitternacht auf Wache und hatte dann bis 4.00 Uhr frei. Als wir zur nächsten Wache geweckt wurden und uns gerade angezogen hatten, stießen wir auf die ersten Felsen, und ich fiel beinahe hin. Ich rannte an Deck, und dann hörten wir die Pfeifen der Offiziere. Viele kamen halb angezogen an Deck, weil sie keine Zeit mehr hatten, ihre Sachen zu holen. Dann war es einen Augenblick lang still, und wir bekamen den Befehl, die Rahen zu brassen, und fast gleichzeitig fiel der Anker. Ich hörte den Befehl ‚Fallen Anker!' Der Anker hielt nicht, und bald kam wieder das Geräusch des Auftreffens auf Felsen. Dann konnten wir undeutlich Land sehen. Das Wetter war während meiner Wache neblig gewesen, und die Schiffsglocke wurde angeschlagen. Ich erinnere mich auch, daß das Nebelhorn benutzt wurde. Ich stand während meiner Wache am Ruder. Der Kapitän und auch der Erste Steuermann kamen vorbei und kontrollierten den Kurs. Der Wind kam fast genau von achtern, und wir machten nicht viel Fahrt. Sie (die Offiziere) redeten vom Kurs und sagten, daß er geändert werden sollte, aber solange ich am Ruder stand, wurde der Kurs nicht geändert. Später wurde in der Crew davon geredet, daß die Offiziere daran dachten, den Kurs ungefähr zur Zeit des Wachwechsels um 4.00 Uhr zu ändern, aber es wurde auf die Zeit nach dem Wachwechsel verschoben. Und da war es zu spät.

Nach einer Weile sahen wir, daß nichts getan werden konnte; es war auflaufendes Wasser, und als das Rettungsboot uns an Land brachte, war der Bug des Schiffes unter Wasser. Das Rettungsboot war durch Raketen vom Schiff alarmiert worden. Der Kapitän sagte, wer das Schiff verlassen wolle, könne das tun. Wir hatten kein Interesse zu bleiben, als wir sahen, wie es um das Schiff stand. Unser Logis stand unter Wasser, so kamen wir nicht an unsere Sachen heran. Später wurden sie uns zur Seemannsmission gebracht, wo wir ein paar Tage blieben.

Ich ging nicht wieder auf das Schiff zurück. Ein paar Jungens blieben – die Dänen und Ekblom. Ich kann mich nicht erinnern, daß jemand versuchte, vom Schiff an Land zu schwimmen. Die Strandung der HERZO-

1 Archiv-Nr. Fo 86, 1936. R No. 966

GIN CECILIE war ärgerlich für mich, weil ich gedacht hatte, ich könnte meine Fahrtzeit auf dem Segelschiff auf einmal ableisten. Vielleicht hätte ich bleiben sollen, aber weil ich kein gutes Verhältnis zu Eriksson hatte, blieb ich nicht. Wir wären vielleicht alle geblieben, wenn die Atmosphäre an Bord besser gewesen wäre.

Wir von der Crew sprachen unter uns über die Ursache der Strandung. Wir meinten, es sei ein Navigationsfehler im Nebel gewesen. Als die Offiziere in Falmouth an Bord zurückkamen, waren sie nicht ganz nüchtern, aber sie waren fest auf den Beinen. Sie waren gesprächiger als sonst und redeten mit dem Mann am Ruder, was sie gewöhnlich nicht taten. Der Kapitän war guter Laune, weil die Reise von Australien so schnell gewesen war, und er wollte so bald wie möglich zum Löschen nach Ipswich."

Runar Ekblom, einer von der Besatzung, der nach der Strandung auf dem Schiff geblieben war, erzählte bei einem Interview, was er bei dem Unglück erlebt hatte:

„Ich gehörte zu der Wache, die um 4.00 Uhr aufziehen mußte, es war die Steuerbordwache unter dem Zweiten Steuermann. Ich zog mich um 3.55 Uhr an, als ich es dreimal pfeifen hörte, was ‚Alle Mann auf!' bedeutet. Ich merkte, daß etwas Ernstes passierte, also sprang ich in meine Stiefel und stürzte den Niedergang hoch an Deck. Ich stand nur ein paar Schritte von dem Niedergang entfernt, der auf das obere Deck führte, und ich kam dicht neben den Mitschiffsruderrädern auf das Deck. Als ich auf dem Niedergang entlangrannte, fühlte ich, wie das Schiff auf die Felsen stieß, und als ich an Deck kam, war der Kapitän neben dem Ruder, und als er mich sah, rief er: ‚Ekblom, hilf dem Mann da am Ruder.' So lief ich zu einem der Räder und half beim Steuern. Es war ‚Hart Steuerbord' befohlen worden, um vom Ufer klar zu kommen, aber dann trafen wir auf den kleinen Felsen, da (er zeigte auf der Karte auf den Ham Stone). Ich weiß nicht mehr, wer zu der Zeit am Ruder stand. Dann bekamen wir Befehl, die Segel zu bergen. Der Zweite Steuermann ging mit seiner Wache zum Achtermast, der Erste nahm die beiden vorderen Masten. Das Schiff lag da und schüttelte sich, und es bestand die Gefahr, daß die Rahen auf die an Deck arbeitenden Männer herunterkommen könnten. Als wir mit dem Achtermast fertig waren, gingen wir zum Besanmast und geiten da die Segel auf. Als alle Segel aufgegeit waren, gab es für den Augenblick weiter keine Befehle mehr. Dann kam das Rettungsboot, weil der Kapitän Notsignale gefeuert hatte. Als das Boot kam, war es nicht mehr dunkel.

Wir lagen nicht lange auf dem Felsen, dann kam sie los und fing an, auf das Land zuzutreiben. Der Erste Steuermann bekam den Befehl, beide Anker fallen zu lassen. Das tat er, gleich nachdem wir vom ersten Felsen losgekommen waren. Aber die Anker hielten nicht, und wir trieben seitlich auf das Ufer zu.

Der Kapitän sagte, wer von Bord wolle, könne das tun. Die Leute auf diesem Foto (er zeigte eine Aufnahme) blieben, auch der Kapitän und seine Frau."

Pehr Hjelt, Leichtmatrose auf der letzten Reise, gab den folgenden Bericht über den Verlust:
„Ich war von 0.00–4.00 Uhr auf Wache. Wenn ich mich recht erinnere, war es 4.05 Uhr, als wir auf die Felsen liefen. Es war neblig, und der Wind lief mit uns. Wir segelten mit ungefähr 5–6 Knoten. Warum wir auf die Felsen liefen, kann ich nicht sagen, aber ich vermute, daß sie den Gezeitenstrom nicht richtig berücksichtigt hatten und der Gezeitenstrom der Grund für das Stranden des Schiffes war. Es war, als wenn man gegen eine Wand rennt; da waren zwei Felsen, die aufrecht dastanden wie Säulen, und wir trafen diese verdammten Felsen. Die ganze Crew rannte nach achtern, weil wir dachten, die Takelage würde über Bord gehen. Dann sahen wir, daß das Rigg halten würde, und wir fingen an, die Segel aufzugeien. Der Bootsmann kontrollierte die Laderäume und meldete, daß das Schiff leck sei.
Wir wußten die ganze Zeit über nicht genau, wo wir auf Grund saßen, das wurde der Crew nie gesagt. Erst später erfuhren wir, wo es war. Wir schossen keine Raketen, aber Notsignale. Als wir die Segel festgemacht hatten, wurde uns gesagt, daß jeder, der wolle, mit dem Rettungsboot von Bord gehen könne. Wir, die von Bord gingen, waren so verärgert und auf den Kapitän und den Ersten Steuermann so geladen, daß uns das Schiff verdammt egal war. Da war zuviel verdammte Disziplin an Bord. Beide, der Kapitän und der Erste Steuermann, waren Sklaventreiber. Das Rettungsboot brachte uns zu einer kleinen Stadt, die Salcombe hieß."
Pehr Hjelt, inzwischen Kapitän, sagte, als wir ihm bei dem Interview eine Karte mit den nach dem Logbuch eingetragenen Kursen vorlegten:
„Ich war während der Wache selber am Ruder, kann mich aber auf die Kurse, die wir steuerten, nicht mehr besinnen. Damals wurden die Kurse nicht in Graden, sondern in Kompaßstrichen gegeben. Ich denke, wir gingen von hier (er zeigte auf Falmouth) aus los und liefen dann so (er zeigte ungefähr 100° an), und dann wurden wir die ganze Zeit über durch die Tide nach Nordosten versetzt. Darum endeten wir hierdrauf (er zeigte auf den Ham Stone).
Während dieses Abschnitts trieben wir die ganze Zeit mit der Tide. Wir segelten nicht die Kurse, die auf der Karte aufgezeichnet sind. Während der Wache von 0.00–4.00 Uhr sah ich den Kapitän nicht an Deck. Er kam nach oben, als wir auf die Felsen aufliefen. Als ich am Ruder stand, waren Karlsson, der Erste Steuermann, und Mietinen oben: Was für einen großen Fehler hatten sie gemacht! Ich sage nicht, daß die Offiziere ganz nüchtern waren, aber in der Zeit, die man braucht, um hierher (er zeigt auf das Wrack auf der Karte) zu segeln, hatten sie Zeit, um nüchtern zu werden. Erstaunlicherweise hörten wir das Nebelhorn von Eddystone Rock nicht. Aber im Nebel kann es vorkommen, daß man dicht unter dem Leuchtturm entlangsegelt und das Nebelhorn nicht hört. Das ist mir mehrmals passiert."
Erkki Koskivaara, Kadett auf der letzten Reise der HERZOGIN CECILIE, erzählte einem der Verfasser, was er erlebt hatte:

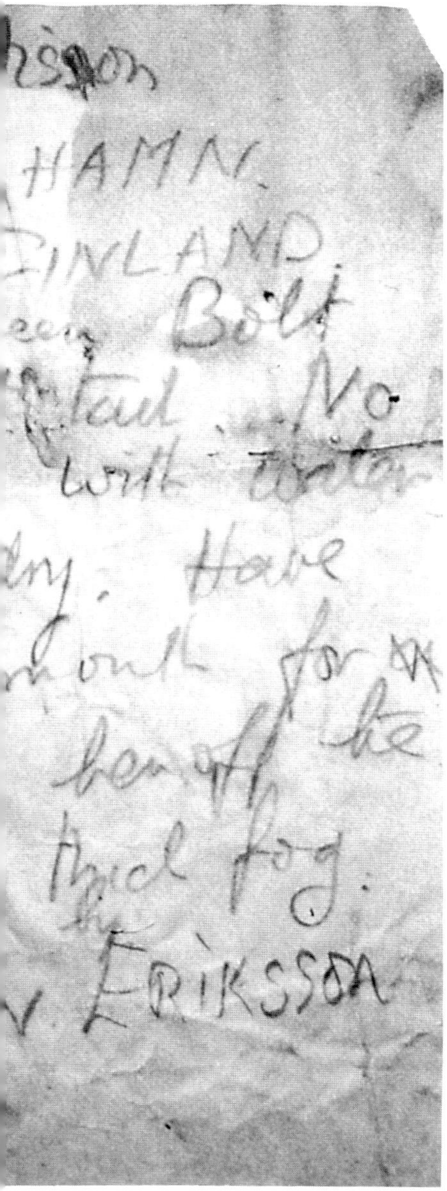

Dieses Telegramm, auf die Rückseite eines alten Briefumschlags geschrieben, brachte Gustaf Erikson die erste Nachricht von der Strandung der HERZOGIN *(Ålands Landskapsarkiv)*

„Ich gehörte zur Steuerbordwache – also der 0.00–4.00 Uhr-Wache – unter Elis Karlsson. In der gleichen Wache waren auch die Dänen und Hjelt. Der Zweite Steuermann Leman war ein netter Mensch, aber Elis Karlsson war irgendwie komisch. Ich verstand ihn nicht, von Zeit zu Zeit wurde er handgreiflich. Ist es nicht ein Zeichen von Schwäche, wenn einer Gewalt gebrauchen muß? Und Sven Eriksson war von der gleichen Art. Als ich auf der ARCHIBALD RUSSEL fuhr, war es im ganzen viel besser. Da war alles ruhiger, kein ‚Beeilung, Beeilung!', wie auf der HERZOGIN. Auf der ARCHIBALD hatte ich Mikael Sjögren als Kapitän. Sven Eriksson war ein Kapitän, der die Segel eher zu spät als zu früh wegnahm.
Als wir in Falmouth waren, hing am Fockmast ein Zettel, auf dem stand, daß das Schiff an die Kette gelegt war."
Kapitän Koskivaara erklärte dem Interviewer, daß er eben erst von der Sache gelesen habe (ihm war eine Woche vor dem Interview eine Abschrift vom Bericht des Kapitäns und vom Logbuch gegeben worden), und er war erstaunt darüber, daß das Log so spät ausgebracht worden war.
„Wenn man einen Platz wie Falmouth verläßt", sagte er, „sollte man sich die Seekarten sehr genau ansehen. Wäre das Schiff versichert gewesen, würden die Versicherer bestimmt ein Verfahren angestrengt haben, und der Kapitän und der Erste Steuermann wären in eine höchst unerfreuliche Lage geraten. Das Logbuch kann so nicht stimmen. Als das Schiff auf den Felsen traf, war ich auf Wache in Bereitschaft unter dem Backdeck. Das war ein gut geschützter Platz, um auf Befehle zu warten. Als wir aufgelaufen waren, wurden die Rahen angebraßt, damit sie nicht herumschlagen und an Deck fallen konnten, und die Segel wurden aufgegeit. Der Bootsmann kontrollierte das Schiff auf Leckagen. Die ganze Besatzung war an Deck, und es gab keine Panik, nur die Offiziere waren etwas nervös. Der Erste Steuermann gab die Befehle.
Die Ursache für das Auflaufen wurde in der Besatzung besprochen, und es gab drei Theorien, nämlich, daß der Magnetkompaß einen Fehler gehabt habe, daß es am Gezeitenstrom gelegen habe und drittens, daß die Offiziere im Salon des Schiffes gefeiert hätten. Ich kann mir nicht vorstellen, daß die Offiziere alle so betrunken waren, daß sie ihre Wache nicht gehen konnten." Im Logbuch des Schiffes (viele Jahre lang in einer Schublade im Ålands Sjöfartsmuseum verborgen) ist für die letzten zwei Tage nach dem Einlaufen in Falmouth eingetragen:
„Alle Segel festgemacht und aufgeklart. Setzten das Motorboot auf die Luke 2 und erledigten verschiedene Arbeiten. Der Dritte Steuermann und der Donkeymann gingen an Land zum Arzt. Der Donkeymann kam wieder, aber der Dritte Steuermann mußte wegen seines Fußes an Land bleiben. Beamte von Land legten das Schiff an die Kette. 18.15 Uhr Ausscheiden mit Arbeiten. Jalas und Heinonen auf Wache. Eine Wache vom Hafenamt an Bord. Hell leuchtende Ankerlichter gesetzt. 21.00 Uhr Schiffszeit auf Landzeit umgestellt. Nahmen Ankerpeilung: St. Antonys Point in N 47° E und Castle in N 2° E (Mißweisung berücksichtigt)."

Gezeichnet EK (Elis Karlsson).

Freitag, 24. April
Auf Falmouth-Reede Wind SW 2–3 halbbedeckt ? (unleserlich). 7.00 Uhr Arbeitsbeginn. Schiff außenbords gewaschen und verschiedene Arbeiten im Rigg und an Deck erledigt. Bekamen Order, nach Ipswich zu segeln. 20.20 Uhr Anker gelichtet und die passenden Segel gesetzt. Das Log bei einem Stand von 62 ausgesetzt. Machten den Steuerbordanker auf der Back klar zum Fallen. Um 23.30 Uhr zog die Seewache auf. Um 24.00 Uhr Logstand 78. Kompaßkurs S 18° E, Deviation 2° E, Mißweisung 13° W. Wahrer Kurs S 29° E, abgelaufene Distanz nach Log 16°.

Gezeichnet EK

Falmouth, 0 Tage nach Ipswich, Sonnabend, den 25. April 1936

Uhrzeit	Standort	Wind und Wetter	Kurs	Deviation	Mißweisung	Wahrer Kurs
Kurs	Fahrt					
Mitternacht						
1	Eng. Kanal	WSW 2–3 dunstig	N 85° O	2° O	13° W	N 74° O
2	Eng. Kanal	Nebel	N 85° O	2° O	13° W	N 74° O
3	Eng. Kanal	dichter Nebel	Ost	2° O	13° W	N 79° O
4	Eng. Kanal	dichter Nebel	S 86° O	2° O	13° W	N 83° O

Nach dem Logbuch wurden auch Nebelsignale gegeben. Diese letzte Eintragung ist ebenfalls mit EK gezeichnet.
Es ist nicht bekannt, wann diese Eintragungen vorgenommen wurden, aber das Logbuch wurde am 2. Mai 1936 beim finnischen Vizekonsulat in Plymouth vorgelegt. Der Vizekonsul, Mr. Davis, stempelte und zeichnete es an dem Tage ab, als er an Bord des Schiffes war, um die Anhörung für die Seeunfallverklarung vorzunehmen. Die Eintragungen für die Nacht nach dem Auslaufen aus Falmouth erscheinen recht mager, aber die Eintragungen, die 1933 beim Auslaufen von Falmouth nach London gemacht worden sind, sehen auch nicht viel anders aus.
Eine Darstellung der Ereignisse, die dann folgten, ist in der nachfolgend abgedruckten Erklärung, die Sven Eriksson am 3. Mai unterschrieb und in Kopie an das Büro in Mariehamn schickte, zusammengefaßt.

Seeverklarung

Auszug aus dem Logbuch (d.h. das Logbuch, das die Engländer „Official Log“ nennen, in dem nur Unfälle, Geburten, Todesfälle und andere Vorfälle von Bedeutung eingetragen werden), geführt auf der Viermastbark HERZOGIN CECILIE aus Mariehamn auf der Reise von Port Lincoln nach Falmouth mit Order weiter nach Ipswich. Am Montag, den 27. Januar 1936, nach Übernahme einer vollen Ladung Weizen in Port

Lincoln, Südaustralien, Anker gelichtet und die erforderlichen Segel gesetzt, woraufhin die Reise nach Falmouth for orders begann; Schiff in seetüchtigem Zustand und voll bemannt. Die Reise ging ohne besondere Vorkommnisse nach Falmouth, wo wir um 11.40 Uhr am 23. April 1936 ankerten. Am 24. April bekamen wir Order nach Ipswich. Um 20.20 Uhr des gleichen Tages lichteten wir Anker und setzten alle Segel. Der Wind kam von SW mit 2–3 Bft, Sicht dunstig und leichter Nebel. Barometer 767,2, Mißweisender Kurs, Süd zu Ost, Distanz 12,0, Log 71; danach Kurs Südsüdost, Distanz 2,5, Log 73,5; danach Südost zu Süd, Distanz 2,0, Log 78. Zu dieser Zeit war es 24.00 Uhr, und die Seewache war aufgezogen. Zu der ersten Distanz wurden drei Seemeilen zugezählt, weil das Log erst ausgebracht wurde, als die Segel gesetzt und der Anker auf die Back gehievt war.

25. April. Kurs mißweisend N 87° E, Distanz 15, Log 93, Wind WSW 2–3 Bft, Sicht stark dunstig und Nebel. Gaben Nebelsignale. 2.00 Uhr Kursänderung auf S 88° O, Wind WSW 2–3 Bft, dichter Nebel. Nach 10,0 Seemeilen auf diesem Kurs um 3.30 Uhr weitere Kursänderung auf S 84° O, weil keine Peilungen, weder von Lichtern noch Schallsignalen, von bekannten Objekten genommen werden konnten. Um 3.50 Uhr im Nebel ein dunkles Objekt an Backbordseite gesichtet. Das Ruder wurde sofort hart Steuerbord gelegt, die Steuerbordbrassen losgeworfen und beide Wachen an Deck gerufen.

Unmittelbar darauf lief das Schiff auf Grund. Sämtliche Fallen losgeworfen und alle Segel aufgegeit. Alle Mann an Deck gerufen. Bilgen und Tanks gepeilt und rings um das Schiff gelotet. 17 Inch standen in der Backbordbilge Nr. 2, zwei Fuß in der Vorpiek. Alle Tanks und die übrigen Bilgen waren lenz. Die Lotungen ergaben 24 Fuß beiderseits des Hecks und weiter nach vorn und beiderseits der Back 22–23 Fuß. Gaben Notsignale. Machten Dampf auf, um das Schiff mit den Lenzpumpen lenz zu halten. Um 4.30 Uhr bemerkt, daß das Schiff anfing zu treiben; beide Anker fallengelassen, aber das Schiff ging mit dem Heck auf Grund, bevor die Anker hielten. Der Vorsteven trieb langsam nach Lee, bis das Schiff breitseits zum Land lag. Inzwischen war das Wasser in der Vorpiek auf 3 Fuß angestiegen, die Tanks Nr. 1 und Nr. 2 waren voll, aber der hintere Laderaum war lenz. Um etwa 5.00 Uhr wurden an Land Lichter gesehen, und das Rettungsboot von Salcombe kam längsseits. Wir stellten fest, daß die Stelle, an der das Schiff aufgelaufen war, Ham Stone Rock (Kapitän Eriksson schreibt Hampstone) und das Land, gegen welches das Schiff gedriftet war, Bolt Head war.

Das Rettungsboot ging um das Schiff herum, um Assistenz geben zu können, falls Hilfe benötigt würde. Man gab der Besatzung Befehl, ihre Sachen zum Luk Nr. 5 zu bringen. Peilten Bilgen und Tanks: 5 Fuß im Vorderraum, die Vorpiek voll bis zum Meeresspiegel, 1 Fuß in der Bilge Nr. 3 Backbord und 2 Fuß an Steuerbord; Bilge Nr. 5 lenz, Achterpiek 2 Fuß, Tanks Nr. 3 und 4 voll. Schlossen die wasserdichten Türen, die vom Vordeck unter die Hütte führen. Um etwa 9.20 Uhr wurde die Crew

befragt, wer an Bord bleiben wolle, da die Lage des Schiffes als unsicher angesehen wurde, woraufhin alle das Schiff im Rettungsboot verließen außer mir und meiner Frau, dem Ersten Steuermann Elis Karlsson, dem Zweiten Steuermann Algot Leman, den Vollmatrosen Christiansen, Larsen, Ekblom und dem Kadetten Ehlers. Gleichzeitig wurden sämtliche Schiffspapiere und die Logbücher mit dem Dritten Steuermann an Land geschickt. Die Laderäume füllten sich allmählich mit Wasser. Das Schiff bewegte sich während des Hochwassers heftig. Gegen 11.30 Uhr kam das Rettungsboot wieder und bat darum, daß der Rest der Besatzung das Schiff verlasse, weil sie meinten, es könnte für das Rettungsboot zu gefährlich sein, sie abzuholen, falls das Wetter sich verschlechtere. Die an Bord Gebliebenen fragte ich, ob sie aussteigen wollten, und sie antworteten, sie wollten an Bord bleiben, solange ich bliebe. Das Rettungsboot lief dann nach Salcombe zurück. Als das Rettungsboot abfuhr, schoß die Küstenwache ein Drahttau zum Schiff hinüber, und eine Hosenboje wurde aufgeriggt. Damit wurden die Schiffsinstrumente und einige Sachen der Besatzung an Land gebracht. Die Crew fing an, die Segel des Fockmastes festzumachen. Während der Nacht war ein Mann auf Wache. 26. April. Schickte den Rest der Sachen der Crew und einen Teil der Ausrüstungsgegenstände des Schiffes mit dem Motorboot nach Salcombe. Am Tage und in der Nacht wurde durchgehend Wache gegangen.
Hiermit erkläre ich mich und meine Besatzung für frei von jeglicher Verantwortung für die oben geschilderten Vorkommnisse.
Ich und meine Besatzung sind bereit, unter Eid zu bezeugen, daß die oben abgegebene Seeverklarung wahr ist.

Salcombe, 3. Mai 1936

Ovdal Larssen, Vollmatrose	Sven Eriksson, Kapitän
G. Ehlers, Kadett	Elis Karlsson, Erster Steuermann
R. Ekblom, Vollmatrose	Algot Leman, Zweiter Steuermann

Zwischen der Erklärung des Kapitäns und der Eintragung im Logbuch besteht eine sehr schwerwiegende Differenz. Im Logbuch steht, daß das Log gleichzeitig mit dem Segelsetzen ausgebracht wurde, während der Kapitän aussagt, daß das Log erst ausgebracht worden sei, als die Segel gesetzt und der Anker auf das Vorschiff genommen worden war.[2]
Der Kapitän gibt auch an, daß annähernd drei Seemeilen zu der vom Log angegebenen Distanz wegen des späten Ausbringens des Logs hinzugezählt wurden, was zeigt, daß dies wahrscheinlich der wahre Hergang gewesen ist. Es zeigt auch, daß vieles durcheinandergelaufen sein muß, als die Eintragung in das Logbuch vorgenommen wurde. Das späte Ausbringen des Logs muß einer der Hauptgründe für das tragische Ende der Reise gewesen sein.
Es existieren auch noch zwei weitere Erklärungen: die offizielle Verklarung vor dem Vizekonsul, die am 2. Mai 1936 an Bord aufgenommen wurde,[3] und die eidesstattliche Aussage des „Receiver of Wreck" (bei uns entspräche dies einer Stelle bei der Wasser- und Schiffahrtsdirektion,

2 Auf die Frage, wie lange es dauerte, in See zu gehen, alle Segel zu setzen und den Anker aufzubekommen, haben sämtliche überlebenden Besatzungsangehörigen gesagt, daß dies zwei bis drei Stunden gedauert haben würde. Das stimmt mit der Eintragung im Logbuch gut überein und mit der Aussage des Kapitäns, daß die Seewache um 23.30 Uhr aufgezogen sei.

3 In den Archiven des finnischen Außenministeriums, Helsinki.

Für viele Küstenanwohner war die Strandungsstelle zum Ausflugsort geworden (Archiv Edition Maritim)

die für die weitere Behandlung des vom Eigner und Versicherer aufgegebenen Wracks zuständig ist; der Übersetzer) im Hafen von Plymouth. Beide Erklärungen sind in den Anhängen 4 und 5 abgedruckt.

Ein Vergleich aller dieser Berichte und Zeugenaussagen wirft ein deutliches Licht auf die Unsicherheit bezüglich des Logs zu Beginn der Reise. Es gibt keine eindeutige Angabe darüber, wann es ausgebracht wurde. In dem einen Bericht sagt der Kapitän, es sei um 21.10 Uhr ausgebracht worden (Aussage vor dem Vizekonsul vom 2. Mai), in dem anderen, daß es erst ausgebracht worden sei, als die Segel gesetzt und der Anker an Deck geholt worden waren (Bericht des Kapitäns vom 3. Mai, wie er auch an den Reeder geschickt wurde, wie oben zitiert). Es ist offensichtlich, daß die Offiziere nicht genau sagen konnten, wann das Log ausgebracht wurde, daher schätzten sie die bis etwa 23.30 Uhr versegelten Distanzen. In einer solchen angenäherten Schätzung kann leicht ein Fehler von mehreren Seemeilen stecken, denn im Nebel läßt sich die Fahrt eines Schiffes nicht leicht schätzen.

Peter Allington, Master Mariner (Kapitän mit dem höchsten Patent; der Übersetzer), ein Mann von umfassender Erfahrung und mit den Verhältnissen im Kanal als Führer maschinenbetriebener Schiffe wie auch der Schulketsch HALCYON aus Southampton sehr vertraut, ist nach Überprüfung der Eintragungen im Logbuch, der Verklarung des Kapitäns und unter Berücksichtigung der herrschenden Gezeitenverhältnisse zu dem Schluß gekommen, daß es zweifelhaft sei, welche Kurse vor 24.00 Uhr wirklich gesteuert wurden, und zwar aus zwei Gründen:

Die Entfernung zwischen dem Ankerplatz vor Falmouth und dem Ham Stone ist 47 Seemeilen, aber nach dem Logbuch wurden nur 44 Seemeilen durchs Wasser gesegelt. Unter Berücksichtigung des während der Überfahrt herrschenden Gezeitenstromes (Spring HW Devonport um 19.13 Uhr am 24. und um 07.35 Uhr am 25. April 1936) muß ein direkterer als der im Logbuch angegebene Kurs während der bei Windstärken zwischen 2 und 3 Bft unter vollen Segeln abgelaufenen Zeit gesteuert worden sein, um auf den Ham Stone zu kommen. Wenn man die Kurse und Distanzen von Falmouth zum 24.00 Uhr-Ort nach den Angaben im Logbuch nachkoppelt und dabei die Windabdrift (sie kann bei dem schwachen achterlichen Wind nur sehr gering gewesen sein; der Übersetzer) und die Versetzung durch den Gezeitenstrom (in diesem Gebiet zwischen 22.00 und 03.00 Uhr aus dem Kanal setzend) berücksichtigt und dann die Kurse und Distanzen vom Ham Stone aus zum 24.00 Uhr-Ort zurück koppelt, liegen die beiden 24.00 Uhr-Orte ganz beträchtlich auseinander – der zweite etwa 20 Seemeilen weiter im NE als der erste.

Daraus ist zu folgern, daß hinter den angegebenen Kurs des Schiffes, angeblich mehrere Stunden lang annähernd SSE, ein Fragezeichen zu setzen ist. In diesem Zusammenhang ist es sehr interessant, daß Gustaf Erikson neben den in der Kapitänsverklarung angegebenen Kursen eine gerade Linie von Falmouth Bay nach Soar Mill Cove zog, die mit der vom Log angezeigten ungefähr abgesegelten Strecke übereinstimmt.

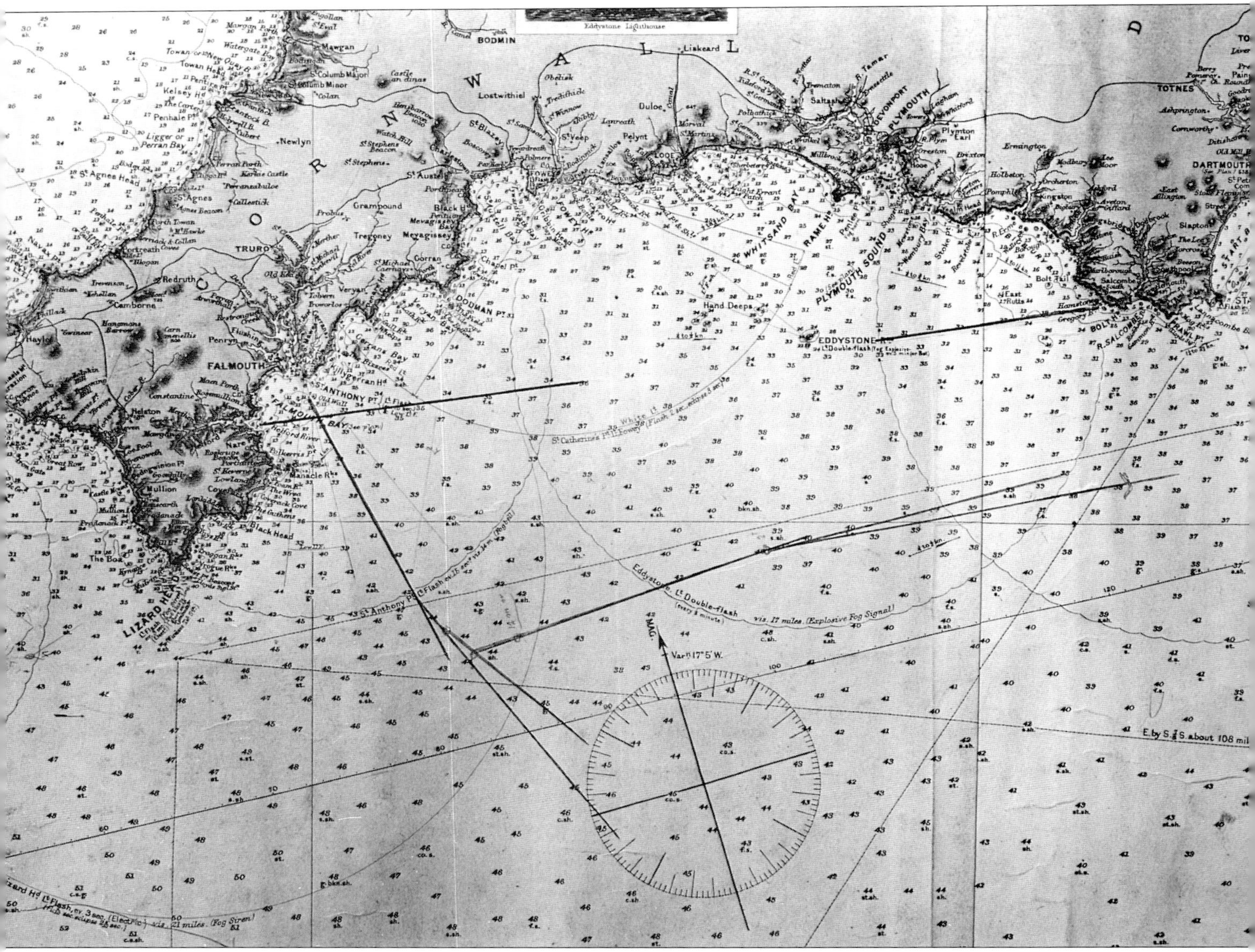

Nachrichten von der Strandung erreichten Mariehamn telegrafisch am 25. April um 11.20 Uhr Ortszeit. Das Telegramm war um 7.14 Uhr von Salcombe abgegangen. Der Text war auf einen alten Briefumschlag geschrieben und an Land gebracht worden. Er lautete:

„Gestrandet zwischen Bolt Head Bolt Tail/Raum Nummer 1 füllt sich mit Wasser/Nummer 3, 4 und 5 noch lenz/Habe nach Plymouth um Schlepper geschickt, um vom Felsen freizukommen/Ursache dichter Nebel/Sven Eriksson c/o Vivian Lloyds Agent Salcombe."

Um 12.59 Uhr wurde das folgende Telegramm an Gustaf Erikson aufgegeben:

„Nr. 1 und 2 voll Wasser stop Achterer Laderaum 17 Inch stop Kleines Leck in Achterpiek stop Schlepper kann nicht herankommen stop Crew mit Rettungsboot abgeholt stop Wir an Bord sind all right stop Rigg noch in Ordnung stop Eriksson"

Erstaunlicherweise ließ Sven Eriksson seine Frau den ersten Brief an den Reeder schreiben und den Unglücksfall schildern:

Salcombe Hotel
Salcombe,
Devon

27. April 1936
Sjöfartsrådet Gustaf Erikson,
Mariehamn
„Lieber Seefahrtsrat,
Kapitän Sven Eriksson, mein Mann, hat mich gebeten, Ihnen einen Bericht über alles zu schicken, was sich ereignete, seit die HERZOGIN auf Grund lief. Aus diesem Grunde bin ich für 24 Stunden an Land gekommen. Er und die anderen sind zu sehr damit beschäftigt, soviel von der Ausrüstung zu bergen wie möglich, solange dieses gute Wetter anhält, aber er wird Ihnen selbst schreiben, sobald er kann. Er bittet Sie, dies als einen halboffiziellen Brief entgegenzunehmen.

Wir verließen Falmouth am Freitag bei einigermaßen klarem Wetter, bald wurde es ziemlich neblig und später wurde der Nebel dichter. Aus diesem Grunde wurde ein Kurs gewählt, der eine halbe Meile vom Dampferweg nach Land zu lag, um dem dichten Verkehr aus dem Wege zu gehen. Der Nebel war sehr dick. Der Erste Steuermann hatte die 0.00 –4.00 Uhr-Wache, aber der Kapitän war auch an Deck. Ganz kurz vor 4.00 Uhr lichtete sich der Nebel etwas, und ein schwacher Umriß wurde undeutlich auf der Leeseite gesichtet. Das Ruder wurde hart Steuerbord gelegt, aber das Schiff stieß gegen einen Felsen, bevor es abdrehte.

Gustaf Eriksons Seekarte, auf der er die Kurse der HERZOGIN CECILIE *am 24. und 25. April 1936 nach der Verklarung von Sven Eriksson sowie den direkten Kurs nach Soar Mill Cove einzeichnete (Ålands Landskapsarkiv)*

Unmittelbar nachdem wir erkannt hatten, daß das Schiff gestrandet war, wurden sämtliche Fallen losgeworfen und die Segel aufgegeit. Das Schiff blieb eine halbe Stunde lang in der gleichen Lage, dann schwang es mit dem Wind herum, worauf wir beide Anker fallen ließen. Aber weil der Abstand zwischen dem Felsen und dem Ufer zu gering war, um genügend Kette zu stecken, damit die Anker hielten, drehte das Schiff allmählich breitseits auf das Ufer zu. Das Heck bekam als erstes Grund zu fassen.

Zu dieser Zeit waren die Küstenwache auf dem Kliff an Land und das Rettungsboot von Salcombe längsseits. Die Besatzung des Rettungsbootes meinte, es sei für uns hier nicht sicher, da sie erwarteten, daß die See rauher werde und sie dann nicht mehr kommen könnten.

Der Kapitän fragte, ob jemand von der Crew an Bord bleiben wolle. Der Erste und der Zweite Steuermann, die drei dänischen Kadetten, Ehlers, Larsen und Christiansen, sowie ein Schwedisch-Finne, Ekblom, und ich blieben an Bord. Der Rest verließ das Schiff mit dem Rettungsboot, auch der Dritte Steuermann, der sich in den Brassen am Fuß verletzt hatte, bevor wir nach Falmouth kamen.

Als das Rettungsboot ablegte, schoß die Küstenwache vom Steilufer eine Rakete, und wir riggten ihre Hosenboje an den Besanmast. Bevor dies fertig war, war Larsen an den Fuß des Steilufers geschwommen, und ein Telegramm, das für den Kapitän gekommen war, wurde ihm zugeworfen.

Mit Hilfe der Boje konnten wir Nachrichten empfangen.
Das Rettungsboot hatte nach Plymouth wegen eines Schleppers telegrafiert, aber als er kam, konnte er nicht nahe genug an das Schiff herankommen.
Wir machten die Segel der vorderen Masten fest und gingen die Nacht über Wache. Am Sonnabend wurde das Wetter besser, und ein Schlepper aus Queenstown kam so dicht heran, wie er konnte. Seine deutschen Fachleute kamen an Bord, aber sie meinten, daß das Schiff nicht heruntergeholt werden könne.
Der vordere Laderaum fing gleich an, stark zu lecken und auch die Vorpiek. Der achtere Laderaum und die Tanks Nr. 3 und 4 waren bis zum späten Sonnabend abend noch lenz und fingen dann an, langsam vollzulaufen. In ihnen steht das Wasser inzwischen bis Höhe des Meeresspiegels. In den Bilgen Nr. 3 stehen 18 Fuß Wasser, und das Schiff hat eine, allerdings nicht schwere, Schlagseite nach Backbord. Die Küstenwache ist jetzt wieder abgezogen, aber wir haben unsere eigene Hosenboje zum Ufer hin aufgeriggt.
Zwei finnische Kadetten, Roehr und Lautsia, kamen am Sonnabend zum Schiff zurück, und der Kapitän ist jetzt dabei, mit ‚all hands' soviel von den leichten Sachen zu bergen wie möglich. Bei steigendem Wasser kann ein Leichter längsseits kommen, aber er kann nur eine Fahrt am Tag machen.
Die ganzen Sachen der Besatzung sind geborgen, soviel ich weiß; nur wird einiges im Steuerbord-Wohnraum, der voll Wasser steht, wohl verloren sein. Gestern wurden alle Segel von unten und von den vorderen Masten an Land gegeben, ebenso die neuen Segel und leichte Spieren. Heute werden die Segel von den beiden hinteren Masten abgegeben und soviel wie möglich von der beweglichen Einrichtung unter Deck.

„Bei Hochwasser kommt das Wasser über das Vordeck“ (Robert Chapman)

Der Kapitän möchte wissen, ob er danach mit den schweren Ausrüstungsstücken anfangen soll, wie die Spills, Wandbekleidungen und so weiter, und ob Sie möchten, daß die Masten und die Rahen und was sonst noch möglich ist, geborgen werden sollen. Das kann nur geschehen, wenn das Wetter gut bleibt, aber darauf kann man im Augenblick wohl hoffen.
Der Kapitän schlägt vor, daß eines Ihrer Motorschiffe, die an dieser Küste verkehren, nach Falmouth geschickt wird, um die ganzen Sachen abzuholen, weil anderenfalls die Kosten für eine Verschickung nach Finnland wahrscheinlich beträchtlich sein würden. Über diesen kleinen Hafen habe ich vom Lotsen die folgenden Auskünfte bekommen:
Zu Springzeiten ist der Wasserstand an der Pier 11 Fuß und auf der Barre 15–17 Fuß.

Springzeiten sind:

Mai	5., 6., 7. und 8.	14 Fuß Tidenhub
Mai	19.–22.	15 Fuß “
Juni	8.	14 Fuß “

Juni	9.–12.	13,6 Fuß Tidenhub
Juni	18.–22.	15 Fuß "
Juni	23.	14,6 Fuß "

Bei Springniedrigwasser stehen 4–6 Fuß Wasser auf der Barre und man kann ausrechnen, wieviel Wasser auf der Barre steht, wenn man die HW-Höhe hinzuzählt.
Gestern wollte der Kapitän allein an Bord bleiben und die Crew für die Nacht an Land schicken und sie am Tage wieder herausbringen lassen, aber alle blieben lieber an Bord, weil das Wetter gut war.
Es scheint, daß das Schiff fest genug ist, und zur Zeit ist es in keiner erkennbaren Gefahr. Die Hosenboje des Schiffes arbeitet langsam, aber die Leute an Bord können sich damit ohne Hilfe an Land bringen.
Die Takelage ist noch unbeschädigt, aber bei Hochwasser kommt das Wasser auf das Vordeck.
An dieser Stelle sind viele Schiffe wrack geworden. Es ist eine der Gefahrenstellen an dieser Küste, sagen die Leute hier am Ort.

Würden Sie bitte dem Kapitän baldigst Anweisung geben, *ob er das Gerät an Deck und dann die Rahen und Masten bergen soll?* Telegrammadresse ist HERZOGIN CECILIE, Salcombe.
Ich meine, der Rudergänger und der Ausguckmann, die auf Wache waren, als die Kollision mit der RASTEDE passierte, sollten wieder auf das Schiff geschickt werden, aber der Rest der Besatzung reist heute nach Finnland ab.
Ich glaube, daß ein Teil der Ladung gerettet werden kann; ich werde darüber mehr schreiben, wenn ich mehr weiß.

Ihre Ergebene
. . ."

Der „Schlepper aus Queenstown", auf den in diesem Brief Bezug genommen wird, ist der deutsche Bergungsschlepper SEEFALKE, zu jener Zeit wohl das weltweit beste Schiff seiner Art. Die Entscheidung seines Kapitäns bedeutete nicht, daß er ein Freischleppen der HERZOGIN von den Felsen als aussichtslos ansah, sondern daß er einen Bergungsversuch nicht auf der üblichen Grundlage „kein Erfolg, kein Geld" (no cure, no pay) unternehmen konnte, nach der ein Bergelohn nur bei gelungener Bergung anfällt. Diese Entscheidung gab ganz klar zu verstehen, daß ihm das Risiko, für das in einen Bergungsversuch gesteckte Geld nichts zu bekommen, zu groß war (ganz abgesehen davon, daß ernstlich zu bezweifeln war, ob das Schiff die Bergungskosten und die Reparaturen jemals würde einfahren können, falls die Bergung tatsächlich gelingen sollte). Auch zwei französische Schlepper waren erschienen, zogen sich aber wieder zurück, wahrscheinlich, als sie von der Entscheidung des Kapitäns der SEEFALKE gehört hatten.
Am 2. Mai rief Sven Eriksson Gustaf Erikson an, und dieser schrieb am nächsten Tag:
„Bezugnehmend auf einen Telefonanruf von gestern danke ich Dir für die wertvolle Information. Ich bedaure Deine Gedankenlosigkeit, nicht mit Südost- und Südsüdost-Kursen gesegelt zu haben, um sicher um Start Point herumzugehen, anstatt ‚*eine halbe Meile innerhalb des Dampferweges*'[4] zu steuern, besonders wenn zu der Zeit dichter Nebel herrschte. Und *dazu bist Du noch mit gesetzten Royals gesegelt.* Mit wahrscheinlich 7–8 Knoten trotz des Nebels, was nicht zu entschuldigen ist und weder mit der Seestraßenordnung noch mit ordentlichem seemännischem Verhalten in Einklang zu bringen ist. Der *Totalverlust der* HERZOGIN CECILIE *ist der schwerste Verlust* seit 1913 oder in 23 Jahren Arbeit als Schiffsreeder. Wir empfinden es wie den Verlust eines Familienmitgliedes, und es wird schwer sein, über diesen Verlust hinwegzukommen, der meine ganze zukünftige Existenz aufs Spiel setzt.
Meine Frau ist durch die traurigen Nachrichten besonders betroffen. Sie hatte einen Nervenzusammenbruch und muß im Bett bleiben, denn die HERZOGIN CECILIE bedeutete ihr alles; sie kann über nichts anderes mehr sprechen als über den großen Verlust, der sich bis zu ungefähr

4 Diesen Satz, „eine halbe Meile innerhalb des Dampferweges", hat Gustaf Erikson aus dem oben erwähnten Brief von Pamela Eriksson.

Der großartige deutsche Bergungsschlepper SEEFALKE *liegt jetzt beim deutschen Schiffahrtsmuseum in Bremerhaven als Museumsschiff (Basil Greenhill)*

16 500 Pfund auftürmen wird, dem Betrag, den ich bekommen hätte, als eine große deutsche Dampfschiffsreederei sich um den Ankauf des Schiffes bemühte. Ich arbeite jetzt am Verkauf der L'AVENIR, die nach ihrer Ankunft und dem Löschen in England ihre Besichtigung bekommen wird und für die ich 15 000 Pfund verlangt habe.

Wenn dann die Bergung 5000 Pfund kostet und die Reparaturen 2500 bis 3000 Pfund, dann kommt das zusammen auf 11 000–11 500 Pfund, das sind 5000 Pfund weniger als der Wert des Schiffes und als mein Preis für den Verkauf. Da die HERZOGIN CECILIE das am *stärksten gebaute Schiff* ist, das schwimmt, mit extra starken Rahmenspanten längs- und querschiffs um den ganzen Rumpf herum, glaube ich, daß sie keinen großen Schaden an den vorderen Teilen hat. In England könnten sie für 2000–3000 Pfund viel an der Beplattung tun, und da das Schiff 1935 *zum dritten Mal seine Klasse bekommen hat* und damals vollständig entrostet war, braucht weiter nichts als die Reparatur des Schadens durch das Aufgrundlaufen gemacht zu werden, der, wie ich denke, im vorderen Teil des Schiffs liegt, nicht weiter hinten als der Fockmast. Es ist wahrscheinlich, daß die Laderäume 2 und 3 mit Wasser vom vorderen Laderaum her vollgelaufen und die wasserdichten Schotten zwischen den Laderäumen unter dem Druck des Wassers und der Ladung gesprengt worden sind. Jetzt, da das Unglück passiert ist, und es sich nicht lohnt, das Schiff auf meine Kosten zu bergen – mit anderen Worten, es wäre zu teuer –, und ich es mir auch bei allem guten Willen nicht leisten kann, ist weiter nichts darüber zu sagen, als daß Du alles versuchen

mußt, das Schiff zu verkaufen, damit es unter englischer Flagge weiterleben kann.
Wenn es nicht zum Verkauf kommt, soll die ganze leichteste Ausrüstung nach Salcombe an Land gebracht werden, und *die Segel sollen getrocknet werden, wenn sie naß geworden sind, und dann abgedeckt gelagert werden, ebenso wie das Manilatauwerk des laufenden Guts.*
Wenn die besten Bug- und Reserveanker geborgen werden können, sind sie immer zu verwenden, ebenso wie die Bram- und Marsrahen, aber nur, wenn es sich lohnt und nicht zuviel kostet. Sonst läßt man sie mit den Ankern lieber an Deck, so wie sie sind. Vielleicht könnte man sie (die Rahen) über Bord werfen und an Land holen. Wenn sie wasserdicht sind, werden sie dabei nicht sinken. Einmal an Land, sind sie leicht zu rollen, aber das hängt von den Transportkosten vom Ufer bis zur Pier in Salcombe ab, wohin der Rest der Sachen zu bringen ist.
Wegen des Bergens der Marsrahen habe ich meine Zweifel, aber die Bramrahen sind aus Holz, und sie sind neu. Die Motorwinsch sollte von den Versicherern bezahlt werden,[5] wenn sie für das Entladen gebraucht wird, und sie sollten sie hinterher an Land bringen lassen, falls sie nicht schon an Land gebracht werden kann, solange Du noch dort bist. Eine neue Motorwinsch dürfte 2000 Schwedenkronen kosten.
Sobald die leichtesten Sachen an Land geborgen sind, solltest Du mit der verbliebenen Crew über London nach Hause reisen."
Dann beschäftigte sich Gustaf Erikson mit dem Fall der RASTEDE. Als er Sven Erikssons Bericht gelesen habe, habe er den Eindruck bekommen, daß der HERZOGIN CECILIE ebenso ein Vorwurf zu machen sei wie dem Trawler, und er bat ihn um Klarstellung:
„Du kannst nicht sagen, daß Du dieses Fischereifahrzeug ein und eine halbe Stunde vorher gesehen hast, wenn die HERZOGIN CECILIE wahrscheinlich mit einer Fahrt von 10–12 Knoten lief. Der ganze Fehler scheint mir darin zu liegen, daß die Offiziere nicht richtig aufgepaßt haben, und daran, daß die HERZOGIN CECILIE nicht rechtzeitig ausgewichen ist, sondern eher zu spät. Wenn Du den Kurs beibehalten hättest und nicht 2 Strich abgefallen und vierkant auf den Fischdampfer gelaufen wärest, dann wäre die Kollision niemals passiert."
Am Schluß des Briefes kam Gustaf Erikson auf die Strandung der HERZOGIN CECILIE zurück.
„Im vergangenen Jahr mit zehn Schiffbrüchen, von denen drei Totalverluste[6] waren, – Tiefseeschiffe ebenso wie Nord- und Ostseesegler – und mit den schlechten Frachten von PAMIR und PONAPE sind meine Schulden zu Hause um zwei Millionen Mark gestiegen. Ein paar Leute trauern über den Verlust der Schiffe, aber keiner über die wirtschaftlichen Verluste, die nach 23 Jahren harter Arbeit ohne Urlaub mein ganzes Geschäft und vor allem meine Gesundheit in Gefahr bringen.
Gustaf Erikson schließt den Brief an den Kapitän mit seinem Dank an dessen Frau für ihren Brief, und er fügt hinzu, daß er immer noch keinen Brief vom Kapitän selber habe.

5 Clarksons hatten Gustaf Erikson am 27. April 1936 davon unterrichtet, daß die Agenten der Ladungsempfänger in Ipswich die Ladung an Versicherer abgegeben und dafür die Ladung der POMMERN gekauft hätten.

6 Gustaf Erikson bezieht sich hier wahrscheinlich auf die Verluste der HERZOGIN CECILIE selbst, der Barkentine ESTONIA, die 1936 in der Ostsee wrack wurde und des Schoners REGINA, der 1935 durch Feuer verlorenging.

7 Hier können wir sehen, daß Gustaf Erikson den Finger genau auf eine der Unglücksursachen legte.

NACH DER STRANDUNG

Die Strandung der HERZOGIN CECILIE war im April 1936 eine Weltsensation, und das überaus große Interesse der Medien ließ nicht nach, bis sie Mitte Juli schließlich auseinanderzubrechen begann. Der englischen Presse und dem Rundfunk lieferte sie Stoff für drei Monate, und für die Mädchen auf der Soar Mill Farm war es eine Zeit, in der sie viel von der Welt kennenlernten bei dem nicht abreißenden Strom von Menschen, die zum Wrack kamen.

Auf den Ålands aber war der Verlust des Schiffes unter den gegebenen Umständen nicht nur eine Demütigung für Gustaf Erikson und für die ihm eng verbundenen Teilhaber an einer, wie er es ausdrückte, „großartigen, auf der ganzen Welt bekannten Schiffahrtsgesellschaft", es war auch eine Demütigung für das ganze Land. Mehr noch, diese Reederei war ein Unternehmen, das die kleine Minderheit, die ihrerseits innerhalb einer Minderheitsgemeinschaft entstanden war, berühmt gemacht hatte. Hinter alledem stand die finanzielle Niederlage. Am 8. Juli 1937 konnte Clarkson Gustaf Erikson endlich mitteilen, daß der lange Prozeß vor den britischen Gerichten wegen der Kollision der HERZOGIN CECILIE mit dem deutschen Trawler RASTEDE entschieden sei, und die Gesamtkosten, die auf seine Reederei zukommen würden, sich auf 686 Pfund 2 Shilling 4 Pence belaufen würden. Auf diesem Brief vermerkte Gustaf Erikson mit Bleistift: „Gesamtkosten für die Strandung der HERZOGIN CECILIE 4108 Pfund 16 Shilling 11 Pence, gleich dem Profit von fünf Schiffen." Dieser Verlust kam natürlich noch zu dem von ihm geschätzten Kapitalwert des Schiffes, der im vorherigen Kapitel mit 16 000 Pfund angegeben worden ist – eine Bewertung, die sich, wie die Ereignisse im darauffolgenden Jahr zeigen sollten, als zutreffend erwies. Der Verlust von 20 600 Pfund (heute rund 825 000 Pfund) war zwar kein tödlicher, aber doch ein sehr harter Schlag für eine Gruppe von privaten Gesellschaften, die zu 98 Prozent einer Familie gehörten.

Es mag irgendwie verständlich sein, daß von åländischer Seite zu keiner Zeit etwas getan wurde, um der öffentlichen Meinung, vor allem in England, eine Erklärung über die Ursachen des Verlustes zu geben. Im Gegenteil, man hatte nichts gegen die Verbreitung von allerlei Geschichten wie magnetischen Felsen, Kompaßstörungen und abnormen Gezeitenströmen. Die Folge war, daß über der Strandung der HERZOGIN seither immer ein Schleier des Geheimnisvollen gelegen hat. Die letzten Logbuchaufzeichnungen der HERZOGIN sind nicht verlorengegangen, wie die Frau des Kapitäns, Pamela Eriksson, in ihren Büchern über das Schiff behauptete. Doch bis zum heutigen Tage ist eine Einsicht zu Forschungszwecken nicht leicht zu bekommen, weil diese Logbuchaufzeichnungen zusammen mit den im vorangehenden Kapitel zitierten Darlegungen ein Bild dessen, was Edgar Erikson, der älteste Sohn und Erbe Gustaf Eriksons, in den letzten Monaten seines Lebens einem der Verfasser gegenüber „einen schweren Navigationsfehler im Nebel" nannte, sie belegen außerdem die Unfähigkeit der Schiffsführung.

Es läßt sich ohne Übertreibung sagen, daß der Verlust der HERZOGIN und wie es dazu kam, für die Gemeinschaft auf den Ålands ein Trauma war, vor allem für alle diejenigen, die mit der Eriksonschen Flotte verbunden waren; die psychologischen Nachwirkungen sind noch nach über 50 Jahren zu spüren. Die Ålands waren damals eine Gemeinschaft, in der noch eine gewisse Scheu vor der Welt draußen herrschte, die noch etwas beklommen und doch stolz war auf das, was sie selber geschaffen hatte – und man sorgte sich, um mit Worten von heute zu sprechen, um das internationale Image der Ålands als Folge des Desasters.

Unter diesen Umständen hielten Sven Eriksson und seine Frau es für ihre Pflicht, alles ihnen nur mögliche daran zu setzen, um das Schiff zu retten und instandzusetzen. In der Tat blieb ihnen auch kaum etwas anderes übrig, wenn sie ihr Ansehen in der Gemeinschaft der Ålands jener Zeit nicht gänzlich verspielen wollten. Doch war es von Anfang an klar, daß die Bergungskosten wahrscheinlich alles übersteigen würden, was das Schiff in Zukunft würde verdienen können, und ein Bergungsversuch hatte wenig Aussicht auf Erfolg. Die Lage wurde noch erschwert durch die Tatsache, daß ein Brief von Salcombe nach Mariehamn mindestens fünf Tage unterwegs war und durch die Nachwirkungen des Schocks, den man im Eriksonschen Büro empfand.

Sven Eriksson bekam zwischen dem 6. Mai und 18. August 23 Briefe mit Anweisungen, die häufig einander widersprachen. Auch waren Meinungsverschiedenheiten zwischen dem Büro in Mariehamn und Clarkson in London wenig hilfreich, während K. A. Fredriksson Sven Eriksson wegen ungenauer und inhaltloser Berichte Vorwürfe machte. Gustaf Erikson schickte den Kapitän Gerhard Sjögren von der PASSAT (Erikson hatte sie 1932 von der Reederei Laiesz in Hamburg gekauft), um sich ein Bild von der Lage der HERZOGIN zu machen. Kapitän Sjögren berichtete am 24. Mai, daß, hätte man gleich zu Beginn entschieden gehandelt, das Schiff hätte wieder flott gemacht und die Besatzung nach Hause geschickt werden können.[1]

Wie die Dinge lagen, schrieb er, würden Versuche, durch öffentlichen Aufruf Geld für die Bergung zusammenzubringen, mit dem internationalen Ansehen Gustaf Eriksons nicht in Einklang zu bringen sein.

1 Die Entschlußlosigkeit, die offensichtlich anfangs geherrscht hatte, führte zum gleichen Ergebnis, als wenn man einer klugen kaufmännischen Entscheidung gefolgt wäre. Das Schicksal der HERZOGIN war durch die Beurteilungen des Kapitäns des großen deutschen Bergungsschleppers SEEFALKE besiegelt, eines Mannes von umfassender Erfahrung in diesen Dingen, der nach Bewertung der Lage des Schiffes am 26. April, dem Tage nach der Strandung, zu dem Schluß kam, daß er eine Bergung auf der üblichen Grundlage „no cure, no pay" nicht übernehmen könnte.

Entladen des verrotteten Getreides in Soar Mill Cove (Robert Chapman)

Mit einem Brief vom 27. Mai – Hilding Kåhre hatte ihn entworfen – bemühte Gustaf Erikson sich, ein gewisses Durcheinander zurechtzurükken. Der Gedanke an einen Aufruf an die Öffentlichkeit fand ganz und gar nicht seinen Beifall. Er wollte nicht „um die Rettung eines verlorenen Schiffes betteln gehen“, selbst wenn es auf Kosten der englischen Öffentlichkeit als Gegenleistung für kostenlose Ausbildungsmöglichkeiten geborgen werden würde. Es war das erste Mal, daß er das endgültige Aus des Segelschiffzeitalters kommen sah, wenn er schrieb: „Niemand kann sagen, wie lange die Weizenfahrt für Segelschiffe noch offen sein wird.“ All diesen Schwierigkeiten zum Trotz ließen Sven Eriksson und seine Frau nicht nach in ihren Versuchen, eine Bergung in Gang zu bringen. Man kann die folgende Entwicklung nach den Unterlagen in den Erik-

Entladen des verrotteten Getreides in Soar Mill Cove. Das Fahrzeug, das bei der HERZOGIN *längsseits geht, sieht aus wie die Motorketch* TRALY *aus Braunton (B. J. Greenhill)*

Abgabe der Ausrüstung des Schiffes. Die TRIUMPH *längsseits der* HERZOGIN CECILIE *(Lars Grönstrand)*

sonschen Archiven zusammenfassen. Die Segel wurden abgeschlagen und an Land gegeben. Die Ladung war von den Versicherern an eine Gesellschaft verkauft worden, die nun mit der Abgabe an eine Sprietsegelschute mit Hilfsantrieb von der Themse (Thames spritsail barge), die LADY DAPHNE, die Segelschute TRIUMPH aus Tamar und andere eiligst gecharterte Fahrzeuge begann. Täglich wurden Ausrüstungsstücke und Einrichtungsgegenstände von der HERZOGIN an Land geschickt. Eine reiche Dame, Lady Houston, erbot sich, das Schiff für eine Verwendung als Seekadettenschulschiff bei der Royal Navy zu kaufen, aber die Marine winkte ab. Um den 23. Mai war der größte Teil der Ausrüstung des Schiffes an Land in einem Lagerhaus in der nahegelegenen kleinen Stadt Kingsbridge untergebracht.

Dann interessierte sich ein gewisser Leutnant Hudson für das Schiff. Er wünschte, ungenannt zu bleiben, daher erschien sein Name nie in der Öffentlichkeit, aber er brachte am 10. Juni 1936 einen Bergungsversuch mit starken Hochleistungspumpen, die er von der Werft in Devonport geliehen und mit der Motorketch MINNIE FLOSSIE hinübergebracht hatte, in Gang. Zwei Schlepper wurden angesetzt, aber der Versuch mißlang, weil das Schiff mit seiner Ladung noch zu tief im Wasser lag. Von alledem erfuhr das Büro in Mariehamn aus der finnischen Presse, was K.A. Fredriksson zu einem weiteren Verweis veranlaßte. Eine Gruppe von freiwilligen Studenten aus Cambridge wurde aufgeboten, um bei dem Herausholen der restlichen Ladung, die Leutnant Hudson inzwischen gekauft hatte, zu helfen. Der Weizen fing jetzt an zu faulen und einen schrecklichen Gestank zu verbreiten.

Am 19. Juni war die HERZOGIN schließlich wieder flott und wurde von den Schleppern TREVOL und ALEXANDER in die Starhole Bay, eine kleine

Die Schlepper TREVOL *und* ALEXANDER *bringen die wieder flott gewordene* HERZOGIN CECILIE *in die Starhole Bay (Ålands Sjöfartsmuseum)*

Bucht an der Ostkante von Bolt Head, dicht außerhalb des Hafens von Salcombe, gebracht. Die Stelle war ausgewählt worden, weil man sie als verhältnismäßig sicher ansah – Sven Eriksson berichtete am 20. Juni nach Mariehamn, daß nur Stürme aus Südost Schaden anrichten könnten – und sie, wie man meinte, weichen Sandgrund hätte. Außerdem lag Starhole weit genug von jeder menschlichen Siedlung entfernt, um den überwältigenden Gestank des verfaulenden Getreides nicht zum öffentlichen Ärgernis werden zu lassen.

Am 25. Juni gratulierte K. A. Fredriksson Sven Eriksson in aller Form zu der erfolgreichen Bergungsoperation, ließ aber eine gewisse Skepsis durchblicken, ob alle diese Anstrengungen zum Erfolg führen würden. Mit Recht: Das zeigte sich deutlich, als die Löscharbeiten nur langsam weiterkamen. In seinem letzten eigenhändigen Brief an Sven Eriksson vom 5. Juli beschäftigte Gustaf Erikson sich mehr mit dem RASTEDE-Fall und damit, daß Sven Eriksson in Absprachen mit dem Leutnant Hudson eingetreten war, ohne Mariehamn über die Abmachungen im einzelnen zu unterrichten, als mit dem weiteren Schicksal der HERZOGIN. Damit ist klar, daß Gustaf Erikson sie inzwischen abgeschrieben hatte und in der Verlegung in die Starhole Bay eher eine Maßnahme zur Steigerung ihres Schrottwertes sah als eine bessere Möglichkeit für eine Bergung und Wiederinstandsetzung. Eine Reihe von Besuchern des Wracks hatte den Eindruck, daß Pamela Eriksson nunmehr die Dinge in die Hand genommen hatte.

Gustaf Erikson hatte richtig gesehen. Die Löscharbeiten gingen nur sehr langsam voran, und am 19. Juli schrieb Sven Eriksson an Clarkson in London:

„Zu meinem Bedauern muß ich Ihnen mitteilen, daß am Donnerstag der vergangenen Woche ein schrecklicher Schwell in der Bucht aufkam und das Schiff sehr schlimm arbeiten ließ, obwohl es voll Wasser steht. Bei ablaufendem Wasser sprangen die Nieten an der Stelle, wo die Platte der Verschanzung an der (unleserlich) Platte am vorderen Ende der Hütte auf dem Vordeck befestigt ist. Die Nieten zwischen der ersten und der zweiten Platte unter dem Welldeck von der Vorkante der Hütte an bis zwei Faden (fast 4 m) nach hinten zu waren ebenfalls gesprungen. Auf der dritten Platte vom Welldeck in Höhe des Großmasts hatte sich eine Ausbeulung von sechs Zoll gebildet, und zwar auf beiden Schiffsseiten. Das Zwischendeck hinter dem Großmast hatte sich um zwei Fuß gehoben, und sämtliche Deckstützen zwischen dem Großmast und der Luke Nr. 3 wurden verbogen. Es sieht ganz so aus, als wenn der Kiel hinter dem Großmast gebrochen ist."

Am 18. Juli schrieb Edgar Erikson:

„Aus (Ihren) Briefen geht eindeutig hervor, daß das Rückgrat des Schiffes gebrochen ist, und der neue Liegeplatz schlechter ist als der erste und daß überhaupt keine Möglichkeit mehr besteht, das Schiff zu erträglichen Kosten zu reparieren."

Gustaf Erikson ordnete daher an, daß alles, was noch an Bord war, an Land gebracht werden sollte, außer den Dingen, die unmittelbar in das Eriksonsche Motorschiff VERA umgeladen werden konnten, das Order hatte, längsseits zu gehen. Es folgt eine lange Liste der Dinge, die von Bord gegeben werden sollten:

„Alle Kompasse, die Schiffsglocken mit dem Namen der HERZOGIN CECILIE, Rettungsboote und das Motorboot. Die besten Blöcke des Riggs, das Manilatauwerk und das laufende Gut aus Drahttauwerk. Sämtliche Küchenutensilien und das ganze Inventar aus der Pantry. Die Lukenpersennings, die Luken, die noch in gutem Zustand und auf anderen Schiffen zu gebrauchen sind."

Gustaf Erikson und sein Sohn Edgar schrieben dem Kapitän weiter, welche von den Rahen nach Hause geschickt werden sollten, falls sie auf dem Deck der VERA gestaut werden konnten. Ebenso die Medizinkiste und die achteren Ruderräder. Das Rudergeschirr mittschiffs sollte auf dem Schiff bleiben. Die Galionsfigur sollte abgenommen werden, um später im Ålands Schiffahrtsmuseum ihren Platz zu finden.

Zwischen dem 17. und 19. Juli fügten Grundseen dem Schiff weiteren Schaden zu. K. A. Fredriksson benachrichtigte Sven Eriksson davon, daß die VERA aus Mariehamn ausgelaufen sei, um in Trångsund Schnittholz für Bideford zu laden. Von dort würde sie weiter nach Starhole Bay laufen und bei der HERZOGIN längsseits gehen. Sie traf am 22. August ein und legte am 29. August wieder ab. Einige Rahen und mehrere Stücke der Takelage waren noch auf dem Wrack geblieben. Sie lief dann Exmouth an, wo sie weitere Ausrüstung aus dem Lagerhaus in Kingsbridge übernahm, die die Segelschute TRIUMPH aus Tamar nach Exmouth gebracht hatte.

Eine andere Segelschute aus Tamar nahm die noch übrigen Dinge an

Die Galionsfigur der HERZOGIN CECILIE *– jetzt im Ålands Sjöfartsmuseum – zeigt die Herzogin als junge Frau (Gillian Lewis)*

Bord, darunter das Kartenhaus, das für 25 Pfund als Sommerhaus für einen Garten in Salcombe verkauft worden war. Fünfzig Jahre später wurde es für eine erheblich höhere Summe an das Ålands Sjöfartsmuseum verkauft und ist nun wieder nach Mariehamn zurückgekehrt. Dort ist es zusammen mit den vollständigen Kapitänsräumen mit all ihren Wandverkleidungen, dem Schnitzwerk, den Pilastern mit den Zierleisten, den Möbeln und dem Oberlicht, mit der Lampe aus der Pantry des Stewards und der Schlafkammer des Kapitäns zu sehen. Alle diese Gegenstände waren von Tischlern aus Salcombe sorgfältig ausgebaut worden und wurden im Museum wieder aufgestellt – irgend jemand im Büro in Mariehamn hatte diese schöpferische Idee gehabt. Heute kann man in dieses unschätzbare Stück aus vergangener Zeit eintreten und sich an den Tisch setzen, an dem 90 Jahre zuvor der Kapitän eines berühmten Kadettenschulschiffs feierlich tafelte.

Das ausgeweidete Wrack ging für 225 Pfund an einen Schrotthändler am Ort. Mehrere Jahre lang machten die Souvenirhändler in Salcombe sehr gute Geschäfte mit kleinen Andenken, die aus Überbleibseln des Wracks angefertigt waren. Die Uhr, welche die Zeit anzeigte, als der Entwurf für dieses Kapitel den letzten Schliff bekam, ist auf ein kleines Stück des Handlaufs aus Teakholz montiert, der rund um das lange Hüttendeck der HERZOGIN CECILIE lief. Als dieses Buch geschrieben wurde, 1990, war ihr Kiel bei Springniedrigwasser im Sand der Starhole Bay noch immer zu sehen.

Am 9. September 1936 verließ Sven Eriksson zum letzten Male die HERZOGIN CECILIE und vermerkte das im Logbuch des Schiffes, korrekt von ihm unterzeichnet.[2]

Sven Eriksson und Pamela gingen auf den Hof der Familie in Pellas auf Lemland zurück, Er fuhr nie wieder zur See. Kurz nach Kriegsende wanderten beide nach Südafrika aus, wo Sven Eriksson 1954 an Krebs starb. Über diese Jahre berichtete Pamela Eriksson in einem Brief vom Januar 1959 an Mr. Ackroyd Gibson (dem späteren Sir Ackroyd Gibson Bart). Mr. Gibson hatte Pamela schon gekannt, bevor sie heiratete, und sein Sohn David war mit 14 Jahren in Starhole Bay lange an Bord der HERZOGIN gewesen, um nach Kräften zu helfen. Er wollte sehr gerne zu See gehen und wäre mit Pamelas Fürsprache als Kadett auf einem der Erikssonschen Schiffe eingestellt worden, wenn nicht der Krieg dazwischengekommen wäre. Die Art, wie Pamela damals die Dinge in die Hand nahm, hatte auf ihn einen starken Eindruck gemacht.

Pamela schrieb in ihrem Brief: „Als erstes sollen Sie wissen, daß Sven und ich ein wunderbares Leben miteinander hatten – nicht vom Materiellen her, denn wir mußten immer den Daumen auf der Familienbörse halten... Der Krieg war für uns eine harte Zeit. Sven und ich taten zeitweise Militärdienst, und Essen, Kleidung und die einfachsten Annehmlichkeiten (wie Licht in der Dunkelheit – diese langen Winternächte!) wurden immer knapper und rarer. Aber Pellas hatte schon andere Kriege abgewettert, und wir schafften es, ein gutes Familienleben mit viel

2 Die Eintragungen in das Logbuch nach dem 25. Mai wurden wahrscheinlich erst vorgenommen, als Sven Eriksson mit seiner Frau Pamela nach Lemland heimgekehrt war. Das geht aus einem Brief von Sven Eriksson an das Eriksonsche Büro vom 26. Januar 1937 hervor. Er schrieb: „Ich habe die Eintragungen in das Logbuch für die Zeit, die wir in Salcombe waren, gemacht." Ein weiterer Hinweis darauf, daß die Eintragungen für die Zeit, als das Schiff gestrandet festlag, nicht zu den ihnen zugeordneten Zeitpunkten vorgenommen worden waren: Der finnische Konsul in Plymouth zeichnete das ihm vorgelegte Logbuch am 2. Mai 1936 ab, und danach, auf der nächsten Seite, beginnen die Eintragungen mit dem 26. April.
An den Handschriften ist zu erkennen, daß Pamela Eriksson und Elis Karlsson sie geschrieben haben. Eine Logbuchkladde liegt im Ålands Sjöfartsmuseum, aber nur für wenige Tage nach der Strandung. Sven Eriksson muß eine solche Kladde geführt haben, nach der später die Eintragungen in das offizielle Logbuch vorgenommen wurden. Die Eintragungen vom 26. April bis zum 10. Mai zeigen Pamela Erikssons Handschrift, die anschließenden bis zum 23. August die von Elis Karlsson. Die letzten Eintragungen von da an bis zum 9. September sind wieder von Pamela Eriksson geschrieben worden. Sven Erikssons Handschrift erscheint nirgends.

Fröhlichkeit zu haben... Aber um 1945 war die Möglichkeit, aus der Nachbarschaft von Rußland, das da unberechenbar lauerte wie ein Raubtier, fortzukommen, eine allzugroße Versuchung, und so kamen wir vier hier heraus und hausten bei meiner Mutter, bis wir eine kleine Farm fanden, für die unsere geringen Mittel reichten... Wir bauten sie zu einer gutgehenden Meierei und Schafzucht aus. Ich mußte nun vier Jahre lang allein die Farm führen, ein Job für einen Mann hier unten, wo die Arbeitskräfte nichts können und schwierig, grob und oft betrunken sind. Ich fand öfter guten Gebrauch für meine Fäuste und danke dem Himmel, daß das Leben auf dem Segelschiff und auf den Ålands ganz schöne Muskeln auf meine starken Knochen gepackt hat."

Pamela Eriksson zog später wieder nach Lemland und lebte dort, bis sie Ende 1984 dreiundsiebzigjährig starb.

Elis Karlsson, der Erste Steuermann der HERZOGIN CECILIE, lehnte das ihm angebotene Kommando auf der Bark PENANG ab, vielleicht weil seine Erlebnisse bei dem Verlust der HERZOGIN ihn so belastet hatten, daß er die lang andauernden harten Beanspruchungen auf einem dieser Schiffe nicht mehr auf sich nehmen wollte. Dieses in der Eriksonschen Korrespondenz vorliegende Angebot stellte ihn ausdrücklich von jeglicher Verantwortung für den Verlust der HERZOGIN CECILIE als wachhabender Offizier der Wache von Mitternacht bis 4.00 Uhr morgens frei. Auch er wanderte aus, in das heutige Simbabwe, wo er als Bootsbauer arbeitete. Er starb 1989 an einem Lungenemphysem im Alter von 83 Jahren.

Der Zweite Steuermann, Algot Leman, auf dem Deck der HERZOGIN. Die VERA, deren Schornstein deutlich zu sehen ist, liegt längsseit (Sir David Gibson)

Das Quellenmaterial für dieses Buch, das in der Hauptsache die Akten und die Geschäftskorrespondenz der Erikson-Gesellschaft sowie die Logbücher der HERZOGIN, bisher unveröffentlichte Tagebuchaufzeichnungen und die Erinnerungen einiger derer, die an späteren hier aufgezeichneten Ereignissen beteiligt waren, umfaßt, spricht seine eigene Sprache. Doch erheben sich zwei Fragen: Wenn man das, was in diesem Buch an Tatsachen zusammengetragen ist, als Anzeichen für den allmählichen Niedergang eines Seekapitäns begreift, bis zu dem Punkt, an dem ihm, um einen alten seemännischen Ausdruck zu gebrauchen, „die Sache aus der Hand lief", und er nicht mehr fähig war, ein auf der ganzen Welt berühmtes Schiff zu führen, dann fragt man sich, wie das geschehen konnte. Und zweitens, wenn das, was geschah, sich schon vorher so klar abzeichnete, warum wurde ihm die Schiffsführung belassen, bis das unabwendbare Verhängnis eintrat?

Auf die erste Frage gibt es ein paar ganz alltägliche Antworten – Eheschwierigkeiten im Verein mit Geldkalamitäten. Sven Eriksson war die Führung eines Schiffes zugefallen, das, wo es erschien, Gegenstand eines hochgespannten Interesses bei den Medien und in der Öffentlichkeit war, und diese herausragende Rolle war der Grund dafür, daß er zuviel Geld ausgab. Doch wurde auch im Reedereibüro so gut wie keine Rücksicht auf diese besondere Situation genommen. Überlagert aber wurde all dies von einem weiteren Faktor, der so augenfällig ist, daß man ihn leicht übersieht.

Die Tamar-Segelschute TRIUMPH *aus Plymouth war beim Abtransport von Ausrüstungsgegenständen der* HERZOGIN *beteiligt (H. Oliver Hill)*

Man versetze sich in die Lage des Kapitäns einer Viermastbark von den Ålands in den frühen 1930er Jahren. Er war ein hochgeachtetes Mitglied seiner Gemeinde, nach den Maßstäben in dem unterentwickelten Finnland seiner Zeit verhältnismäßig gut bezahlt. Dafür war er aber auch fast ohne Unterbrechung im Dienst.

Über die jedem Kapitän obliegende Leitung des Schiffsbetriebes und der geschäftlichen Angelegenheiten hinaus war die Führung einer Viermastbark von 3000t mit jungen Offizieren und einer zu kleinen, oft nur wenig erfahrenen Besatzung eine der wohl aufreibendsten Tätigkeiten, die – außer im Krieg – einem Menschen des 20. Jahrhunderts abverlangt werden konnte.

Von diesen Männern wurde erwartet, daß sie eine enorme persönliche Verantwortung auf sich nahmen und über lange Zeiträume, nicht selten über Jahre, geradezu ein Mönchsleben führten, und das ohne eine Erholungspause. So war Sven Eriksson in der Zeit von Anfang September 1932 bis Ende Juni 1935 nicht länger als vier Tage in seiner åländischen Heimat, und die standen auch noch unter dem Streß eines Besuchs des Staatspräsidenten auf seinem Schiff. In diesen zwei Jahren und zehn Monaten gab es für ihn wirklich nicht einen Augenblick ohne die eine oder andere Verpflichtung. Auch Männer, die nach Persönlichkeit und Werdegang die besten Voraussetzungen für diese Tätigkeit mitbrachten, mußten sich – auf eigene Kosten – von Zeit zu Zeit eine Pause gönnen, so auch de Cloux; selbst dessen Kräfte waren nicht unerschöpflich, wie es sich zweimal in seiner letzten Zeit als Kapitän der HERZOGIN zeigte. Kommen dazu noch private Komplikationen wie bei Sven Eriksson, und bedenkt man, daß er von seiner Veranlagung her für derartige Führungsaufgaben wohl weniger geeignet war als der eine oder andere seiner åländischen Zeitgenossen, und dazu seine nicht allzu große vorherige Erfahrung, dann werden die möglichen Gründe für seine späteren Fehlleistungen verständlich.

Es gibt im modernen Leben nichts, was den Beanspruchungen, unter denen die Kapitäne dieser Schiffe standen, gleichkommt. Die meisten von ihnen leben nicht mehr; wir sind also auf das angewiesen, was sie schriftlich hinterlassen haben, und auf die Berichte von Männern, die sie kannten – und nicht zuletzt auf unsere Vorstellungskraft. So schrieb Alan Villiers, der zwar kein Åländer, aber ein erfahrener Berufsseemann war, über eine sehr schlechte Reise auf dem Vollschiff GRACE HARWAR, 1929, und über ihren Kapitän, Karl Gottfried Svensson:

„Er handelte wie ein guter Offizier mit einer Gruppe von Männern in einem Schützengraben, von denen er wußte, daß sie ihren Mann standen. Er war ein ruhiger, angenehmer Mann, und er sah ganz und gar nicht so aus, wie sich die Leute einen Kap Hoorn-Kapitän vorstellen... Ich bekam bald mit, warum gerade dieser merkwürdige junge Kapitän seine junge Crew als Frontsoldaten sah, denn das waren sie auf einem Schiff, das ihnen fast das Letzte abverlangte.“[3]

An der Art wie Sven Eriksson die HERZOGIN CECILIE führte, zeigten sich, wie aus dem von uns herangezogenen Quellenmaterial und aus dem, was seine Frau Pamela in ihrem Buch „The Duchess“ ohne Hemmungen von sich gibt, Züge, die meilenweit entfernt sind von der Führungskunst eines Karl Svensson, eines Ruben de Cloux oder eines der vielen anderen Schiffskapitäne von den Ålands. Ganz offensichtlich hatte Sven Eriksson in der letzten Zeit das Ansehen bei seinen Besatzungen verloren.

Warum hatte man ihm dann aber das Kommando belassen? Zur Beantwortung dieser Frage muß man einen tiefen Einblick in das Wesen der åländischen Gesellschaft und in das Muster der in ihr herrschenden gegenseitigen Verpflichtungen nehmen. Die Entbindung eines Kapitäns vom Kommando über ein Schiff wie die HERZOGIN CECILIE hätte ein großes Fragezeichen hinter seine Person gesetzt, wenn er nicht, wie de Cloux, aus eigenem Willen und klar ersichtlichen Gründen oder wegen seines der Allgemeinheit bekannten schlechten Gesundheitszustandes ausgeschieden wäre. Das hätte nicht allein seine eigene Stellung in der Gesellschaft untergraben, sondern auch die vieler, die mit ihm verbunden waren –, und es hätte auch das Urteilsvermögen derer, die ihn ernannt hatten, in Frage gestellt. Und schließlich, diese Gemeinschaft von Bauern-Seefahrern auf dem 60. Breitengrad hatte so viele Männer hervorgebracht, die dieses Le-

3 Alan Villiers, Vorm Wind über die sieben Meere, Wiesbaden 1954

ben gemeistert hatten, daß man Erfolge für selbstverständlich hielt. Die damit einhergehenden Belastungen nahm man nicht zur Kenntnis, geschweige denn, daß man sie anerkannte und beachtete. Doch der Anspruch an die Führung eines Schiffes wie die HERZOGIN CECILIE, das pausenlos um die Welt fuhr, manchmal jahrelang ohne Heimaturlaub, mit einer 26-Mann-Crew, ohne Brasswinschen und unter einem Reeder, der sich in jede Kleinigkeit des Betriebes einmischte, war wohl das äußerste an Belastung, was einem Kapitän zugemutet werden konnte.
Es mag noch einen Grund dafür gegeben haben, daß Sven Eriksson keine leichteren Aufgaben, etwa ein Kommando auf einem der Motorschiffe, der VERA oder der TORBORG, die in der Holzfahrt nach England liefen, gegeben wurden. Von 1935 an hatte Gustaf Erikson die Tagesgeschäfte mehr und mehr an seinen Sohn Edgar und an die beiden Manager, K. A. Fredriksson und Hilding Kåhre, abgegeben. Die noch vorhandenen Unterlagen lassen den Schluß zu, daß es mit der Gesundheit Gustaf Eriksons nicht zum Besten stand. Ganz sicher mußte er öfter ins Krankenhaus und auf Kur gehen. Den Geschäftsbetrieb führte er mit loserem Zügel als vorher. Doch behielt er sich die letzte Entscheidung in allen Fragen der Geschäftspolitik vor – und er war eine sehr starke Persönlichkeit. Es ist wenig wahrscheinlich, daß der geschäftsführende Stab im Büro Schritte unternommen hätte, um den Kapitän des „Familienschiffs", der mit Gustaf Erikson verwandt und von ihm ernannt worden war, abzulösen, es sei denn, es hätte dafür offensichtliche und zwingende Gründe gegeben. Trotzdem, auch heute noch wird auf den Ålands viel darüber gesprochen, daß Sven Eriksson höchstwahrscheinlich abgelöst worden wäre, wenn die HERZOGIN ihre Heimreise nach Mariehamn beendet hätte.
Und die Herzogin Cecilie? Heute kann man ihr Abbild als Sechzehnjährige, zusammen mit zahlreichen „Schwestern", als Galionsfigur im Ålands Sjöfartsmuseum betrachten. 1905 heiratete sie den Kronprinzen Wilhelm, den ältesten Sohn Kaiser Wilhelms II.; sie wäre also Kaiserin geworden, hätte nicht die Abdankung des Kaisers am Ende des Ersten Weltkriegs das Kaiserreich beendet. Auch sie ging mit ihrem Mann ins Exil nach Holland. Sie hatte sechs Kinder. Ihr zweitältester Sohn, Prinz Louis Ferdinand, der 1907 geboren wurde, lebt noch und ist das Oberhaupt der Familie Hohenzollern. Ihr vierter Sohn, 1911 geboren, heiratete Lady Brigid Guinness, und deren Sohn, Enkel der Herzogin Cecilie, Nikolaus von Preußen, geboren 1946, lebt in England. Die Herzogin starb 1954, im gleichen Jahr wie Sven Eriksson. Ihr Mann war drei Jahre zuvor gestorben.
Auch heute sind die Segelschiffe auf den Ålands keineswegs vergessen. Außer der POMMERN und dem Ålands Sjöfartsmuseum trifft man auf Schritt und Tritt auf Erinnerungsstücke – in Banken, Geschäften, Hotels und Privathäusern, auf Fotografien und Gemälden, als Modelle und als Andenken. Das Fremdenverkehrslogo der Inseln ist ein schlichtes Modell einer Brigg, die aus zwei eiförmigen Holzstücken herausgearbeitet ist. Die Tradition der Segelschiffe lebt wieder kräftig auf; alte einheimi-

Segeltradition auf den Ålands in den 1990er Jahren: Die 1989 erbaute Galeasse ALBANUS *liegt in der Werft im Osthafen von Mariehamn (Basil Greenhill)*

sche hölzerne Segelboote werden restauriert und nachgebaut, und in jedem Sommer werden Treffen veranstaltet. Auf einer Insel im Ostteil der Inselgruppe wurde ein Museum für die auf den Schären beheimateten Boote eingerichtet.

Nach dem Halbmodell der Galeasse ALBANUS, die in den ersten Jahren dieses Jahrhunderts vom Stapel lief, wurde ein Nachbau in größerem Maßstab erbaut. Er fährt als Schulschiff für junge Leute mit einem solchen Erfolg, daß noch ein Dreimastschoner hinzukommen soll, der nach dem Halbmodell eines besonders hübschen Schiffes der 1920er Jahre, der LINDEN, in Bau ist.

Der Verlust der HERZOGIN bedeutete für Gustaf Erikson nicht das Ende als Reeder. Ein Jahr später machte er einen großen Teil seiner Verluste durch den Verkauf der L'AVENIR an die Hapag für 17000 Pfund zum Teil wieder wett. Er hatte das Schiff 1932 für 2820 Pfund gekauft. Die nationalsozialistische Regierung in Deutschland hatte bestimmt, daß die

Segel- und Takelplan des Dreimastschoners LINDEN *aus Mariehamn (Allan Palmer)*

Gustaf Erikson in seinen späteren Jahren. Er sitzt auf dem Sofa in seinem Büro, vor ihm auf dem Tisch der Preis, den die HERZOGIN CECILIE *1928 bei dem Race mit der* BEATRICE *gewonnen hatte (Ålands Sjöfartsmuseum)*

Die stählerne Viermastbark L'AVENIR, *1908 bei Rickmers in Bremerhaven gebaut, weiß gemalt, und die stählerne Viermastbark* OLIVEBANK, *1892 bei Mackie and Thompson in Glasgow erbaut, schwarz gemalt, im Westhafen von Mariehamn. Unter dem Bugspriet der* L'AVENIR *eine typische Galeasse der Inseln (Ålands Sjöfartsmuseum)*

vorgeschriebene Segelschiffsausbildung für Handelsschiffsoffiziere und für einige Kadetten der Marine (das stimmt nicht, denn alle Seeoffizieranwärter fuhren – wie heute – eine Zeitlang auf einem Segelschulschiff der Marine; der Übersetzer) auf deutschen Schiffen stattzufinden hatte, und so mußten die deutschen Reedereien wieder eigene Kadettenschulschiffe in Fahrt setzen (auch das stimmt nicht ganz, denn auch vor 1933 gab es solche Schiffe: die des deutschen Schulschiffvereins, die gemeinsam von den Reedereien unterhalten wurden, und andere Schiffe; der Übersetzer). Auf der gleichen Werft erbaut, war die L'AVENIR eine kleinere Ausgabe der HERZOGIN und als frachtfahrendes Schulschiff, also ideal für den vorgesehenen Zweck, vom Stapel gelaufen.

In der Segelsaison 1937/38 brachte die australische Weizenfahrt bessere Frachten, so daß die Eriksonschen Segelschiffe zusammengenommen ungefähr 150000 Pfund verdienten. Der Gesamtnettoprofit muß in der Größenordnung von 80000–90000 Pfund gelegen haben – was heutigen 3 Millionen Pfund entspricht.

In der gleichen Zeit fuhren Segelschiffe, Dampfer und Motorschiffe in

Edgar Erikson (im Trenchcoat) mit Kapitän Peter Allington an Bord der Tamar-Segelschute SHAMROCK *am Cotehele Quay, Cornwall, 1985 (Basil Greenhill)*

der Schnittholzfahrt von der Ostsee nach Westeuropa einen etwa gleich hohen Gewinn ein.

Das so erworbene Kapital wurde wieder in gebrauchte Dampfschiffstonnage eingebracht. Die HERZOGIN CECILIE wurde durch den 2500-t-Dampfer KIRSTA ersetzt, der 1937 angekauft wurde, und die Herzogin Cecilie-Company wurde in Kirsta-Company umbenannt. Während des ganzen Zweiten Weltkrieges wurde mit Nachdruck eine Politik des Erwerbs von Dampfern und Motorschiffen weiter betrieben. Bis etwa 1947 waren 13 Dampfer und ein Dreimastschoner, die SIRIUS, angekauft worden.

Der Einsatz dieser Tonnage während des Zweiten Weltkrieges verlief auf verschlungenen Wegen, die durch das Auf und Ab des Kriegsgeschehens und die Rolle Finnlands darin vorgezeichnet waren. Zunächst lief der internationale Verkehr weiter, aber im April 1940 wurde die Ostsee durch die deutsche Besetzung Dänemarks und Norwegens geschlossen. Die Eriksonschen Schiffe, die es in der Ostsee erwischt hatte, wurden in der Papierholz-, Eisenerz- und Schnittholzfahrt nach deutschen Häfen eingesetzt und brachten Kohle und Koks als Rückfracht nach Finnland. Drei Dampfer, die AGNES, die BONDEN und die ARGO, wurden torpediert; auf letzterem kam der jüngere Sohn von Gustaf Erikson, der Zweite Steuermann Gustaf-Adolf Erikson, ums Leben. Die Motorschoner VALBORG und SIRIUS wurden zu sehr günstigen Raten an die deutsche Regierung für Fahrten an der norwegischen Küste verchartert. Wie positiv Gustaf Erikson über die Probleme dachte, die der Besitz von Schiffen in Kriegszeiten mit sich bringt, zeigte sich, als er 1941 den Dampfer AVENIR von 5000 t ankaufte.

Von 1947 an wurde die Flotte mit den Gewinnen aus dem Krieg und mit Hilfe von Krediten holländischer Banken erneuert. In diesem Jahr ging

Die Wasserfront von Mariehamn in den 1990er Jahren. Das Kreuzfahrtschiff BIRKA PRINCESS *aus Mariehamn an einem der Fähranleger; im Hintergrund die Masten der* POMMERN *(Basil Greenhill)*

der erste Neubau für die Gesellschaft, der Dampfer KUNGSÖ, in Turku (Åbo) vom Stapel. Im gleichen Jahr starb Gustaf Erikson; er hinterließ ein beträchtliches Vermögen. Sein ältester Sohn Edgar wurde Oberhaupt der Familie und übernahm ihre Gesellschaften. Die noch vorhandenen Stahlsegelschiffe, soweit sie seetüchtig waren, VIKING, PASSAT und PAMIR, gingen wieder auf die australische Weizenfahrt, und so wurde Edgar Erikson der letzte Mann in der Welt, der noch große stählerne Rahsegler im Überseefrachtverkehr laufen ließ.

Doch hatte sich die Welt auf den Ålands völlig verändert. Angeschoben durch die Reparationsforderungen der Sowjets industrialisierte Finnland sich schnell und wandelte sich in kurzer Zeit in einen sehr erfolgreichen, modernen Staat. In dieser Welt hatte das Segelschiff keinen Platz mehr, und man trennte sich von den Barken.

Die POMMERN, für die nach dem Zweiten Weltkrieg keine Frachten mehr abgeschlossen worden waren, schenkten Edgar Erikson und Familie in einer für sie kennzeichnenden Geste der Stadt Mariehamn. Heute liegt sie dort, prachtvoll instandgehalten als ein Denkmal der kurzen Ära des großen stählernen rahgetakelten Tiefseeseglers; das einzige Schiff seiner Art auf der Welt, das unverändert so weiterlebt, wie in den Tagen seiner Tätigkeit.

Die Industrialisierung brachte den Eriksonschen Gesellschaften weitere Beschäftigung für die Werft in Uusikaupunki (Nystad), und nach Abwicklung der Reparationslieferungen setzten sie ihre Bautätigkeit fort; so gingen 1954 die NORRÖ, das erste finnische Schiff mit hydraulischen

Die ERIKSON ARCTIC *und die* ERIKSON CRYSTAL, *beide Baujahr 1989, sind Teil der modernen Flotte der Erikson-Reederei (Rederi a/b Gustaf Erikson)*

Deckskränen, und 1957 die SISKÖ, das erste in Finnland gebaute Kühlschiff, für die Eriksons vom Stapel. In den 1970er Jahren wurde eine ansehnliche Flotte von Kühlschiffen aufgebaut. Auch die Ålands hatten unter der großen Schiffahrtsdepression der 1980er Jahre zu leiden – wenn auch infolge der Entwicklung der großen Ostseefähren weniger als andere vom Seeverkehr abhängige Gemeinschaften. Aber heute ist die Rederi a/b Gustaf Erikson in Mariehamn, an der die Familie Erikson ihre Angestellten zu einem Drittel beteiligt, ein internationales Konsortium von åländischen, norwegischen, schwedischen und festland-finnischen Interessen mit einer hochentwickelten modernen Tonnage, die aus dem Eriksonschen Büro in Mariehamn betrieben wird. Mitte 1990, als dieses Buch geschrieben wurde, hatte die Reederei 25 Neubauten, 19 Kühl- und sechs Ro-Ro-Schiffe, auf norwegischen Werften geordert.

Das Büro verfügt über alle Hilfsmittel für den Betrieb eines modernen Schiffahrtsunternehmens, mit schnellen weltweiten Nachrichtenverbindungen, starkem Computereinsatz und hochentwickelter Betriebsführungstechnik. Auch die Familie Lundqvist hat massiv in hochmoderne Tonnage investiert, und neue Dynastien, die in dem Gemeinwesen der Ålands gewachsen sind, dessen Tonnage pro Kopf der Bevölkerung um das Zehnfache größer ist als die Griechenlands, kommen hinzu. Von „Papa Gustafs“ handgeschriebenen Briefen an seine Kapitäne, in denen er sich um Dinge kümmerte wie das Anrühren von Farbe, ist es ein langer, sehr langer Weg...

Åbo (Turku)/Boetheric, 1989/90

Die HERZOGIN CECILIE *in der Starhole Bay. Das Schiff wird allmählich von der See zerschlagen (Western Morning News)*

ANHANG 1
Aufstellung der Frachten der HERZOGIN CECILIE unter finnischer Flagge

Die Auflistung der Frachten basiert auf dem Archiv der Reederei Gustaf Erikson

Jahr	Verladehafen	Löschhafen	Fracht	Frachtraten (s = Shilling, d = Pence)
1922	Fredrikstad	Melbourne	Holz	65 s/Standard
1922/23	Chile	Großbritannien*	Salpeter	29 s 6 d/t
1923	Grangemouth	San Antonio, Chile	Koks	19 s/t
1923/24	Chile	Ostende	Salpeter	28 s 9 d/t
1924	Chile	Dünkirchen	Salpeter	30 s/t
1925	Südaustralien	Callao, Peru	Getreide	30 s/t
1925/26	Südaustralien	Großbritannien	Getreide	38 s 9 d/t
1927	Zwei schwedische Häfen	Melbourne	Holz	92 s 6 d/Standard
1927/28	Südaustralien	Cardiff	Getreide	23 s 6 d/t
1928/29	Südaustralien	Liverpool	Getreide	39 s 6 d/t
1929	Fredrikstad	Melbourne	Holz	76 s 3 d/Standard
1929/30	Südaustralien	Birkenhead	Getreide	22 s 6 d/t
1930/31	Südaustralien	Barry Dock	Getreide	32 s 6 d/t
1931	Südfinnland	Lourenço Marques und Beira	Holz	60 s 6 d/Standard
1932	Südaustralien	Birkenhead	Getreide	31 s 6 d/t
1932/33	Südaustralien	London	Getreide	27 s 3 d/t
1933	Südfinnland	Lourenço Marques und Beira	Holz	58 s 9 d/Standard
1934	Südaustralien	Belfast	Getreide	24 s 9 d/t
1934/35	Südaustralien	Großbritannien	Getreide	24 s 9 d/t
1935/36	Südaustralien	Großbritannien	Getreide	25 s 6 d/t

* Großbritannien = England, Irland, Schottland

ANHANG 2
BRIEF UND MEMORANDUM VON H. CLARKSON & CO. BETR. VERSICHERUNG DER ERIKSON-SCHIFFE

H. CLARKSON & CO LTD 17. April 1924
Memorandum betreffend Kollisionsrisiko für
Mr. Gustaf Eriksons Segelschiffsflotte

Wir könnten die 4/4tel Kollisionsklausel, Kopie anliegend, zu 1 % jährlich decken. Wir dürfen Ihre Aufmerksamkeit auf ein weiteres Risiko richten, gegen das wir früher Versicherungen abgeschlossen haben. Bei uns in England gibt es nicht nur Rechtsmittel gegenüber dem Schiff, das Schaden angerichtet hat, sondern auch gegenüber seinen Eignern selbst; jedenfalls wenn letztere die Haftpflicht für die Kollision anfechten und sich somit dem Spruch englischer Gerichte unterwerfen. Ein Beispiel: Wenn ein ausländisches Schiff hier eine Kollision hatte und wegen erhobener Forderungen an die Kette gelegt wurde, dann wird nach unserer Meinung, falls die Eigentümer das Schiff abandonnieren, der Anspruch auf den Wert des Eigentums beschränkt, d. h. auf den Betrag, für den das an der Kette liegende Schiff verkauft werden könnte. Wenn dagegen die Eigentümer die Forderungen anfechten, und es würde gegen sie entschieden, dann würden sie für jede Forderung aus dem Anspruch, die über die Summe, zu der das Schiff verkauft wurde, hinausgeht, entsprechend dem Spruch des Admiralty Court persönlich haftbar sein. Dieser Anspruch könnte gegen jedes ihrer Schiffe durchgesetzt werden, sobald es danach unter englische Gerichtshoheit kommt.
Das Risiko ist natürlich gering, und wir könnten es zu 1/6 %, das wären ungefähr 3/4 Pence auf 100 Pfund, übernehmen. Die Klausel dafür lautet: „Zur Deckung von Ansprüchen aus Kollisionen gegen das Risiko, daß eines der Schiffe als Folge von Fehlverhalten irgendeinem anderen Schiff gegenüber wegen nichterfüllter Ansprüche festgehalten wird.“

H. CLARKSON & CO LTD 60 Fenchurch Street
London, E. C. 3
7. Mai 1924

Kapitän Gustaf Erikson
Mariehamn, Finnland

Sehr geehrter Herr,
VERSICHERUNG IHRER SCHIFFE.
Wie wir Ihnen bereits geschrieben haben, sind wir der Meinung, daß Sie ein

großes Risiko laufen, weniger dadurch, daß sie Ihre Schiffe gegen Totalverlust unversichert halten, sondern weil sie gegen Schäden Dritten gegenüber nicht versichert sind. Wir sind der Sache nachgegangen und fügen ein Memorandum unserer Versicherungsabteilung bei, das für sich spricht.
In langen Jahren harter Arbeit und kluger Betriebsführung haben sie eine einzigartige Flotte von Segelschiffen aufgebaut, und diese Flotte, so hoffen wir, wird weiter wachsen, aber es wäre ein großer Jammer, wenn diese Schiffe in alle Winde zerstreut würden, weil eines von ihnen beispielsweise mit einem wertvollen Dampfer kollidierte.
Wir möchten keinerlei Druck auf Sie ausüben, halten es aber in Ihrem Interesse für unsere Pflicht, Ihnen die Sachlage darzustellen.
Ihre ergebenen
gez. H. Clarkson & Co Ltd

KOLLISIONSKLAUSEL

Sollte das Schiff, für welches diese Deckung besteht, mit einem anderen Schiff kollidieren und folglich der Versicherte im Zusammenhang mit einer solchen Kollision haftbar gehalten und zur Zahlung einer Summe oder Summen herangezogen werden für Schäden, die eine andere Person oder Personen erlitten hat oder haben, dann übernehmen die unterzeichneten Versicherer einen 4/4-Anteil dieses Betrages/dieser Beträge, und zwar im Verhältnis zu ihrer Beteiligung am versicherten Wert des Schiffes. Dies gilt unter der Voraussetzung, daß die Haftung der unterzeichneten Versicherer ihren jeweiligen Anteil von 4/4 am versicherten Wert des Schiffes pro Kollisionsschaden nicht übersteigt.
In Fällen, wo mit schriftlicher Einwilligung der unterzeichneten Versicherer die Haftung des Schiffes bestritten oder ein Verfahren zur Beschränkung der Haftung eingeleitet wird, übernehmen die beteiligten Versicherer gleichermaßen einen Anteil der 4/4 (Gesamt-)Kosten, die dem Versicherten hierdurch entstehen oder zu deren Zahlung er gezwungen wird.
Tragen jedoch beide Schiffe Schuld an der Kollision, werden Ansprüche unter dieser Klausel nach dem Prinzip der beiderseitigen Haftpflicht reguliert, d. h. als ob die Besitzer der beteiligten Schiffe von den Besitzern des anderen Schiffes zur Zahlung der Hälfte des entstandenen Schadens oder eines entsprechenden Anteils am Schaden gezwungen worden wären, welcher der anderen Partei entstanden ist und dieser rechtskräftig nach Feststellung der Ausgleichssumme zuerkannt worden wäre und somit vom Versicherten zu zahlen oder diesem zu zahlen wäre.
Es gilt die Voraussetzung, daß diese Klausel auf keinen Fall auf Kosten angewandt werden darf, für welche der Versicherungsnehmer rechtskräftig haftbar gehalten und zur Zahlung verpflichtet wird und welche im Zusammenhang stehen mit der Beseitigung von Hindernissen und Beschädigungen an Häfen, Anlegern, Pieren, Docks und ähnlichen Konstruktionen infolge der Kollision oder in Verbindung mit dem Frachtgut oder sonstigen Verpflichtungen des versicherten Schiffes sowie Unfällen mit Todesfolge oder Personenschäden.
(Die inoffizielle Übersetzung der Kollisionsklausel erfolgte durch Pantaenius & Dohse, Hamburg. Eine inhaltliche Haftung kann nicht übernommen werden.)

ANHANG 3
REISEN DER HERZOGIN CECILIE, 1902–1936

	Abfahrt			Ankunft		
Jahr	Datum	Hafen	Fracht	Datum	Hafen	Berichte und Notizen
1902	27. Juni	Bremerhaven				30. Juni Passierten Lizard
				20. Aug.	Montevideo	Für Reparaturen
	9. Okt.	Montevideo		17. Dez.	Astoria	
1903	20. Feb.	Astoria		2. Juni	Falmouth	
	8. Juni	Falmouth		9. Juni	Barry	
				10. Juni	Cardiff	
	13. Juli	Cardiff		17. Juli	Bremen	
	27. Aug.	Bremen		31. Aug.	Shields	Im Schlepp
	19. Sept.	Shields				28. Sept. Passierten Dungeness
1904				19. Jan.	San Francisco	
	18. März	San Francisco				16. Juli Passierten Beachy Head
				18. Juli	London	
	17. Aug.	London		20. Aug.	Bremen	
	9. Sept.	Bremen		18. Nov.	Taltal	
				30. Nov.	Iquique	
	16. Dez.	Iquique				
1905						28. Feb. Vor Lizard
				4. März	Antwerpen	
	10. Apr.	Antwerpen				
	17. Juni	Bremen		26. Juli	Philadelphia	
	26. Aug.	Delaware		29. Dez.	Japan	
1906	2. März	Kobe		16. März	Singapur	
	19. März	Singapur		3. Apr.	Rangun	
	23. Apr.	Rangoon				2. Aug. Passierten Prawle
				8. Aug.	Hamburg	
	27. Okt.	Bremen				
	18. Nov.	Leith				
1907				3. März	Honolulu	
	10. Apr.	Honolulu		23. Mai	Geelong	
	13. Juni	Geelong		10. Sept.	Falmouth	

Jahr	Abfahrt Datum	Abfahrt Hafen	Fracht	Ankunft Datum	Ankunft Hafen	Berichte und Notizen
	10. Sept.	Falmouth		12. Sept.	Liverpool	
	28. Sept.	Liverpool		4. Okt.	Bremen	
	24. Okt.	Bremen				
1908				10. Jan.	Adelaide	
	28. Feb.	Adelaide		31. Mai	Queenstown	
				4. Juni	Barry/Cardiff	
	30. Juni	Cardiff		10. Juli	Bremen	
	31. Juli	Bremen		19. Nov.	Astoria	
	21. Nov.	Astoria				
1909				25. Jan.	Melbourne	
	7. März	Port Augusta		15. Juni	Falmouth	
				19. Juni	Antwerpen	
	10. Juli	Antwerpen		12. Juli	Bremerhaven	
	6. Aug.	Bremerhaven		12. Okt.	Taltal	
				18. Okt.	Antofagasta	
	24. Nov.	Mejillones				
1910						26. Jan. Vor den Scillies
				30. Jan	Rotterdam	
	27. Feb.	Rotterdam				4. Apr. Passierten Dungeness
				8. Apr.	Bremerhaven	
				30. Apr.	Hamburg	
	15. Mai	Hamburg		22. Mai	Leith	
	8. Juni	Leith		7. Okt.	Honolulu	
	9. Nov.	Honolulu		3. Dez.	Sydney	
1911	6. Jan.	Sidney		17. Apr.	Falmouth	
	26. Apr.	Falmouth		29. Apr.	Dünkirchen	
	28. Mai	Dünkirchen		31. Mai	Bremerhaven	
				21. Juni	Cuxhaven	
	13. Juli	Cuxhaven				
	17. Juli	Leith		13. Dez.	Honolulu	
1912	16. Jan.	Honolulu		23. Feb.	Sydney	
	28. März	Sydney		11. Juli	Queenstown	
				17. Juli	Le Havre	
				11. Aug.	Bremerhaven	
	14. Sept.	Bremerhaven				19. Sept. Passierten Beachy Head
						27. Sept. Passierten Madeira
				24. Nov.	Valparaiso	
1913				6. Feb.	Antofagasta	
	22. Feb.	Antofagasta				3. Mai Vor dem Old Head of Kinsale
				5. Mai	Queenstown	
				10. Mai	Cuxhaven	
				13. Mai	Hamburg	
				6. Juni	Bremerhaven	

	Abfahrt			Ankunft		
Jahr	Datum	Hafen	Fracht	Datum	Hafen	Berichte und Notizen
1913	26. Juli	Bremerhaven				11. Aug. Passierten die Kapverden
				4. Okt.	Gatico	
				3. Nov.	Tocopilla	
	19. Dez.	Tocopilla				
1914						6. März 27 Meilen südlich von Land's End
						7. März Passierten Dungeness
				10. März	Bremerhaven	
	5. Mai	Bremerhaven				13. Mai Passierten Ushant
						29. Mai Passierten die Kapverden
				25. Juli	Guayacan	
1915						
1916		Bei Guayacan				
1917						
1918						
1919		Bei Coquimbo				
1920	12. Aug.	Coquimbo		14. Aug.	Caleta Coloso	
	1. Okt.	Antofagasta		22. Dez.	Falmouth	
	23. Dez.	Falmouth		26. Dez.	Ostende	
1921		In Ostende				
1922	26. Jan.	Ostende	Ballast	1. Feb.	Kristiania	Im Schlepp
	16. März	Kristiania	Ballast	17. März	Fredrikstad	Im Schlepp
	1. Mai	Fredrikstad	Holz			5. Mai Passierten Lewis
						5. Juni In 24° 48'W überquerten die Linie
						29. Juli Passierten Kap Nelson
						30. Juli Passierten Kap Otway und liefen in die Bass-Straße
				1. Aug.	Melbourne	
	15. Sept.	Melbourne	Ballast	20. Okt.	Taltal	
	24. Okt.	Taltal	Ballast	25. Okt.	Mejillones	
	15. Nov.	Mejillones	Salpeter			12. Dez. Passierten Kap Hoorn
1923						22. Jan. Überquerten die Linie
						11. Feb. Passierten Fayal (Azoren)
				17. Feb.	Falmouth	
	24. Feb.	Falmouth		27. Feb.	Ostende	Im Schlepp
	26. März	Ostende	Ballast	29. März	Grangemouth	Im Schlepp
	12. Mai	Grangemouth	Koks			23. Mai Passierten Lizard
						9. Juni Passierten die Kapverden
						21. Juni Überquerten die Linie

Jahr	Abfahrt		Fracht	Ankunft		Berichte und Notizen
	Datum	Hafen		Datum	Hafen	
1923						5. Aug. Passierten Kap Hoorn
				22. Aug.	San Antonio	
	12. Sept.	San Antonio	Ballast	18. Sept.	Caleta Buena	
	4. Okt.	Caleta Buena	Salpeter			3. Nov. Passierten Kap Hoorn
						6. Dez. Überquerten die Linie
1924						3. Jan. Liefen Fayal (Azoren) an
				11. Jan.	Falmouth	
	17. Jan.	Falmouth		22. Jan.	Ostende	
	19. März	Ostende	Ballast			20. März Passierten Beachy Head
						21. April Überquerten die Linie
						17. Juni Passierten Staten Island
				9. Juli	Taltal	
	12. Juli	Taltal	Ballast	16. Juli	Mejillones	
	12. Aug.	Mejillones	Salpeter			13. Sept. Passierten Kap Hoorn
						24. Okt. Überquerten die Linie
						25. Nov. Vor Lizard
				29. Nov.	Dünkirchen	
1925	5. Jan.	Dünkirchen	Ballast			6. Jan. Passierten Dungeness
						9. Jan. Passierten Start Point
						14. Feb. Überquerten die Linie
				16. Apr.	Albany	
	18. Apr.	Albany	Ballast	25. Apr.	Port Lincoln	
	2. Juni	Port Lincoln	Getreide	23. Juli	Callao	
	9. Sept.	Callao	Ballast	11. Nov.	Port Lincoln	
1926	2. Feb.	Port Lincoln	Getreide			1. Apr. Passierten Kap Hoorn
				20. Juni	Falmouth	
	23. Juni	Falmouth		4. Juli	Hamburg	
	9. Sept.	Hamburg	Ballast			13. Sept. Passierten Dover
						18. Sept. Passierten Lizard
				11. Dez.	Port Lincoln	
1927	24. Jan	Port Lincoln	Getreide			9. März Passierten Kap Hoorn
						1. Apr. Überquerten die Linie
						1. Mai Vor Bull Point
				2. Mai	Queenstown	
	4. Mai	Queenstown				8. Mai Passierten Kap Antifer
				16. Mai	Hamburg	
	16. Juni	Hamburg	Ballast			18. Juni Trieben bei Vorupør auf Grund
						19. Juni Vom Schlepper GARM freigesetzt
				20. Juni	Frederikshavn	Im Schlepp
	23. Juni	Frederikshavn		26. Juni	Ankerten im Sund	
	28. Juni	Im Sund		30. Juni	Sundsvall	
	21. Juli	Sundsvall		21. Juli	Gävle	

	Abfahrt			Ankunft		
Jahr	Datum	Hafen	Fracht	Datum	Hafen	Berichte und Notizen
1927	12. Aug.	Gävle	Holz	22. Aug.	Ankerten auf der Reede vor Frederikshavn	27. Aug. Passierten North Foreland 29. Aug. Passierten Beachy Head 8. Sept. Passierten Finisterre 1. Okt. Überquerten die Linie
				16. Nov.	Melbourne	
	15. Dez.	Melbourne	Ballast			17. Dez. Passierten Kap Otway
				19. Dez.	Port Lincoln	
1928	19. Jan.	Port Lincoln	Getreide			21. Feb. Passierten Kap Hoorn 27. März Überquerten die Linie
				24. Apr.	Falmouth	
	24. Apr.	Falmouth		27. Apr.	Cardiff	
	2. Juni	Cardiff	Ballast			6. Juni Passierten St. Catherine's Pt 11. Juni Passierten Helsingør
	31. Aug.	Mariehamn	Ballast	11. Juni	Mariehamn	6. Sept. Passierten Kopenhagen 10. Sept. Passierten Ronaldsay (nördliche Orkneys) 20. Okt. Überquerten die Linie
				4. Dez.	Port Lincoln	
1929	18. Jan.	Port Lincoln	Getreide			18. Feb. Passierten Kap Hoorn 20. Feb. Vor den Falklandinseln 29. März Überquerten die Linie 1. Mai Sichteten Bishops Rock
				3. Mai	Falmouth	
	9. Mai	Falmouth		12. Mai	Liverpool	
	28. Mai	Liverpool	Ballast			29. Mai Vor den Scillies 2. Juni Vor den Goodwins
				5. Juni	Fredrikstad	
	30. Juli	Fredrikstad	Holz			6. Aug. Querab N Foreland 8. Aug. Vor Beachy Head 14. Aug. Passierten Lizard 7. Sept. Passierten Kap St. Vincent 22. Sept. Überquerten die Linie
				20. Nov.	Melbourne	
	24. Dez.	Melbourne	Ballast	27. Dez.	Wallaroo	
1930	25. Jan.	Wallaroo	Getreide			27. Jan. Passierten Kap Borda 25. Feb. Passierten Kap Hoorn 9. Apr. Überquerten die Linie
				15. Mai	Falmouth	
	23. Mai	Falmouth		31. Mai	Liverpool	
	7. Juni	Liverpool	Ballast			11. Juni Passierten Ronaldsay
				26. Juni	Mariehamn	
	9. Sept.	Mariehamn	Ballast	15. Sept.	Kopenhagen	In der Werft
	20. Sept.	Kopenhagen				24. Sept. Passierten Ronaldsay

Jahr	Abfahrt		Fracht	Ankunft		Berichte und Notizen
	Datum	Hafen		Datum	Hafen	
1930						29. Okt. Überquerten die Linie
	17. Dez.	Port Lincoln		12. Dez.	Port Lincoln	
				17. Dez.	Wallaroo	
1931	23. Jan.	Wallaroo	Getreide			27. Jan. Passierten Neptune Island
						4. März Passierten Kap Hoorn
						31. März Überquerten die Linie
						16. Apr. Passierten die Azoren
						25. Apr. Passierten Lizard
				26. Apr.	Falmouth	
	28. April	Falmouth		1. Mai	Barry	
	21. Mai	Barry	Ballast			30. Mai Passierten Dover
						2. Juni Passierten Skagen um 18.15 und Laesø um 19.15; 25 Knoten!
						3. Juni Passierten Falsterbo
				6. Juni	Mariehamn	
	28. Juni	Mariehamn	Ballast	30. Juni	Trångsund	
	9. Juli	Trångsund	Holz	10. Juli	Kotka	
	30. Juli	Kotka	Holz	7. Aug.	Kopenhagen	
	14. Aug.	Kopenhagen				15. Aug. Passierten Skagen
				1. Nov.	Lourenço Marques	
	19. Nov.	Lourenço M.	Holz	23. Nov.	Beira	
	12. Dez.	Beira	Ballast			Liefen beim Verlassen des Hafens auf Grund
1932				18. Jan.	Port Lincoln	
	20. Jan.	Port Lincoln	Ballast	21. Jan.	Port Pirie (False Bay)	
	25. Jan.	Port Pirie	Ballast	25. Jan.	Port Augusta	Im Schlepp
	9. Febr.	Port Augusta	Getreide			18. März Passierten Kap Hoorn
						22. Apr. Überquerten die Linie
						18. Mai Vor Flores
						25. Mai Vor Lizard
				27. Mai	Falmouth	
	27. Mai	Falmouth		2. Juni	Liverpool	
	14. Juni	Liverpool	Ballast			26. Juni Passierten Kopenhagen
				28. Juni	Mariehamn	
	6. Sept.	Mariehamn	Ballast	18. Sept.	Kopenhagen	
	23. Sept.	Kopenhagen		16. Dez.	Port Adelaide	
1933	25. Jan.	Port Adelaide	Getreide	20. Mai	Falmouth	
	25. Mai	Falmouth				26. Mai Passierten Prawle
						27. Mai Passierten Beachy Head
						29. Mai Passierten Dover
				29. Mai	London	
	28. Juni	London	Ballast			5. Juli Passierten Skagen

Jahr	Abfahrt Datum	Abfahrt Hafen	Fracht	Ankunft Datum	Ankunft Hafen	Berichte und Notizen
1933						8. Juli Passierten Helsingør
				14. Juli	Mariehamn	
	20. Juli	Mariehamn	Ballast	23. Juni	Kotka	
	9. Aug.	Kotka	Holz	10. Aug.	Uuras	
	17. Aug.	Uuras	Holz	26. Aug.	Kopenhagen	
	30. Aug.	Kopenhagen				29. Sept. Vor den Azoren
						9. Okt. Vor den Kapverden
				5. Dez.	Lourenço Marques	
1934	1. Jan.	Lourenço M.	Holz	8. Jan.	Beira	
	6. Jan.	Beira	Ballast	1. März	Port Lincoln	
	3. März	Port Lincoln	Ballast	4. März	Wallaroo	
	4. Apr.	Wallaroo	Getreide			16. Mai Passierten Kap Hoorn
				3. Aug.	Falmouth	
	3. Aug.	Falmouth		9. Aug.	Belfast	
	7. Sept.	Belfast	Ballast	7. Dez.	Port Lincoln	
1935	21. Jan.	Port Lincoln	Getreide			17. Mai Vor Lizard. Verloren 19 Segel
				18. Mai	Falmouth	
	25. Mai	Falmouth	Getreide	1. Juni	Belfast	
	10. Juli	Belfast	Ballast			19. Juli Passierten Helsingør
				29. Juli	Nystad	
	30. Sept.	Nystad	Ballast	7. Okt.	Kopenhagen	
	15. Okt.	Kopenhagen	Ballast			18. Okt. Vor Anholt. Kollision mit RASTEDE
1936				5. Jan.	Port Lincoln	
	28. Jan.	Port Lincoln	Getreide	23. Apr.	Falmouth	
	24. Apr.	Falmouth				25. Apr. Strandeten um 3.45 morgens bei Soar Mill Cove in der Nähe von Bolt Head, Devon. Wieder flott gemacht und im Schlepp.
	19. Juni	Soar Mill Cove		19. Juni	Starhole Cove	17. Juli Achterleine gebrochen
						9. Sept. Der Kapitän gibt das Schiff auf
						24. Sept. Wrackteile zum Schrottwert verkauft

Quellen:
Für die deutsche Zeit: diverse.
Unter Eriksons Flagge: Logbücher des Schiffes.

ANHANG 4
VERKLARUNG VOR DEM FINNISCHEN VIZEKONSUL IN PLYMOUTH AM 2. MAI 1936

Vermerk: Die Aussagen sind nicht unter Eid gemacht worden und wurden lediglich für den Gebrauch durch die finnischen Verwaltungsstellen aufgenommen unter der Voraussetzung, daß sie nicht für Gerichtsverfahren herangezogen werden.
Die Verklarung wurde am 2. Mai 1936 vor dem finnischen Vizekonsul in Plymouth an Bord der am 25. April 1936 auf der Reise nach Ipswich gestrandeten Viermastbark HERZOGIN CECILIE aufgenommen. Die Besatzungsliste und das Logbuch wurden vorgelegt.
Die Verklarung wurde im Beisein von Captain William Henry Boxhall, britischer Master Mariner, eröffnet.

Kapitän Sven Eriksson teilte die Daten der Reise mit und daß sie am 24. April 1936 um 20.20 Uhr von Falmouth nach Ipswich abgesegelt seien. Wetter: bedeckt, leichter Nebel, Wind WSW 2–3, leichter Seegang. Es wurde EzS gesteuert, Kompaßdeviation 2° E. Um 23.40 Uhr waren alle Rahsegel gesetzt. Der Kurs wurde allmählich bis auf E ½ S geändert, und um Mitternacht waren nach dem Log, das um 21.00 Uhr ausgebracht worden war, 16 Seemeilen abgesegelt.
Um 02.00 Uhr wurde der Kompaßkurs auf SzE geändert, weil es dicker wurde und Eddystone Feuer nicht gesichtet und auch keine Nebelsignale gehört wurden. Gegen 03.30 Uhr wurde der Kurs weiter auf ESE ½ E geändert. Der Wind kam noch mäßig aus WSW.
Als der Kapitän um 03.35 Uhr auf dem Hüttendeck stand, machte ihn der Steuermann auf einen dunklen unbestimmten Gegenstand im Nebel an Backbordseite aufmerksam. Der Kapitän ließ das Ruder hart Steuerbord legen und die Rahen für Backbordbug herumbrassen. Unmittelbar darauf bemerkte er, daß das Schiff auf einem Felsen festsaß. Eine halbe Stunde später – die Segel waren inzwischen aufgegeit und Lotungen genommen worden – bewegte sich das Schiff und kam vom Felsen frei. Beide Anker wurden fallengelassen, aber das Schiff trieb auf Land zu und kam am Fuß des Steilufers auf Grund. Die Anker hielten nicht, und das Schiff schwang langsam herum, bis es breitseits festlag. Man schoß Raketen und zeigte Blaufeuer als Notsignal. Die Besatzung wurde angewiesen, ihre Sachen an Deck zu bringen. Alle Rettungsboote wurden klar-

gemacht. Ungefähr eine halbe Stunde nach der Strandung sah der Kapitän einige Lichter auf den Klippen, und als es etwas später anfing zu dämmern, sah er, wie das Rettungsboot von Salcombe längsseit kam. Die Lotungen ergaben 24 (8 m) Fuß, nur vorn waren es 22 (7,5 m) Fuß. Der Tiefgang des Schiffes war achtern 24 Fuß.
Sie stellten 2 Fuß (0,6 m) Wasser vorn und keines im hinteren Laderaum und in den Doppelböden fest. Die Grundberührung ereignete sich bei dreiviertel Hochwasser, und mit dem Steigen des Wassers wurde das Schiff durch den Wind und die Tide auch vorn auf Grund gesetzt.
Als möglichen Grund für die Strandung gab der Kapitän an, daß er geglaubt habe, der ab 23.30 Uhr gesteuerte Kurs hätte das Schiff von Start Point klar laufen lassen, und daß das Aufgrundlaufen wahrscheinlich durch das Einsetzen der Tide verursacht worden sei. Er bestätigte, daß die Kompasse beim Einlaufen nach Falmouth ordnungsgemäß kontrolliert worden seien und der Kompaßkurs für östliche Kurse berichtigt worden sei. Als Erklärung für die Strandung hatte er nur den Gezeitenstrom und möglicherweise eine Kompaßstörung. Nach seiner Aussage zog der Kapitän sich zurück.
Gezeichnet Sven Erikson
Kapitän

Der Erste Steuermann, Elis Karlsson, gibt zu Protokoll, daß er am 24. April um Mitternacht auf Wache kam und daß das Schiff zu dieser Zeit E ¼ N steuerte. Es war neblig und dunstig, der Wind kam mit etwa 2 Bft und frischte leicht auf. Nach Ablaufen von 15 sm wurde auf Kompaßkurs E gegangen. Inzwischen nahm der Nebel zu, so daß das Nebelhorn betätigt und wegen eines Fischereifahrzeugs Fackelfeuer gezeigt wurde. Um 03.30 Uhr wurde der Kurs auf S 86° Ost geändert. Auf diesem Kurs blieben sie, bis er um etwa 03.55 Uhr auf der Leeseite etwas Dunkles sah. Er lief ans Ruder, um dem Rudergänger zu helfen, das Ruder hart Steuerbord zu legen. Unmittelbar darauf stieß das Schiff an einen Felsen, und das Heck schwang in Richtung Land. Die Segel wurden aufgegeit und die Brassen dichtgeholt.
Bei steigendem Wasser kamen sie wieder frei und ließen beide Anker fallen, waren aber zu dicht am Land, so daß die Anker nicht mehr hielten, bevor das Schiff breitseits zum Land auf Grund kam.
„Das Schiff ist leck, und das Wasser steigt und fällt in den Laderäumen. Die Ladung im Vorschiff ist praktisch unter Wasser, aber im Hauptladeraum und im Zwischendeck ist eine große Menge Weizen, der noch trocken ist."
Er wisse nicht, warum das Schiff auf die Küste gelaufen sei, denn nach dem Log, das sie gleich nach dem Verlassen von Falmouth ausgebracht hätten, seien sie nach Mitternacht nicht mehr als 30 Seemeilen gesegelt, während die Strecke nach der Karte 40 Seemeilen betrug. Er glaube, daß das Schiff auch vom Gezeitenstrom auf die Küste zu versetzt worden sei.
Gezeichnet Elis Karlsson
Erster Steuermann

Der Vollmatrose Ernst Ovdal Larsen stand am Ruder und steuerte EzS; wenig Wind und leichter Regen. Nach längerer Zeit wurde der Kurs auf SEzE geändert. Der Erste Steuermann und der Kapitän kamen und verglichen die Kompasse, danach wurde der Kurs auf E ½ S geändert. Das Wetter war ungefähr gleich geblieben, aber es war sehr dunkel. Um 23.40 Uhr gab er das Ruder ab

und ging nach unten. Um 03.40 Uhr wurde er geweckt, um sich für die 04.00 Uhr-Wache klarzumachen. Um ungefähr 03.50 Uhr hörte er es dreimal pfeifen, was „Alle Mann auf!" bedeutete. Er lief an Deck, und als er gerade oben war, hörte er ein knirschendes Geräusch und bemerkte, daß das Schiff einen Felsen getroffen hatte. Inzwischen waren alle Mann dabei, die Segel festzumachen. Es war ganz nebelig, und sie wußten, daß das Schiff festsaß, denn recht voraus waren Felsen zu sehen...
Gezeichnet E. Oval Larson

Der Kadett Gunner Ehlers stand am 25. 4. von 03.00 – 04.00 Uhr am Ruder. Von 03.00–03.30 Uhr steuerte er EzS, danach EzS½ S. Um ungefähr 7 Minuten vor 04.00 Uhr sah er das Land zum ersten Mal und bekam den Befehl, das Ruder hart Steuerbord zu legen. Fast gleichzeitig kam an Steuerbord eine kleine Insel in Sicht, auf die das Schiff zulief. Er bekam Befehl, das Ruder nach Backbord zu legen, dabei stieß das Schiff an einen Felsen, und der Klüverbaum ging über die Kante der Insel. Das Schiff blieb etwa eine halbe Stunde lang fest liegen, bewegte sich dann und wurde an Land getrieben. Beide Anker wurden fallengelassen, hielten aber nicht, und das Schiff schwang mit dem Heck zum Land...
Gezeichnet Gunner Ehler
Kadett

Der Vollmatrose Fritz Lund Christiansen war am 24. April auf Mittelwache. Es war sehr dunkel und neblig. Kurz vor 04.00 Uhr fühlte er eine Erschütterung im Schiff, lief auf die Back und sah Land unter dem Bugspriet... Auf der Back hatte ein Ausguck gestanden, aber er hatte nicht gehört, daß der Ausguck das Land meldete, als er auf die Back kam. Es war sehr dunkel und nebelig.
Gezeichnet Fr. Lund Christiansen
Vollmatrose

Der Sachverständige Kapitän Wm. H. Boxhall stellte abschließend fest, daß die befragten Personen erklärten, sie hätten weiter nichts vorzubringen, nur der Kapitän wünschte noch hinzuzufügen, daß die von ihm gegebenen Kurse vom Steuerkompaß aus befohlen worden waren und die des Steuermanns vom Regelkompaß. Es wurde festgestellt, daß beide Kompasse auf südlichen Kursen übereinstimmten...
Gezeichnet Wm. H. Boxhall
(Master Mariner)
Damit wurde die Anhörung abgeschlossen.

Bericht des Sachverständigen für die Bergungsgesellschaft — Salcombe, 28. April 1936

Viermastbark
Brutto-Tonnage 3111

BERICHT

Auf Anforderung der Salvage Association von London besichtigte ich, der unterzeichnende Sachverständige Offizier, das beim Bolt Head in der Nähe von Salcombe, Devon, am 26. April 1936 gestrandete Schiff.

Das Schiff hatte Falmouth mit Bestimmung Ipswich am 24. April mit einer Ladung australischen Weizens in Säcken verlassen.
Am Abend des 24. April traf es im Nebel auf einen Felsen, der ungefähr 1000 Yards (975 m) von seiner jetzigen Position entfernt liegt, und stieß sich ein Leck in den Vorderraum und den Pumpenraum, wodurch diese Abteilungen geflutet wurden. Die Anker des Schiffes wurden fallengelassen, und das Schiff schwang breitseits bis 50 Yards (49 m) an den Fuß des Steilufers heran.
Der hintere Raum fing an, leck zu werden, und bei meiner Ankunft zeigte er dreizehn Fuß (Wasser) steigend. Heute, am 28. April, ist der Wasserstand im Raum auf zwanzig Fuß bei Hochwasser gestiegen. Die Lage des Schiffes an diesem Strand ist sehr kritisch; das Vordeck liegt bei Hochwasser in Höhe der Wasseroberfläche, und es geht achtern 18 Fuß tief mit 20 Fuß Wasser unter dem Heck, was darauf hinweist, daß es unter dem Achtermast auf unebenem Fels liegt.
Es gibt auch Anzeichen von starker Beanspruchung der Plattengänge beiderseits des Großmastes.
Der größere Teil der Ladung ist durch Wasser beschädigt; wahrscheinlich können (noch) 200–300 t der Ladung oben im achteren Laderaum trocken geborgen werden, wenn schnell gehandelt wird.
Die Ladung vorn quillt schnell auf, und es gibt Anzeichen für das Aufbiegen der Decksbeplankung des Vordecks.
Nach meiner Ansicht ist das Schiff nicht zu bergen und sollte so schnell wie möglich entladen und abgetakelt werden.
Aufgrund der sehr exponierten Lage kann das Schiff jederzeit auseinanderbrechen, wenn eine schwere See aus südwestlicher Richtung aufkommt.
Gezeichnet T. Shotton
(leicht gekürzt)

ANHANG 5
ZUSAMMENFASSUNG DER VOR DEM „RECEIVER OF WRECK“ DES HAFENS VON PLYMOUTH ABGEGEBENEN EIDLICHEN AUSSAGEN DES KAPITÄNS

Matthias Sven Eriksson, Kapitän... sagt unter Eid aus:
(1.–7. Angaben über das Schiff und die letzte Reise...)
8. ... daß das Schiff am 24. April 1936 um 20.20 Uhr... Segel setzte und seinen Liegeplatz... (vor Falmouth) verließ. Das Schiff steuerte rwS24° E (156°) auf Backbordbug und versegelte 12 Seemeilen. 22.40 Uhr Kursänderung auf rwS 35 ½° E (144,5°), 2 ½ Seemeilen abgelaufen. 23.10 Uhr Kursänderung auf rwS 46 ½° E (133,5°), 2 Seemeilen versegelt. Wind gleichbleibend – Sicht läßt etwas nach. Um 23.30 Uhr ging das Schiff vor den Wind auf rwN74° E (074°). Bis 24.00 Uhr 2 ¼ Seemeilen abgesegelt; Wind WSW, gleiche Stärke, Wetter nebelig. Gaben Nebelsignale. Liefen auf diesem Kurs bis 02.00 Uhr am 25. April weitere 15 Seemeilen ab. 02.00 Uhr dichter Nebel, Fahrt etwa 7 Knoten. Kursänderung auf rwN79° E (Ost 79°), da Eddystone weder gesichtet noch gehört wurde. 10 Seemeilen abgelaufen. 03.30 Uhr Kursänderung auf rwN83° E (Ost 83°), 5 Seemeilen versegelt. Um 03.50 Uhr sichtet der Erste Steuermann im Nebel an Backbordseite eine schwarze Masse. Meldung an Kapitän (der an Deck war) und Ruder hart Steuerbord gelegt, um derselben auszuweichen. Steuerbordbrassen losgeworfen, aber unmittelbar danach stieß das Schiff auf den Ham Stone Rock. Das Schiff schwang dann vom Felsen ab; beide Anker fallengelassen. Das Schiff drehte dabei mit dem Heck zuerst ein, streifte achtern Felsen, trieb dann breitseits und blieb liegen. Notsignale abgefeuert; kurz danach erschienen Lichter an Land (die Schiffszeit war in Falmouth am 23. April um 19.00 Uhr auf Ortszeit umgestellt worden). Kontrollierte Deviation beider Kompasse auf östlichen Kursen 001° E.
Dem Schiff wurden die folgenden Hilfen gegeben: Etwa eine Stunde, nachdem

das Schiff aufgelaufen war, traf das Rettungsboot aus Salcombe ein und übernahm später einen Teil der Besatzung. Danach schoß die Küstenwache Raketen und riggte Hosenboje und anderes auf. Ein Teil der Ausrüstung des Schiffes und der Effekten der Besatzung wurden mit der Hosenboje an Land gegeben. Ein Teil der Ladung und der Schiffsausrüstung wurde durch Küstenschiffe übernommen und nach Plymouth, Southampton und Salcombe gebracht.
10. . . daß als Folge des erwähnten Unglücksfalles keine Menschenleben verlorengegangen waren.
11. . . . daß der Wert des besagten Schiffes und der besagten Ladung nicht bekannt ist, und daß das Schiff nicht versichert war, die Ladung einen Wert von 27 000 Pfund hatte, und die Fracht nicht versichert war.
12. . . . daß nach Ansicht des vereidigten Zeugen die Ursachen des Unglücksfalles unsichtiges Wetter, Versetzung durch den Gezeitenstrom und eine mögliche magnetische Störung waren, daß die Kompasse häufig kontrolliert wurden und daß der Unfall zu vermeiden gewesen wäre.
13. . . . daß das hier Niedergelegte nach bestem Wissen und Gewissen des Aussagenden war, korrekt ist und dem Zeugen vor seiner Unterschrift vorgelesen wurde.
Gezeichnet Sven Eriksson, Zeuge

Der Eid wurde im Custom House, Plymouth, an diesem elften Tage des Mai vor mir geleistet . . . und ich bestätige, daß Obiges die korrekte Abschrift einer am heutigen Tage aufgenommenen Verhandlung ist.
Gezeichnet F. J. Cross
Receiver of Wreck

ANHANG 6

Ein Bericht, wie er den Versicherern über den Verlust der HERZOGIN CECILIE auf der Grundlage der Untersuchungsergebnisse gegeben worden wäre, wenn das Schiff versichert gewesen wäre (die auf Seiten 165 ff von Überlebenden den Verfassern gegebenen Schilderungen sind dabei nicht berücksichtigt). Die Rekonstruktion dieses hypothetischen Schreibens wurde im Dezember 1989 durch die Firma Thomas Cooper & Stibbard erstellt (gekürzt).

Sehr geehrter Herr,
Betrifft HERZOGIN CECILIE, am 25. April 1936 *vor Bolt Head gestrandet*
(einleitend Angaben über das Schiff und seine Eigner, über die Reise und über die Besatzung).
Am Tage des Absegelns von Kopenhagen wurde zwischen Helsingør und Helsingborg ein Dampfer mit kreuzendem Kurs beobachtet. Trotz Versuchen, die Aufmerksamkeit auf sich zu ziehen, ereignete sich eine leichte Kollision, bei der die HERZOGIN CECILIE das Heck des Dampfers berührte. Etwaige Schäden scheinen unbedeutend gewesen zu sein – die Reise wurde fortgesetzt.
In der gleichen Nacht kam es zu einer weiteren leichten Kollision, als die HERZOGIN CECILIE mit ihrem Backbord-Vorschiff an das Steuerbord-Achterschiff eines zweiten Dampfers stieß. Auch hier scheint der Schaden nur leicht gewesen zu sein, und der auf der Bark entstandene Schaden wurde einstweilig repariert. Die weitere Reise nach Port Lincoln verlief ohne Zwischenfälle. Am 13. Januar

1936 wurde in Port Lincoln eine Verklarung über die beiden Kollisionen aufgenommen.
(Kurzer Bericht über die Rückreise...)
In Falmouth erhielt der Kapitän Anweisung, nach Ipswich zu segeln, und um 20.20 Uhr des 24. April lichtete das Schiff den Anker und setzte alle erforderlichen Segel.
Bei der Abfahrt von Falmouth wurde Südwestwind von 2–3 Bft gemessen. Sicht: Dunst und leichter Nebel, Barometerstand 767,2 (ungefähr 1021 hPa).
Nach den im Logbuch aufgezeichneten Kursen zu urteilen, wollte die HERZOGIN CECILIE nach Verlassen von Falmouth etwa 15 Seemeilen auf einen mehr oder weniger südsüdöstlichen Kurs kommen, um Start Point in sicherem Abstand zu passieren. Nach Passieren von Start Point sollte nordöstlich und später östlich in Anlehnung an die englische Südküste gesteuert werden. Ganz offensichtlich verschlechterte sich die Sicht schnell, und es erscheint wahrscheinlich, daß nach dem Ablaufen von Falmouth kein Land, keine Feuer oder Schallsignale mehr ausgemacht wurden. So beruhte die Navigation allein auf Koppeln.
Der Erste Offizier, Elis Karlsson, hatte die Mittelwache bis 04.00 Uhr. Außerdem war der Kapitän wegen der schlechten Sicht in dieser Nacht die meiste Zeit oben. Nach Verlassen von Falmouth erhöhte sich die Fahrt in dem Maße, wie die Segel gesetzt wurden. Die HERZOGIN CECILIE ging auf einen Anfangskurs von SzE. Um etwa 23.40 Uhr waren alle Rahsegel gesetzt. Weitere leichte Kursänderungen wurden vorgenommen, während das Schiff bis ungefähr 23.30 Uhr auf mehr oder weniger südsüdöstlichen Kursen lief; dann wurde es auf Ostkurs gelegt. Um 02.00 Uhr des 25. April gab es eine kleine Kursänderung und eine weitere um 03.30 Uhr, um das Schiff weiter auf einen mehr östlichen Kurs zu bringen.
Es war ungefähr 03.50 Uhr des 25. April 1936, als der Steuermann an Backbordseite im Nebel etwas Dunkles sah. Er gab sofort Befehl, das Ruder hart Steuerbord zu legen und die Rahen auf Backbordbug zu brassen. Beide Wachen wurden an Deck gerufen, aber unmittelbar darauf stieß das Schiff gegen einen Felsen. Es blieb annähernd eine halbe Stunde auf dem Felsen fest, währenddessen die Segel aufgegeit und Lotungen genommen wurden. Mit steigendem Wasser trieb dann die HERZOGIN CECILIE vom Felsen ab und auf das Land zu, woraufhin beide Anker fallengelassen wurden. Das Heck des Schiffes berührte den Grund am Fuß der Klippen zwischen Bolt Tail und Bolt Head und schwang breitseits, bis es festsaß.
Über die nach der Kursänderung um 22.30 Uhr am 24. April tatsächlich gesteuerten Kurse sind viele Überlegungen angestellt worden. Dem vorliegenden Beweismaterial ist klar zu entnehmen, daß das Schiff erheblich vom beabsichtigten Kurs abgewichen sein muß. Es ist bekannt, daß die Kompasse in Falmouth kontrolliert und möglicherweise kompensiert wurden. Es hieß, daß die Deviation der Kompasse bei 002° E lag. Außerdem benutzten der Kapitän und der Steuermann in dieser Nacht verschiedene Kompasse. Daher ist ein Kompaßfehler unwahrscheinlich. Alle vom Rudergänger gesteuerten Kurse müssen angesichts der schlechten Sicht und der Tatsache, daß man auf Koppelnavigation angewiesen war, sowohl vom Kapitän wie vom Steuermann laufend überwacht worden sein. Daher dürfte auch ein Fehler des Rudergängers auszuschließen sein. Die Kurse nach 23.30 Uhr am 24. April laufen sämtlich südlich von Eddystone-Feuer frei. Es ist daher von Interesse, daß einheimische Fischer meinen, die HERZOGIN CECILIE sei zwischen Eddystone-Feuer und Whitsand Bay (nördlich von Eddystone-Feuer) gelaufen.

Es ist bekannt, daß Fischereifahrzeuge in dem Gebiet waren. Eine Sichtung wurde berichtet: Der Erste Offizier erwähnt, daß um 03.30 Uhr wegen eines Fischereifahrzeugs ein Blaufeuer angezündet und Nebelsignale gegeben wurden. Nach der Strandung wurden 22 Mann der Besatzung und die Freundin der Frau des Kapitäns, die wahrscheinlich in Falmouth zugestiegen war, vom Rettungsboot aus Salcombe an Land gebracht.

Beim Peilen der Bilgen wurde in der Vorpiek ein Wasserstand von 5 Fuß (1,5 m) – in gleicher Höhe wie der Außenwasserspiegel – festgestellt. 1 Fuß (0,3 m) stand in der Bilge Nr. 3 an Backbord und 2 Fuß an Steuerbord. Bilge Nr. 5 war lenz, in der Achterpiek standen 2 Fuß. Die Tanks Nr. 3 und 4 waren voll. Der Kapitän ließ die wasserdichten Türen, die vom Vordeck auf das Deck unter der Hütte führen, schließen. Die Räume liefen allmählich voll, und das Schiff arbeitete bei Hochwasser sehr schwer.

Das Rettungsboot gab den Rat, daß die ganze Crew an Land gehen solle, weil sie nicht garantieren könnten, daß sie bei Wetterverschlechterung den Rest abholen könnten. Der Kapitän ordnete an, daß das Eigentum der Crew, die Instrumente des Schiffes und die Schiffspapiere an Land gebracht wurden.

Am nächsten Tag, dem 26. April, kamen zwei Schlepper der französischen Bergungsfirma Abeilles, die ABEILLES XXIV und die ABEILLES XVI. Außerdem kam der deutsche Schlepper SEEFALKE mit einem Bergungsfachmann aus Queenstown. Die Schlepper konnten nicht in die Nähe der HERZOGIN CECILIE kommen und liefen deshalb wieder ab.

Ein Besichtiger der Salvage Association wurde, wie es scheint auf Veranlassung von H. Clarkson & Co., bestellt, und es wurden mit der Risdon Beazley Marine Trading & Company of Southampton Verhandlungen wegen der Bergung der noch brauchbaren Ladung aufgenommen. Soweit uns bekannt, sah der Bergungsvertrag vor, daß 75 % des Wertes der Ladung an Ridson Beazley gehen sollten.

(Im nächsten Absatz wird kurz über die Verklarung vor dem finnischen Vizekonsul am 2. Mai berichtet.)

Im Laufe der folgenden Wochen wurde das noch trockene Getreide in Schuten abgeborgen, und um den 6. Mai 1936 waren 450 t gesunder Ladung an Land gebracht. Am 13. Mai wurden Versuche gemacht, das beschädigte Getreide abzugeben, um es als Schweinefutter zu verwerten. Im ganzen wurden annähernd 225 t beschädigten Getreides gelöscht.

Obwohl der Bergungssachverständige sich dahingehend geäußert hatte, daß das Schiff ein konstruktiver Totalverlust sei, wurden am 1. Juni noch Versuche unternommen, die HERZOGIN CECILIE abzubergen. Ein Bergungsteam ging mit Pumpen an Bord, und das Schiff wurde nach mehreren erfolglosen Versuchen am Nachmittag des 19. Juni 1936 schließlich wieder flott. Es wurde in der Star Hole Cove an der Westseite von Salcombe Harbour abgesetzt. Während es dort lag, wurde weiterhin geschädigtes Getreide vom Schiff geholt.

Unglücklicherweise brach am 15. Juli bei schwerem Wetter der Kiel der HERZOGIN CECILIE, und die Bergungsarbeiten wurden ausgesetzt. Weiterer Schaden am 18. Juli brachte das endgültige Aus der Bergungsversuche.

Die HERZOGIN CECILIE wurde am 29. September 1936 an Messrs. M & BR Noyce in Kingsbridge zum Verschrotten verkauft.

Aus dem uns vorliegenden Beweismaterial haben wir gesehen, daß die Strandung ebenso unerwartet wie katastrophal gewesen sein muß. Es sieht so aus, als hätte man auf der HERZOGIN CECILIE tatsächlich keinen genauen Begriff davon gehabt, wo man war. – Sie müssen angenommen haben, daß sie genügend weit südlich von Eddystone-Feuer standen – aufgrund der Tatsache, daß sie keine Nebelsignale gehört hatten, ein Ton, von dem zu erwarten gewesen war, daß er unter den ruhigen und nebeligen Wetterverhältnissen ziemlich weit tragen würde. Die Besatzung der HERZOGIN CECILIE muß deshalb geglaubt haben, daß ihr Schiff weit genug von jeder Gefahr entfernt war und gut klar von Start Point passieren würde.

Der Kapitän und der wachhabende Offizier waren beide erfahrene Nautiker. In Anbetracht der extrem schlechten Sicht muß angenommen werden, daß auf alle vom Schiff gesteuerten Kurse und abgesegelten Distanzen sorgfältig geachtet und scharfer Ausguck gehalten wurde. Das muß vor allem für den Ersten Offizier gelten, weil er bei der schlechten Sicht damit rechnen mußte, daß der Kapitän an Deck bleiben oder oft an Deck kommen würde, um den Fortgang des Schiffes zu überwachen und überhaupt ein Auge auf die Navigation zu werfen. Es ist aus unserer Sicht daher unwahrscheinlich, daß irgendein unter gewöhnlichen Umständen möglicher Fehler beim Absetzen oder Ablaufen der Kurse gemacht wurde. Zwar läßt sich heimliches Einverständnis einer Schiffsbesatzung nie ausschließen; wir betrachten es aber in Anbetracht der vielen Menschen, die darin verwickelt sein müßten, für unwahrscheinlich, daß absichtlich ein falscher Kurs gesteuert wurde, und dies auch deshalb, weil kurz nach der Strandung eine öffentliche Anhörung erfolgte.

Ungeachtet des oben Ausgeführten ist es unsere Ansicht, daß die Ursache für den Verlust dieses Schiffes einer fehlerhaften Planung für die Überfahrt in Verbindung mit irgendwie gearteten navigatorischen Fehlern zuzuschreiben ist.

Nach unserer Meinung war der vorgesehene Weg nur für eine Überfahrt bei gutem Wetter angebracht. Wir gehen davon aus, daß der Kapitän der HERZOGIN CECILIE die Wettervorhersagen für die nächsten 24 Stunden hatte; er hätte sich also darüber im klaren sein müssen, daß er wahrscheinlich auf Nebel treffen würde. Wenn das so war, dann waren die vorgeplanten Kurse für eine Passage um Start Point nicht sicher, da die Navigation hauptsächlich auf Koppeln beruhte. Der Kapitän hätte, wenn Nebel vorhergesagt oder zu erwarten war, sein Schiff weiter nach See zu hinausnehmen müssen, um Start Point in großem und sicherem Abstand zu passieren.

Unter den verschiedenen Möglichkeiten menschlichen Versagens bei der Navigation auf der Überfahrt schälen sich zwei mit einer gewissen Wahrscheinlichkeit heraus. Die eine Erwägung ist, daß die HERZOGIN CECILIE nach dem Verlassen von Falmouth ihren südsüdöstlichen Kurs nicht so lange durchhielt, wie es beabsichtigt war. Das Schiff wurde viel zu früh auf seinen im großen und ganzen östlichen Kurs gebracht und konnte Start Point nicht runden, weil es vorher bei Bolt Head auf Grund kam. Je weiter es zur Küste hin stand, um so größer war der Einfluß des Gezeitenstroms, und das mag möglicherweise einigen Einfluß gehabt haben. Mit dieser Theorie dürfte sich die Tatsache decken, daß Fischerboote meinten, sie hätten das Schiff zwischen dem Eddystone-Feuer und der Whitsand Bay gesichtet.

Die zweite Theorie geht dahin, daß das Schiff, als der Wind nach der Kursänderung um 23.30 Uhr am 24. April raum von Steuerbord kam, eine größere Abdrift hatte, als der Kapitän und der Erste Offizier annahmen, und es eben daher nicht von Start Point klar kam.

Wir hoffen, daß unsere Beurteilung für Sie hilfreich war.

Ihre ergebenen ...

ANHANG 7
Quellen

ARCHIVE

Ålands Landskaparkiv
Ålands Sjöfartsmuseum
Ålands Navigationsinstitut, Archiv
Archiv des Außenministeriums, Helsinki
Archiv der Reederei Gustaf Erikson
Archiv des Mariehamns Sjömanshus (Logbücher)
The Darby Collection
Tagebuch Christian Buss
Tagebuch Karl A. Gulin
Botschaft in London, Schiffahrtsangelegenheiten
Finnisches Schiffahrtsmuseum, Helsinki
Kirchenbücher von Lemland
Sjöhistoriska Museet vid Åbo Akademi

BÜCHER

Pamela Bourne, Out of the World, Bungay 1935
Heinz Burmester, Segelschulschiffe rund Kap Horn, Oldenburg 1976
H Clarkson & Co Ltd The Clarkson Chronicle, London 1952
W. L. A. Derby, The Tall Ships Pass, London 1937
Pamela Eriksson, The Duchess. The Life and Death of the Herzogin Cecilie, London 1958, Stockholm 1960
Max W. Foss, Marine-Kunde. Eine Darstellung des Wissenswerten auf dem Gebiete des Seewesens, Stuttgart 1890
Basil Greenhill/Karlsson, The story of an Åland Seafarer, London 1982
Basil Greenhill und John Hackman, The Grain Races. The Baltic Background, London 1986
Lars Grönstrand, Herzogin Cecilie in: Finlandska seglare 1, Åbo 1938, Seiten 30–36
Eva Gyllenstierna, På världsomsegling med Herzogin Cecilie, Stockholm 1938
Helge Heikkinen, Runt Kap Horn med Herzogin Cecilie, Ekenäs 1967
Alex A. Hurst, Square Riggers – The Final Epoch, Brighton 1972
Georg Kåhre, The Last Tall Ships (Ed. with an introductory chapter by Basil Greenhill), London 1978
Georg Kåhre, Den åländska segelsjöfartens historia, Helsingfors 1940

Georg und Hilding Kåhre, 50 år under Gustaf Eriksons flagga, Mariehamn, 1963
Georg und Karl Kåhre, Den åländska segelsjöfartens historia, Mariehamn 1988
Elis Karlsson, Die See mein Leben, Bielefeld 1965,
– Pulley Haul, Oxford 1966
– Cruising off Mozambique, Oxford 1969
Eino Koivistoinen, Gustaf Erikson, Purjelaivojen kuningas, Helsinki 1981
W. L. Leclercq, Wind in de zeilen, Amsterdam 1933/35
Harald Lindfors, Vinden drar, Ekenäs 1978
Basil Lubbock, The Nitrate Clippers, Glasgow 1932
Jac Lundqvist, Med fregattskeppet ‚Pera' i: Min basta seglats. Seglarminnen II, hrsg. von Ernst Lundstrom, Åbo 1934, Seiten 177–195
Jürgen Meyer, Hamburgs Segelschiffe 1795–1945, Norderstedt 1971
Norddeutscher Lloyd, Jahrbücher 1908–1921, Bremen
Elisabeth Rogge-Ballehr, Schule der See, Gräfelfing 1987
R. Schneider, An Bord unserer Schulschiffe, Leben und Treiben an Bord S. M. Seekadetten- und Schiffsjungenschulschiffe, München 1901
Björn Svenson, Pommern, Mariehamn 1988
Harold Underhill, Sail Training and Cadet Ships, Glasgow 1956
Alan Villiers, Falmouth for Orders, London 1928
– Sea Dogs of Today, London 1932
– Rund Kap Hoorn, Wiesbaden 1953
– Auf blauen Tiefen, Hamburg 1984
– Kap Hoorn, Hamburg 1988

MÜNDLICHE MITTEILUNGEN

Helge Aaltonen, Raiso, Finnland, 1989
Robert Chapman, Plymouth, Devon, 1990
Malcolm Darch, Salcombe, Devon, 1989
Sir Philip Dowson, London, 1988
Gunnar Egenfelt, Lemland, Åland, 1984
Runar Ekblom, Eckero, Åland, 1989
The Hon Robert Eliot, Liskeard, Cornwall, 1987
Sjöfartsrådet Edgar Erikson, Mariehamn, Åland und Boetheric, Cornwall, 1975–85
Ruby Eriksson (Tochter von Ruben de Cloux), Finström, Åland, 1989
Sir David Gibson, Bart, Liskeard, Cornwall, 1987–90
Per Hjelt, Helsinki, Finnland, 1989
Kapitän Karl Victor Karlsson, Wårdö, Åland, 1977–83
Erkki Koskivaara, Mietoinen, Finnland, 1989
Kapitän Karl Kåhre, Mariehamn, Åland, 1975–1990
Kapitän Harald Lindfors, Mariehamn, Åland, 1975
Thomas Melin, Mariehamn, Åland, 1989
Robert Morris, Lower Metherell, Cornwall, 1990
Kapitän Viking Öfverström, Mariehamn, Åland, 1990
Kapitän Verner Öjst, Mariehamn, Åland, 1975
Betty Yeoman, Soar, Devon, 1987–90

Register